千古風流人物

卜一著

▌自序

　　這本書是節錄筆者在美國休士頓時代華語廣播電臺主講的《千古風流人物》和《走不遍的天下》兩個節目的部分講稿，主要著重於歷史事蹟及重要人物的評述。全書共分四章、二十四篇。

　　第一章——〈帝王崛起與皇室鬥爭〉，其中首先介紹漢武帝劉徹、隋文帝楊堅、宋太祖趙匡胤、明太祖朱元璋這四位在中國歷史上具有開創性的君主，討論他們所處的時代背景、奮鬥的過程，以及對後世的貢獻及影響。其次對中國各朝代創業、守成君主和二代皇室的內部鬥爭做了論述，由此可見各朝代的盛衰——平治與動亂。

　　第二章——〈中國歷史上扭轉乾坤的六大戰將〉，本章講述了中國歷史上秦滅六國、楚漢相爭、元末群雄紛爭，以及近代國共長期爭奪天下之中脫穎而出，扭轉乾坤的白起、韓信、徐達、常遇春、林彪和粟裕六大戰將的不凡生平與赫赫戰功。但白起自刎而死，韓信慘遭淩遲，常遇春英年暴斃，徐達中年病死，卻也落得背疽賜鵝的風言，林彪折戟沉沙，粟裕被無端批判解職。這些百戰百勝、叱吒風雲的功臣，哪一個得到好的下場？令人惋惜、悲歎！

　　第三篇——〈寵臣的悲劇〉中討論了中國歷史上六位有名的寵臣：審食其、和珅、楊永泰、何長工、高崗與潘漢年。他們都曾深得君主的寵信，權傾一時，做出重大影響，卻最終落得被

貶、被殺、被監禁致死。伴君如伴虎，一朝天子一朝臣，此之謂也！

　　第四章──〈世界史上的幾個重大事件〉中陳述了羅馬帝國、航海大發現、絲綢之路、俄國、大英帝國以及印度的發展過程及其對人類歷史的影響。其中羅馬延綿兩千兩百年，奠定了西方文明的基礎；航海大發現與絲綢之路溝通了整個世界，促進了文化的交流；俄國與大英帝國都曾極盛長久，對人類文明產生深厚的影響；而印度歷史悠久，文化發達，人口眾多，社會問題重重，可謂輝煌與暗淡同在的國家。

　　在編寫本書中承蒙江克誠、林中明、湯新之、李元平、丁正諸位先生給予指正，朱喜善先生為本書封面題字，洪聖翔先生負責、楊家齊先生作圖文排版、蔡瑋筠小姐設計封面、及老妻校對並提供建議，巢舒婷女士協助文字校對，特此致謝！

卜一

2020年8月30日

目次 contents

第一章：
帝王崛起與皇室鬥爭

　　本章首先介紹漢武帝劉徹、隋文帝楊堅、宋太祖趙匡胤、明太祖朱元璋這四位在中國歷史上具有開創性的君主，討論他們所處的時代背景、奮鬥的過程，以及對後世的貢獻及影響。其次對中國各朝代創業、守成君主和二代皇室的內部鬥爭做了論述，由此可見各朝代的盛衰——平治與動亂。

雄才大略的漢武帝劉徹

　　中國歷史上雄才大略、有作為的君主可數：秦始皇嬴政、漢高祖劉邦、漢武帝劉徹、隋文帝楊堅、唐太宗李世民、唐／周武則天、宋太祖趙匡胤、元太祖成吉思汗、明太祖朱元璋、清太祖努爾哈赤、清聖祖康熙、清高宗乾隆。但我個人認為，為中國做出最大貢獻，而又最多彩多姿的君主，首推漢武帝劉徹。漢武帝做了四件對中國影響深遠的大事：（一）拓展、底定中華民族疆域，融合、整合各民族；（二）確定中國的中樞思想——儒家；（三）晚年下詔罪己，承認錯誤，安排後繼高瞻遠慮，穩定長治久安；（四）開拓絲綢之路，促進東西文化交流。

漢武帝劉徹

母親再醮而生武帝

　　中國歷史上雄才大略的君主的母親大多均非出自當世豪族、名門，而出身卑微，經歷坎坷。也正如此，培養出其本人與兒子堅毅不拔、努力奮進的精神。漢武帝的外祖母臧兒是漢初開國異

姓王燕王臧荼的孫女。臧兒先嫁給槐里的王仲為妻，生了一個兒子，還有兩個女兒，其中長女就是王娡。王仲死後，臧兒又改嫁給長陵田氏，生了兩個兒子：田蚡、田勝。田蚡後任太尉和丞相。王娡初嫁農民金王孫，生一女。臧兒為王娡算命，當貴不可言。臧兒遂決定教王娡與金王孫離婚。後託人把王娡送進太子劉啟（後為景帝）宮中，得到寵幸，被封為「美人」

漢景帝劉啓

（皇后之下的第五等級嬪妃、兩千石），先生三女。劉啟即位後次年又生劉徹。劉徹自幼聰明伶俐，頗受漢景帝喜愛，四歲被立為膠東王。

得館陶長公主之助被立為太子

景帝原來的太子劉榮為皇后粟姬之子。粟姬為景帝連生三子，深得寵幸。景帝廢薄皇后，立粟姬為后，粟姬持寵而嬌，目中無人。景帝之姐館陶長公主劉嫖希能將女兒嫁給太子劉榮，但遭到皇后粟姬拒絕。館陶長公主懷恨，遂聯合王美人與皇后粟姬鬥爭。最後景帝廢皇后粟姬與太子劉榮。劉徹七歲被立為太子，王美人被立為皇后。館陶長公主與王皇后商定，將其女兒陳阿嬌許配給劉徹作為太子妃。劉徹很高興，作「金屋藏嬌」之承諾。

16歲即位、在位54年

　　西元前140年，漢景帝駕崩，劉徹即皇帝位。當時西漢開國已62年，經過高祖定天下，其後惠帝、呂后蕭規曹隨，特別是「文景之治」休養生息，使經濟得到高速的發展，社會繁榮昌盛，提供武帝大有作為的客觀條件。劉徹即位時正值英年有為，卓有才幹、頗具膽識、勇於進取，從組織、思想、經濟、政治、外交、軍事各方面著手改進。在位54年，建樹非凡。史學家班固稱之為「雄才大略」。毛澤東推崇他與秦始皇相提並論！

　　我國用年號紀年是從漢武帝開始的。他本人親自定的第一個年號是「元封」。西元前111年，他即位30年的夏天封泰山後，下詔將第二年定為「元封元年」。漢武帝在位54年，共用了11個年號，但前面的五個年號：建元、元光、元朔、元狩、元鼎都是後來才追加的。

尊封外戚

　　武帝即位後，尊母親為太后；外祖母被封為平原君，封邑德州縣，她活到武帝就位後五年才去世。陳阿嬌被立為皇后；三個舅舅封侯；舅舅田蚡為武安侯、太尉，後為宰相。武帝的三個同父同母的姐姐：平陽公主、南宮公主、隆慮公主都十分顯貴。他又找到流落民間的同母異父姐姐金氏，迎入長樂宮見太后。母女二人相抱大哭。武帝奉酒上壽、獻錢千萬、賜大姐湯沐邑、奴婢甲第、封修成君。

總攬財政

　　武帝統一貨幣，由朝廷鑄錢（五銖錢）；鹽、鐵、酒採行專賣；算緡錢徵收資產稅；推行均輸政策（貨暢其流）和平准政策（平衡物價）。他又重視農業：修建水利工程以利農田灌溉；提倡新式耕種技術增加農業生產。在理財方面，武帝重用桑弘羊（洛陽商人之子，從小利害分明、精於盤算，13歲為侍中）整頓財政、增加政府收入。

加強中央集權

　　有鑑於漢初郡國制形成分封諸王在地方勢力強大，並引起七國之亂，武帝推行推恩分封，消弱諸王勢力，並打擊豪富，得以加強中央集權、鞏固社會安定。

底定中國大一統思想中樞

　　董仲舒向武帝提出《天人三策》：談論天命與人事，謂皇權出於天命，必須興禮樂教化，這些乃是夏、商、周三代得以鞏固的原因。統一為國家之根本，首先必需統一思想，建議罷黜百家、獨尊儒術。

　　董仲舒、公孫弘、田蚡提議在長安設太學，各郡國興辦地方學

董仲舒

校，以儒家六經：詩、書、禮、樂、易、春秋為教程。奠定了中國兩千多年來的思想中樞——儒教。這與羅馬君士坦丁一世大帝在西元第四世紀初採納基督教，使其成為西方思想中樞，是相似的。

宮闈與外戚

陳阿嬌

　　武帝的第一個皇后是陳阿嬌，她是景帝姐館陶長公主之女，武帝的表姐。小時被指配為膠東王妃（金屋藏嬌典故）；後為太子妃、皇后，擅寵十幾年。其母長公主因為武帝被立為太子幫助很大，時常在武帝面前居功要索，阿嬌更是持寵驕縱，逐漸引起武帝厭惡。阿嬌無子，武帝寵遇漸多，衛子夫出現、得寵，阿嬌最終被廢。

衛子夫

　　衛子夫的母親衛媼原為平陽侯曹壽家僮，或為妾。衛子夫年少時就被送往平陽侯家學習歌舞，遂為平陽侯府謳者（歌女）。建元二年（西元前139年）春三月，武帝去霸上祭祀先祖，祈福除災，歸途中來到長姐平陽公主侯府。平陽公主開筵，侯府歌女上堂獻唱，衛子夫在其中，武帝矚目。繼而，武帝起更衣，子夫侍尚衣軒（更衣室或廁所）中，得幸。武帝賜了平陽公主黃金千金。平陽公主因此奏請將子夫送入宮中，武帝欣然答應。臨別上車之時，衛子夫面有愁容，平陽公主親撫著衛子夫的背說：「他日若貴寵幸得意，願勿忘我！」

衛青、霍去病

　　但衛子夫進宮一年未得見幸，遂請求淘汰出宮。最後由武帝檢定，憶起尚衣軒中之事，遂留下得寵。一連生三女一男。武帝29歲得子劉據，大喜，遂立衛子夫為皇后。衛氏得以顯赫，立功，特別是出了三個對中國歷史做出巨大貢獻的名臣、武將：衛青、霍去病、霍光。

　　衛子夫做了38年皇后。晚年失寵，後因其在巫蠱事變中支援太子起兵誅殺江充、謀反，被漢武帝下令收繳了皇后印，衛子夫絕望自縊而死。

李夫人

　　李延年解音律、善歌舞，作新曲：「北方有佳人，－－－，傾城與傾國，佳人難再得！」武帝遂召其妹進宮，得寵，封李夫人。生一子，封昌邑王。早死，臨死時，不願讓武帝見其面容。至今，李夫人墓猶在武帝茂陵旁。兄李廣利為貳師將軍，攻克西域輪台、大宛。後因巫蠱事件，親人丞相劉屈犛被殺，李走投無

路，乃投降匈奴。

尹夫人、邢夫人

李夫人死後，武帝鬱鬱寡歡，後來總算得到尹、邢二夫人，聊慰寂寞。尹、邢二夫人同時得寵，但兩人不得相見。尹夫人哀求武帝，欲一見邢夫人。漢武帝隨便找了個妃子，讓她盛裝來見尹夫人。尹夫人一見，就說絕對不是。後來又來了一群嬪妃，尹夫人看到其中一個，認為乃是邢夫人，果然就是。尹夫人有眼識人，自嘆不如。

鉤弋夫人

鉤弋夫人原為河間奇女子，召見，封婕妤，住鉤弋宮，稱鉤弋夫人。生一子，弗陵（後為漢昭帝）。一天夜裡，武帝無緣無故殺了鉤弋夫人。世間乃傳言：「既愛其子，何害其母。」武帝聽到後，說：「他們哪裡懂得這朝廷大事，大凡幼主在位，母后年輕，不免驕淫亂政，我這樣做，乃是根絕後患。」

開土拓疆、民族融合

平定東甌、閩越

越王勾踐後裔遷往如今浙江南部及福建。秦代設閩中郡，漢初封東甌（今浙江南部甌江流域）和閩越（今福建），由郡縣變為藩屬，成為獨立狀態。吳楚七國之亂，吳王濞亡命東甌，被殺。其子逃到閩越，煽動閩越攻擊東甌，兩國衝突不斷。漢武帝

三年，閩越圍攻東甌城，東甌求救於漢，閩越解圍而去。東甌乃上表請求內遷，其故地後被閩越所據。三年後，閩越發兵西侵南粵，南粵向漢朝乞援。武帝下旨大舉討伐，平定閩越。

北伐匈奴

漢武帝於元光二年（西元前133年）用王恢之謀，於互市之鎮—馬邑誘匈奴，事不成。四年後（元光六年、西元前129年）遣衛青、公孫敖、公孫賀、李廣四路出擊匈奴，結果三路失敗，僅車騎將軍衛青勝利，得首級七百，封關內侯。

其後又陸續北伐匈奴，總共15次；其中最重要的為元狩四年（西元前119年）的第六次北伐：大將軍衛青率李廣等五萬騎兵由西路，出定襄北上；驃騎將軍霍去病率路博德等五萬騎兵由東路，出代郡北上，共十萬騎兵、十四萬匹馬、數十萬步兵及補給隊伍，兩路包抄。西路衛青獲首級19,000；東路霍去病獲首級70,400，三個匈奴王，抵狼居胥山，封禪，臨瀚海（大漠）而還。但李廣迷路無功而自殺。衛青功過相抵，加封「大司馬」，沒有增封爵邑；霍去病加封爵邑5,800戶，加封「大司馬」，聲威振四海。從此，匈奴不敢南下牧馬。

衛青、霍去病、霍光

衛青、霍去病、霍光因裙帶而興。衛青原為武帝姐平陽公主家奴、衛子夫的哥哥；霍去病是衛子夫姐姐的私生子；霍光是霍去病的

霍光

弟弟，私生父親的兒子；三人對中華民族民族整合，政治、文化發展做出重大貢獻。

首通絲路

漢武帝是鑿空西域的「總設計師」；張騫是「執行者」。兩者都功在史冊！漢武帝即位第二年（建元二年、西元前139年），為了遠交近攻，徵召勇士前往大月氏，謀夾擊匈奴；張騫、堂邑父率隨從百餘人西出隴西，被匈奴拘留十年，娶妻、生子，後到西域。十三年後，攜妻帶子回到長安，報告漢武帝有關西域的情況，以及可能由雲南經印度去西域的道路。

元狩四年（西元前119年），漢武帝再任張騫為中郎將，率300多名隨員，攜帶金幣絲帛等財物數千巨萬，牛羊萬頭，第二次出使西域。漢武帝派張騫兩次出使西域，促進了中西經濟、文化交流，為人類的文明做出重大貢獻！

蘇武出使匈奴，被拘留十九年

漢武帝派蘇武出使匈奴，被拘留十九年，蘇武持節不屈。直到昭帝始元六年（前81年）方獲釋回漢。漢宣帝將蘇武列為麒麟閣十一功臣之一，褒讚他愛國忠貞的節操。但班固《漢書》所說的「北海」並非「貝加爾湖」，蘇武從來沒去過貝加爾湖。

西征西域

元狩二年（西元前121年），霍去病出隴西擊匈奴，大勝，攻佔武威、張掖、酒泉，設兩郡；西漢末年演變成敦煌、酒泉、

張掖、武威四郡，使得漢朝打通了河西走廊。太初元年（西元前104年），貳師將軍李廣利征大宛，進兵西域天山南、北路，經車師、焉耆、烏壘、龜茲、姑墨、溫宿、尉頭、疏勒、捐毒等國，攻陷大宛（今烏茲別克斯坦東部）。

漢宣帝神爵二年（西元前60年）在烏壘國都城（今新疆輪台）設西域都護府，第一次將天山南部納入版圖；擴展、奠定了中華民族的疆域。東漢班超在西域共達三十一年，善用武力、外交鎮撫五十餘國，塔里木盆地的治權又歸到了漢朝，再現了一百年前漢宣帝時的輝煌。

南征南粵（越）

秦始皇築靈渠，征南粵（越、今廣東、廣西、北越），置桂林、南海、象郡，徙50萬人南戍。楚漢相爭時，在南粵的秦南海郡尉趙佗兼併桂林、象郡，建「南越國」，自稱「南越王」，後稱帝。趙佗活了一百多歲，治理嶺南81年，在位67年。趙佗死後又傳了四代。期間與漢朝，有時對立、有時稱藩。武帝元鼎五年（西元前112年），武帝趁南越內亂，派四路大軍，水陸並進，兩路抵達南越都城番禺（今廣州）滅南越；置儋耳、珠崖、南海、蒼梧、麒林、合浦、交趾、九真、日南九郡。

平定且蘭、夜郎、滇國等西南諸夷

且蘭、夜郎兩國在今貴州；滇國在今雲南。漢武帝平定南越中，且蘭王率夷民阻擊漢軍。南越平定后，武帝派兵滅且蘭，夜郎、滇自請歸順，西南收歸版圖。「夜郎自大」乃「滇王自大」之誤；另外一般人說「黔驢技窮」，事實上貴州沒有驢子。

平定朝鮮

漢武帝在戰國燕國領地（今遼寧、吉林、內蒙）設遼東、遼西二郡。元封二年（西元前109年）秋，派遣樓船將軍楊僕由山東半島跨海東征朝鮮（今北韓）；派左將軍荀彘從陸路出遼東，會攻朝鮮。次年平定朝鮮後，設臨屯、真番、樂浪、玄菟四郡。

北伐、西征的影響

漢武帝北伐，使得匈奴不再是中國的大患和威脅；部分匈奴歸順、南遷、融入中華；部分匈奴西遷，幾世紀後，阿提拉（Attila、上帝之鞭）造成歐洲的動亂、日爾曼人的遷移，和政治、文化極大的衝擊。西征打通河西走廊，連接西域；漢宣帝神爵二年（西元前60年）在烏壘國都城（今新疆輪台）設西域都護。第一次將天山南部納入版圖；奠定了中華民族的疆域。

但連年用兵，國力消耗至巨，兵員、馬匹損失、國庫空虛，設「武功爵」，買官納資，民生、經濟受損，破壞吏治。《孫子兵法。始計篇》開宗明義曰：「兵者，國之大事；死生之地，存亡直到，不可不察也！」北伐匈奴，功過兼備，歷史上多有褒貶，但對中華民族的融合、整合貢獻卓越，無可否認！

雄才大略、晚年失政、民窮財盡

武帝雄才大略、聰慧通達、知人善任、目光遠大、明察秋毫、果決務實、破格創新，頗有作為。但他好大喜功、窮兵黷武；驕奢荒唐、縱遊幸、營宮室，弄得民窮財盡、人口減半。特

別是到了晚年，疑心猜忌、喜怒無常、刑罰失度、嗜殺過度。最大的失誤乃是迷信方士、信鬼神、長生之術，任用公孫卿、李少君、安期生、李少翁、欒大等方士及江充等小人，引起巫蠱之禍，弄出皇室慘劇。

太子劉據矯詔奪權

武帝征和二年（西元前91年），武帝67歲，死前4年，皇室遭巫蠱之禍，太子誅江充，並矯詔興兵奪權。衛皇后手諭失策，事敗，太子自殺、舉家遇害，衛皇后亦自殺。事後武帝痛定思痛，非常傷感，造「思子之宮」、「歸來望思台」，懷念太子。

北伐犧牲慘重

元狩四年（西元前119年）北伐大捷，但出征時有十四萬匹馬，只回來三萬匹，士卒死傷更多，犧牲慘重！三年後，霍去病暴斃，年僅二十四歲。再十一年，衛青亦去世，年四十幾歲。太初四年（西元前101年），貳師將軍李廣利遠征大宛（今烏茲別克東部），得汗血天馬。天漢二年（西元前99年），李陵隨李廣利出擊匈奴，失利，李陵被俘，投降匈奴，武帝族李陵全家。政和三年（西元前90年），李廣利伐匈奴，戰敗，加之因與宰相劉屈氂謀立昌邑王，事露，武帝腰斬劉屈氂，李廣利走投無路，投降匈奴。

輪台罪己

武帝征和四年（西元前89年），授粟都尉桑弘羊和宰相、御

史等奏請在西域輪台附近駐兵屯田，管制西域。武帝有鑑於多年征伐，使得民窮財盡、人口減半；加之巫蠱之禍，太子慘死；李廣利伐匈奴，戰敗投降的教訓，痛改前非，下旨深陳既往之悔，罷屯田：「乃者貳師敗，軍士死傷離散，悲痛常在朕心，今又請遠田輪台，欲起亭隧，是擾勞天下，非所以優民也，朕不忍聞，－－當今務在禁苛暴，止賦斂，力農桑，養馬補缺，毋乏武備而已。」這就是歷史上有名的「輪台罪己詔」。緊接著武帝拜田千秋為相，封富民侯，隱寓與民休息之意。從此罷巫蠱、免方士、除求神、長生之術，罷兵止戰，與民休養生息。

安排後事、目光遠大、長治久安

　　武帝一共有六個兒子，太子劉據遭巫蠱之禍慘死，王夫人所生齊懷王劉閎早逝，另外燕刺王劉旦、廣陵厲王劉胥、昌邑哀王劉髆三人雖都已成年，但武帝不喜歡他們，卻對幼子弗陵特別寵愛。後元元年（西元前88年、武帝70歲，死前1年），有一天武帝召奉車都尉霍光進宮，交給他一幅圖畫，叫他回家再看。霍光到家打開一看，那張圖畫的是周公輔成王。不久的一個夜晚，武帝突然責難鉤弋夫人，把她下獄，當夜就殺了她。但後來又在甘泉宮築「通靈之台」悼望鉤弋夫人。

　　後元二年（西元前87年）二月，武帝駕幸五柞宮（位於今周至縣集賢鎮），病重自知不起，乃召霍光、金日磾、上官桀、桑弘羊等至榻前吩咐後事。霍光問他：「如有不諱，誰當嗣者？」武帝對他說：「你不明瞭我賜畫給你的意思嗎？立少子，望卿行周公之事！」於是封霍光為大司馬大將軍，金日磾為車騎將軍，太僕上官桀為左將軍，與御史大夫桑弘羊四人受詔共同輔佐幼主。遂立八歲的弗陵為皇太子，兩天后，武帝駕崩，時年71歲。

武帝身後（蓋棺不論定）

　　武帝病逝後，弗陵即位（漢昭帝）、霍光輔政。漢昭帝在位13年去世，霍光立昌邑王劉賀，在位27天，被霍光廢（劉賀被貶為海昏侯，2011年3月，劉賀之墓在江西南昌城北被發現。）霍光再立流落民間的武帝曾孫（戾太子之孫、劉丙已、劉詢、漢宣帝）為帝，霍光繼續輔政。霍光於宣帝地節二年（宣帝在位第五年）去世，宣帝開始親政。宣帝在位25年，漢書曰：「吏稱其職、民安其業、神威北夷、功光祖宗、業垂後嗣，可謂中興。」相對於唐代貞觀－開元盛世，唐明皇晚年失政；清代康乾盛世，乾隆晚年昏庸，這兩個盛世接續的都是中國分裂、戰亂、百姓塗炭，中華文化發展停滯長達兩百年。可見武帝晚年托孤霍光實為高瞻遠慮！

蔣介石、張學良謁漢武帝茂陵

史家評論

　　司馬遷世代為史家，見識通達、才氣縱橫。因李陵案激怒武帝，受宮刑；遂發憤成千古巨作——《史記》。只是太史公因個人情感因素及武帝晚年的環境，寫《史記。武帝本紀》著重武帝失政，較少敘述其功績。以史書論，未能蓋全。當然也有史家認為這是後人補撰的。對於司馬遷的死，歷史上沒有明確記載，使得卒年無法確定，死因也眾說紛紜。有人說司馬遷寫《報任安書》觸怒武帝，被祕密處死；有人認為司馬遷一直到漢昭帝年間善終；有人認為司馬遷完成《史記》之後，便隱居山野，不知所終，故無從查考。1916年，王國維第一次將司馬遷生卒年作為學術問題進行考證，以為「卒年絕不可考，然視為與武帝相終始，當無大誤。」

　　司馬遷《史記》中的《太史公自序》說：「漢興五世，隆在建元，外攘夷狄，內修法度，封禪，改正朔。」但在《史記・孝武本紀》中只是側重記述了武帝追求長生不老，崇信方士，好神仙的種種荒誕行徑。作者顯然是在譏刺漢武帝。開頭就說：「今天子初即位，尤敬鬼神之祀。」結束的一段又說：「方士之候祠神人，入海求蓬萊，終無有驗。」對武帝迷信鬼神和方士言神仙的荒唐行為作了無情的揭露和深刻的批評。

　　班固《漢書》道：「武帝初立，卓然罷黜百家，……興太學、修郊祀，改正朔，定歷數，協音律，作詩樂，建封禪，禮百神，紹周後，號令文章，煥焉可述，後嗣得遵洪業，而有三代之風。如武帝之雄才大略，不改文景之恭儉以濟斯民，雖詩書所稱何有加焉！」

　　司馬光《資治通鑒》：「孝武窮奢極欲，繁刑重斂，內侈宮

室，外事四夷，信惑神怪，巡遊無度，使百姓疲敝，起為盜賊，其所以異於秦始皇者無幾矣。然秦以之亡，漢以之興者，孝武能尊先王之道，知所統守，受忠直之言，惡人欺蔽，好賢不倦，誅賞嚴明，晚而改過，顧託得人，此其所以有亡秦之失而免亡秦之禍乎！」

可見史學家對漢武帝的功過都做了褒貶，但他死後1100多年，司馬光特別指出他「晚而改過，顧託得人」，在中國一千多年的歷史上起了極大的影響！

總結

漢武帝在位54年，文治武功卓越，總歸四類：（1）拓展、底定中華民族疆域——融合、整合各民族；（2）確定中國的中樞思想——儒家；（3）安排後繼高瞻遠慮，穩定長治久安——知過能改、下詔罪己、托孤霍光，漢代得以長治久安，避免了唐明皇、乾隆晚年昏庸、遺害中國長期（200多年）動亂的悲劇。武帝到宣帝這近百年的階段，中國的文化進展到一個頂峰，也成為人類史上文明發展的重要里程碑。（4）開拓絲綢之路，促進東西文化交流，對世界歷史的進程做出重大的貢獻。我個人的觀點，認為他是中國歷史上，對中華文化做出最大貢獻、最多彩多姿的一個人物！

▍結束三百年分裂的隋文帝楊堅

　　隋文帝楊堅篡北周、滅南陳而統一天下，結束了中國自永嘉之亂以來近三百年的分裂、戰亂，與民休息，恢復經濟，奠定了隋、唐盛世的基礎。在中國歷史上是個重要的人物。

隋文帝楊堅

家世

　　《隋史》載楊堅出自關中高門弘農楊氏，他自稱是東漢太尉楊震十四世孫，其四世祖楊元壽被北魏任命為六鎮中的武川鎮司馬。不過據陳寅恪考證，其弘農楊氏的身分應出於偽托；而所謂楊元壽六鎮武川亦是宇文泰為籠絡部下而虛構之事。楊堅的父親楊忠是山東寒族，他的母親名叫呂苦桃，出自貧苦農家，史書有記載。

　　楊忠十八歲時遊覽泰山，被南朝梁軍抓到江南居住了五年。後跟隨叛魏降梁的元顥進入洛陽。元顥兵敗後，楊忠跟隨獨孤信建立戰功，隨北魏孝武帝元修西遷。西魏、北周的開創者宇文泰喜愛楊忠的勇猛，便將他留在自己的身邊。因功賜姓普六茹氏，官至柱國大將軍、大司空，封隨國公。死後追贈太保，諡

號桓。

楊堅世襲隨國公，少年得志、相貌不凡、持重寡言、老謀深算。宇文泰對他讚不絕口；但其後宇文護執掌朝政，非常忌憚楊堅，多次想要謀害他。周武帝宇文邕聘楊堅的長女楊麗華為皇太子妃，對楊堅更加禮重。當時齊王宇文憲曾對武帝說：「普六茹堅（楊堅鮮卑名）相貌非常，非久居人下，需儘早除之。」內史王軌也對武帝說：「皇太子贇將來並非社稷之主，普六茹堅貌有反相。」但武帝不聽，說：「帝王自有天命在，旁人又能奈何！」楊堅知道後十分畏懼，行事小心謹慎，以韜光養晦。

韜光養晦、因緣際會建立隋朝

周武帝年輕有為，雄才大略；在位18年（西元560-578年），勵精圖治，修富國之政，務期強兵之求；消滅北齊，統一北方，並為結束近三百年分裂，謀求全國統一，奠定了基礎。不幸英年早逝，36歲時死在北伐突厥的征途中，19歲的太子宇文贇（周宣帝）即位。楊堅長女楊麗華被封為皇后；楊堅被晉陞為上柱國大將軍、大司馬，後轉任大前疑。

周宣帝是個荒唐無道、暴虐任性的君主，他非常猜忌楊堅，曾想殺害之。另外他誅殺了許多宇文宗室，這給楊堅鋪好了篡位的道途。西元580年，宣帝去世，御正下大夫劉昉、內史上大夫鄭譯偽造詔書，太后楊麗華—楊堅長女下旨，讓楊堅接受遺命，任大丞相，輔佐靜帝總理朝政。楊堅輔政後，一方面拉攏部分鮮卑貴族，同時清除了王室中的反對力量，使其篡位的計畫不再受到任何阻礙。

西元581年二月，楊堅晉封隋王；同月，楊堅受北周靜帝禪讓為帝，改元開皇。隋文帝即位後，改革法律、官制、府兵制，

廢九品中正、改科舉取士，推行均田減賦，與民休息，安穩民生，恢復經濟。

均田減稅

　　楊堅即位之初就採納孫平的「勸農集穀」的建議，積極發展農業生產，提升經濟繁榮。繼續推行北魏以來的均田制。對租調力役都做了削減，調動了農民的積極性，使糧食得到了大豐收。到了隋末，全國儲備的糧食可供五、六十年用。

與民休息、節約恤民

　　經過近三百年的戰亂，隋文帝繼位以後，最重要的事就是與民休息。同時避免皇室、貴族的奢侈，他躬行節儉，使得社會呈現了儉素、清廉的風氣。

改革官制

　　隋文帝即位後，將中央和地方的行政機構做了新的組合和更改。建立了三省六部制。三省是內史省管決策，草擬、頒發皇帝詔令；門下省管審議，審核政令；尚書省負責執行政令。六部是吏、民、禮、兵、刑、工，統歸尚書省管轄。這樣對秦漢以來的君相制度，削減了宰相的權力，加強了皇帝的中央集權。六部制從隋朝起沿用到清代，基本上沒有改變。

　　地方組織方面，把東漢以來的州、郡、縣三級制簡化成州、縣兩級制，裁減了大批官吏，節省了經費開支，也提高了效率。

創科舉制

　　魏晉以來取士採用九品中正制度，往往造成「上品無寒門、下品無世族」。隋文帝廢除九品中正，改創科舉制，用考試的辦法來選拔人才，使得一般地主，甚至貧寒子弟都可以通過讀書考試獲得當官的機會，打破門閥大族壟斷做官的局面。科舉制奠定開科取士、選賢與能的制度，一直沿用到清末。

改革府兵制

　　隋文帝採用西魏宇文泰創立的府兵制，結合均田制，造成兵農合一、寓兵於農的制度。全國設十二衛，每個衛設置大將軍，直接由皇帝管轄。免除將領擁兵自重的局勢。

改革法律

　　楊堅非常注重法制，繼位第一年就廢除了前朝的許多殘酷刑罰。其後下令更定新律，從此刑法簡明扼要，基本上為唐、宋以後各代所沿用。

滅陳統一

　　南北朝的對峙，到了後來北魏分裂成東魏、西魏，又變成北周、北齊。但南朝在梁武帝蕭衍四十八年的統治下已國勢日非，最後出了侯景之亂，南朝在江北的領土完全喪失，與北朝隔長江為界。陳霸先建立南陳後，南朝穩定了二十多年。最後北周武帝

統一北方，勵精圖治，積極準備滅南陳，但不幸英年早逝。楊堅篡位后，立刻計畫統一。

當時南陳後主荒淫、腐敗，伐陳的時機已成熟，遂於開皇八年（588年）以晉王楊廣為行軍元帥，楊俊、楊素為副帥，統軍52萬，分八路南下進攻南陳。陳後主沒有準備，隋軍輕而易舉攻取建康，陳後主投降。隋文帝完成了統一大業，結束了中國近三百年分裂、戰亂。

殺伐過度、有欠仁義

楊堅好猜忌苛察，容易聽信讒言，到了晚年更是濫殺大臣，北周宗室及虞慶則、史萬歲等功臣故舊先後被殺，此外，法制逐漸遭到破壞，用法「不復依準科律」，頒布了一些苛刻刑法，還熱衷廷杖，大臣、百姓惶恐。為政有欠儒家「仁恕」精神，志氣不夠恢弘，造成隱憂。後在立儲上被次子楊廣蒙蔽，導致身死不白，也使大隋短暫而亡。

身死之謎

隋文帝在位晚年，次子楊廣與太子楊勇爭位，最後楊堅廢了太子，改立楊廣為太子。西元604年7月，楊堅病重，楊廣在準備即位時不軌，引起楊堅憤怒，欲廢楊廣，重立楊勇。未料楊廣先發制人，假詔逮捕文帝近臣，派親信守衛文帝寢宮—仁壽宮大寶殿，禁止他人出入。8月13日，文帝病逝，但也有一說，楊廣指使心腹張衡入宮刺殺楊堅。

總論

隋文帝楊堅結束了中國近三百年的分裂、戰亂；改革政治、開科取士，與民休息，安穩民生，恢復經濟，奠定了唐代盛世的基礎，在中國歷史上是個重要的人物。但他欠缺儒家仁恕精神，猜忌嗜殺，志氣不夠恢弘，立儲失明，導致隋朝短暫而亡。

隋煬帝楊廣

▌陳橋兵變、黃袍加身的趙匡胤

一般人知道的趙匡胤乃是「陳橋兵變、黃袍加身」，做了皇帝；另外就是「燭影斧聲」，搞不清楚怎麼突然就死了？事實上趙匡胤在中國歷史上是個非常重要的開國君主，他結束了兩百年的割據、動亂，建立起一個文治斐然的朝代。連毛澤東都把

宋太祖趙匡胤

他比作秦始皇、漢武帝、唐太宗之輩，可見他對中國影響至巨。

少年

後唐天成二年（927年），趙匡胤生於洛陽夾馬營，祖籍河北涿州，他的祖父趙敬，歷任營、薊、涿三州刺史；父親趙弘殷是後唐禁軍的一名軍官。所以他是一個官宦子弟。史書上記載他出生時有異象：「記載有金色、三日不變。」其實以現代醫學常識可知這只是一般很平常的嬰兒黃疸病，算不上什麼異象。因為受其父的影響，趙匡胤從小精於騎射，少年之時容貌雄偉，器度豁如。

陳橋驛

從軍

　　當時正處於五代十國時期，中國自唐代安史之亂後，地方
軍閥割據、分裂已近兩百年，社會動盪、民生塗炭。處在此種亂
世，趙匡胤從小就有經世濟民、匡扶天下之志。二十一歲時，他
別了父母妻子，離家出外闖蕩。他先到復州（今湖北沔陽西）投
奔其父舊交—防禦使王彥超，結果沒被收留。接著就去隨州（今
湖北隨縣）找刺史董宗本，董收留了他。本以為就此安定下來，
未料董宗本的兒子董遵誨對寄人籬下的趙匡胤橫加凌辱，趙憤然
辭別，又開始流蕩。

投奔郭威

　　趙匡胤流蕩到襄陽，前途茫茫，夜裡到一個寺廟投宿，見到
一個老和尚，與他談了自己的茫然與苦悶。結果發現這個老和尚
雖不食人間煙火，卻對天下大事頗有見識。於是趙匡胤就向他請

教自己下一步到底應該何去何從？老和尚對他說：「你一直往北走，也許會交上好運。」老和尚好心，也很看得起趙匡胤，還給了趙匡胤一點盤纏。

宋太宗趙光義

後漢乾祐元年（948年），趙匡胤離開寺廟，向北走到了歸德（今河南商丘）的一所廟寺——高辛廟，見到許多人在占卜吉凶。他也就走進廟裡，默默祈禱，再拿取竹籤。第一次問能否當個小校，結果是不吉；再問了幾個不同的職位，都是不吉；最後問能否當個節度使，結果還是不吉。趙匡胤心慌了，於是再問道：「難道是做天子不成？」竹籤顯出大吉。趙匡胤不知是占卜給他開個玩笑，還是給他打氣而已？出了寺廟，趙匡胤一路向北而行，到了鄴城，去求見鎮守在那裡的樞密使郭威。郭威見他氣宇不凡、身強力壯，又精通武藝，立刻收留了他，作為一員普通士兵，開始了他一生南征北討的軍旅生涯。

擁立郭威稱帝有功

郭威當時為後漢平定河中節度使李守貞叛亂，使風雨飄搖的後漢政權轉危為安。之後，郭威又北伐大敗契丹，進封鄴都留守、天雄軍節度使，兼樞密使，河北諸州郡皆聽郭威節制。但不久就引起漢隱帝劉承祐的疑忌。漢隱帝密令馬軍指揮使郭崇誅殺

郭威，逼迫郭威起兵，以「清君側」為名向汴梁進軍。漢隱帝遂把郭威在京的家屬全部殺死。後漢軍在七里坡之戰大敗，隱帝劉承祐在出逃途中被部將所殺。郭威帶兵入京，覲見李太后，擁立劉贇為帝。

隨後，突報契丹南下，郭威率軍北上抵禦。途經澶州時，士兵發動兵變，以黃旗加身。郭威返回開封，於廣順元年（951年）正月正式稱帝，國號大周，定都汴京，史稱後周。郭威就位後，勵精圖治，廢除苛捐雜稅、澄清吏治、獎勵生產，推動了社會的經濟發展。趙匡胤跟隨郭威征討李守貞，屢立戰功，後在擁立郭威稱帝時表現出色，深得郭威讚賞，提升為東西班行首，成為禁軍軍官。兩年後（廣順三年、953年），郭威任命趙匡胤為滑州（今河南滑縣東）副指揮使。趙匡胤在擁立中學習領會頗深，孕育了九年後他在陳橋兵變中如法泡製，登上皇位的夙願。

輔佐周世宗

就在趙匡胤將去滑州赴任時，郭威的義子柴榮被封為晉王，任開封府尹。柴榮是趙匡胤的舊交，欣賞他的勇武、才能，遂要求把趙匡胤留在身邊，任命為開封府馬直軍使，成為柴榮的核心班底。風雲際會，這個轉變對趙匡胤未來的發展起了決定性的作用。

次年（顯德元年、954年）二月，郭威去世，柴榮即位，史稱周世宗。周世宗精明能幹、志氣恢弘，是五代最有作為的君主。在他在位短短的六年中，整頓綱紀、興修水利、治理黃河、招流民務農撫、均田定租、頒令禁佛，促進了經濟發展，使得國強民富。

高平之戰

顯德元年（954年）二月，世宗即位不久，北漢聯合遼國（契丹）大舉入侵。世宗率師親征，在高平（今山西晉城高平市）接戰。交戰未久，周右軍指揮樊愛能、何徽便敗下陣來，倉皇逃跑，陣腳大亂，千餘兵眾降漢。周世宗見情勢危急，領親兵冒箭石督戰。

趙匡胤見此情景，站出來振臂高呼：「主上面臨險境，我等當拼死一戰！」禁兵將領張永德也率弓箭手搶佔左邊高地。二人各率精兵兩千，左右夾擊，以死拼殺，頓挫敵鋒，加上周世宗親臨督戰，士氣大振，人人奮勇爭先，大破漢、遼聯軍。此役阻止了遼國侵擾中原的氣焰，並為後周以後統一的征戰奠定了基礎。趙匡胤在此戰中表現出他的勇猛善戰，得到周世宗的信任，封他為殿前都虞候，領嚴州刺史，成為禁軍中的第五號領導，為他未來的事業鋪下康莊大道。

三征南唐

周世宗在高平大勝之後，採納北部郎中王朴《平邊策》的建議，進行「先易後難、先南後北」的統一爭戰；於顯德二年（955年）11月下詔開始親征南唐，經過兩年五個月艱苦的戰鬥，攻佔南唐淮河流域重鎮壽州、滁州與其他八個州。最後南唐中主李璟請降，將南唐長江以北十四個州全割給後周，廢除南唐國號，自稱「江南國主」，廢唐正朔，改用後周年號，稱臣。

周世宗答應議和，由此後周取得南唐江北所有領土及一千萬人民，大力地增強了後周的國力。在征南唐的壽州、滁州等戰役

中，趙匡胤都居首功，事後被晉陞為殿前都指揮使，成為禁軍中的第三號領導。

遇趙普

由於後周丞相范質和永興軍節度使劉同的舉薦，趙匡胤在攻佔滁州時遇到一個人叫趙普。趙普比趙匡胤大五歲，當時已「托跡諸侯十五年」，沒有碰到賞識他的靠山，只是在滁州做個軍事判官。史書記載他「少習吏事，以吏道聞，精於處理獄事。」

趙普

趙匡胤與他初次見面，相談甚歡，即感覺到他是自己極需要的一個謀臣。當時趙匡胤職位還非顯達，但趙普卻看出他前途無量。兩人結下深厚的私交。八個月後，趙匡胤被遷升為同州節度使、兼殿前都指揮使，遂立刻上表把趙普調到他身邊擔任節度推官，成為他重要的謀士和班底，以後為趙匡胤謀策、底定天下，開創宋朝起了極大的作用。

趙普雖讀書並不為多，但精通《論語》。其「半部論語治天下」之說成為以儒學治國的名言，也奠定了宋朝文治的基礎。

伐契丹

周世宗在三伐南唐後立刻繼續統一天下的進程，於次年（顯德六年、959年）四月更改「先南後北」的既定策略，下詔北

伐，水陸並進，意圖收復燕雲十六州。一連攻陷瀛洲、莫州二州（今河北），莫州刺史劉楚信、瀛洲刺史高彥暉投降，再向北挺進，又連陷益津關、瓦橋關、高陽關三關。前鋒抵達固縣（今河北廊坊），距幽州（今北京）僅約百里。這次出師，僅四十二天，連收三關二州，共十七縣。

五月，柴榮大會諸將，準備乘勝奪取幽州，諸將均認為不可，柴榮不聽。夜間，柴榮突患疾病，只得自雄州回師。

總攬禁軍、世宗去世

周世宗於北伐歸途中，軍中拾獲一塊木板，上刻「點檢做」。回到汴梁後，世宗罷免張永德，改任趙匡胤為殿前都點檢，總攬禁軍。六月，柴榮去世，年僅39歲。由年僅7歲的兒子柴宗訓即位，是為周恭帝。

陳橋兵變、黃袍加身

周恭帝即位後約半年，在顯德七年（960年）大年初一，鎮、定二州突然報告契丹會合北漢入侵。丞相王浦、范質倉促之間派趙匡胤統領禁軍北上禦敵。當日在京城就傳說「出軍之日，策點檢為天子。」當天黃昏大軍走到汴梁東北四十里的陳橋驛，就在那裡紮營過夜。

是夜，趙普、趙光義帶頭在軍中鼓動，宣言：「主少國疑，願立檢點為天子。」黎明之際，將士齊集驛門，把佯裝酒醉熟睡的趙匡胤喊起，對他說道：「諸軍無主，願策太尉為天子。」給他裹上一件黃袍，眾皆跪拜，高呼萬歲！趙匡胤推脫一陣，乃上馬率眾軍回汴梁。

當時在京城內的石守信、王審琦早已準備就緒,控制了京城。結果只有副都指揮使韓通計畫抵抗,王彥升情急之下把韓通殺死在他家中。過了不久,將領們擁著宰相范質等人前來,太祖見了他們,哭泣著說:「我違背天地,今天到了這種地步!」范質等人互相看看,沒有什麼辦法可想,於是退到台階下列隊下拜。太祖召集文武百官,到了黃昏時,文武官員已排定了位置。翰林承旨陶谷從袍袖中拿出早已準備好的周恭帝的禪位制書,宣徽使引導太祖到了殿前庭裡,北面下拜接受制書後,換上皇帝的衣帽,登上皇帝寶座。周恭帝柴宗訓被降封為鄭王。

史學家大多認為陳橋兵變乃是趙匡胤模仿郭威黃旗加身的老辦法,自導自演的一齣鬧劇。但趙匡胤就如此當了皇帝,開創了三百多年的宋朝。

安定內部

新朝廷剛剛建立,威信不足,許多後周舊臣和地方將領都蠢蠢欲動。其中昭義節度使李筠和淮南節度使李重進先後發動叛亂,但趙匡胤從容應對、指揮有方,在短短不到半年就平定叛亂,威服四方將帥,鞏固了政權。

杯酒釋兵權

趙匡胤有鑒於五代53年中更換五朝、十三個皇帝;而中國自唐代中期安史之亂以後,地方軍閥割據、分裂已兩百年,乃採納趙普的建議—釋兵權。但他做得十分文雅,沒有像劉邦和以後的朱元璋、毛澤東一樣,大力誅殺功臣。他用的是「杯酒釋兵權」,借喝酒歡聚的機會向石守信、王審琦、高懷德、張令鐸等

解釋，隨之解除了他們的兵權，給予高官俸祿，派他們到外地擔任沒有軍權的節度使。趙匡胤這個辦法解決了中國兩百年軍人擁兵自重，國家分裂的弊病。

統一天下

趙匡胤在安定內部、鞏固政權後就著手統一天下。史書上有一個「雪中謀策」的故事，說有一天夜裡大雪紛飛，趙匡胤跑到趙普家裡，後來把趙光義也找來了。三人商議如何統一天下。趙普向他提出「先易後難、先南後北」的策論。事實上這也就是當年王樸給周世宗的建議。

趙匡胤採納這個建議，於乾德元年（963年）出兵滅荊南、湖南兩個割據政權，接著在於乾德三年（965年）初滅後蜀。但在開寶二年（969年）北伐北漢時，由於受到契丹的援救，沒有成功。遂再度南下，大將潘美於開寶四年（971年）滅南漢。開寶七年（974年）九月，趙匡胤派曹彬、潘美率大軍進攻南唐。南唐後主李煜昏庸腐朽，只會寫詩作樂，次年十一月出城投降，南唐亡。接著他又北伐北漢，但依然由於契丹援軍，沒能成功。至於北漢和剩下來的吳越都是到趙光義（宋太宗）即位後再消滅，完成統一。

文治天下與恢復經濟

趙匡胤雖然是行伍出身的武人，但他當了皇帝以後採行文治天下，取得很大的成就。首先他有鑑於中唐到五代共兩百年的地方勢力割據、動亂頻繁，遂在政務、軍事、財政三方面都做了很大改革；宰相只負責政務，軍事歸樞密院，財政歸三司。把權力

集中到中央的皇帝手上，削減了宰相的權力。

　　最重要的是禁軍首領和地方節度使不再擁兵，採行三年任期輪調製，防止了割據分裂，安定了社會秩序。趙匡胤恢復科舉制度，並把殿試制度化；他又建立了一套監察制度，由皇帝親自選拔禦史諫官。

　　在經濟發展方面，趙匡胤整頓了五代以來混亂的賦稅制度，租稅和專賣收入都上交中央，國家財力增強；同時減輕了薄賦、獎勵農桑、興修水利、促進工商業等一系列政策，使得經過長期分裂、戰亂的社會經濟很快地得到恢復與發展。

燭影斧聲

　　開寶九年（976年）10月20日的夜裡，趙匡胤突然暴斃，時年50歲，在位17年。其弟趙光義（宋太宗）旋即即位。元代編《宋史太祖本紀》，依照宋朝的官方說法，只簡略地記載：「癸丑夕，帝崩於萬歲殿，年五十，殯於殿西階。」但民間卻有趙光義殺兄奪位的「燭影斧聲」傳聞。這使得趙匡胤之死成為千古之謎。

史家對趙匡胤的評價

　　史家們對趙匡胤的評價主要在於：（1）匡正自唐安史之亂起到五代兩百年中國的動亂；（2）行文治仁政，不嗜殺人；（3）與民休養生息。茲錄幾個史家的評論如下：

（一）司馬光（宋）：「唐得天下一百有三十年，明皇恃其承平，
　　　　荒於酒色，養其疽囊，－－－陵夷衰微至於五代，－－，
　　　　禍亂相尋，戰爭不息，－－－。於是太祖皇帝受命於上

帝，起而拯之，躬擐甲冑，櫛風沐雨，東征西伐，掃除海
內。當是之時，食不暇飽，寢不遑安，以為子孫建太平之
基。」

（二）范仲淹（宋）：「祖宗以來，未嘗輕殺一臣下，此盛德之
事。」

（三）程頤（宋）：「太祖之有天下，救五代之亂，不戮一人，
自古無之，非漢、唐可比，固知趙氏之祀安於泰山。」

（四）王夫之（明）：「太祖勒石，鎖置殿中，使嗣君即位，入
而跪讀。其戒有三：一、保全柴氏子孫；二、不殺士大
夫；三、不加農田之賦。嗚呼！若此三者，不謂之盛德也
不能。」

關於宋代重文輕武與積弱的議論

關於宋代積弱和靖康之恥，許多史家歸罪於「杯酒釋兵權」
和「重文輕武」，還有對趙匡胤用趙普「先南後北」的策略覺得
失當（註：錢穆的看法）。「杯酒釋兵權」也許執行的早了一
點，如果等天下統一後才做，可能會好些，但這個政策對安定中
國兩百年的動亂起了極大的作用。事實上趙匡胤是一個文武全
才，而太宗趙光義在軍事上是個庸才。趙光義比趙匡胤小十二
歲，年少依其兄之庇蔭，有良好的環境學習，並周旋於權貴之
中，諳熟權術。《宋史》說他「性嗜學、工文業、」但他沒有其
兄的軍事才幹與經歷。

宋朝積弱的主要原因之一在於燕雲十六州被後晉石敬瑭割
給了契丹，使得北方遊牧民族已進入華北平原，漢族政權失去燕
山、陰山、長城之險可守。而且時勢所然，契丹（遼）、西夏、
金、元都很強悍，也可以算是中華民族歷史上的少數民族與漢族

平分秋色或有過之的時代。後周世宗就想收復燕雲十六州，不幸英年早逝。趙匡胤也在籌劃或和或戰奪回燕雲十六州。趙光義即位後率大軍進攻幽州，卻在高梁河（今北京西直門外紫竹院一帶）慘敗。從此北宋再也沒有力量收復燕雲十六州。這片土地在北方遊牧民族手中432年，一直到朱元璋北伐驅逐元朝時才歸回明朝統治。

另外宋代積弱和造成「靖康之恥」的原因最主要的還是北宋後期的政治、內爭問題。特別是宋徽宗趙佶是個昏庸、荒唐之君。他犯了很多荒唐、基本的錯誤，把國家帶到悲慘的下場。

總結

趙匡胤原本一介武夫，隨郭威、柴榮爭戰，從士兵到元帥，驍勇善戰、身先士卒。應時乘勢，黃袍加身。南征西討，統一天下，結束了自唐代中葉以來兩百年的割據、動亂。即位後改革政治、軍事、財政、賦稅、法律制度，與民休養生息，促進社會經濟繁榮。他氣度豁達，講求理性、人道、文明，開創宋代成為中國文治的輝煌時代。英國史學家湯恩比曾說，如果有選擇，他願生活在北宋的文治時期。元代編《宋史。太祖本紀》，道：「遂使三代而降，考論聲明文物之治，道德仁義之風，宋於漢、唐蓋無讓焉。」

▋ 從乞丐、和尚到皇帝的朱元璋

　　如果要找出一個中國歷
史上履歷最多彩多姿的君主，
那肯定是明太祖朱元璋。因為
他幹過放牛娃、和尚、乞丐、
小兵、隊長、元帥、公、王，
最後成了皇帝。而他這個皇帝
還不比一般，他開創了明朝，
扎扎實實地統治中國長達276
年，對中國近代政治制度、思
想及施政具有極大的影響；做
出重大貢獻；卻也留下深遠的
遺害！

明太祖朱元璋

幼年到少年的磨練期
（1328-1352年、出生－25歲）

　　1328年，朱元璋出生於濠州鍾離縣東鄉（今安徽省鳳陽
縣），他的先祖住在沛縣（今江蘇沛縣），後徙句容（今江蘇省
句容市）達百年之久。祖輩生活在古泗州（今江蘇省盱眙縣）。
父親朱五四（後改為世珍）遷到濠州鍾離縣，娶了當地的陳氏為
妻。朱家世代均為「貧無立錐之地」的佃農，謀生困難，不得不

一再遷徙。朱元璋有兩個親哥哥，兩個姐姐，按大排行為老八，年幼時連個正式的名字也沒有，就叫做「重八」。

幾乎夭折

朱元璋出生不久就染病，不吃不喝，父母認為他就要死了，於是把他送到家附近的皇覺寺安葬。但發現寺裡空無一人。只得又帶回家去，但很奇怪地發現朱元璋病又好了，正巧有一個和尚路過，就給朱元璋受戒，但歷史書上沒有記載朱元璋的法號為何？

父母雙亡

朱元璋幼時甚貧困，只讀過幾個月的書，因交不起學費而輟學；為地主放牛，從小善於領導牧牛同伴。自小點子多，敢冒險、愛做領導。曾帶領同夥烹殺了一條牛，遭地主毒打。至正四年四月（1344年），朱元璋十六七歲，淮北大旱，引發饑荒、瘟疫，初六父死，初九兄死，廿二日母死，僅剩朱元璋與其二哥。但因貧無立錐之地，無處下葬父母。朋友劉英得知，告訴他父親劉繼祖，繼祖憐之，允許朱元璋兄弟葬其父母於其擁有的荒地（其後即為鳳陽陵）。

後追封劉繼祖為義惠侯，子孫世襲

至正二十六年，朱元璋連下張士誠佔領的濠、徐、宿三州，回到別離13年的故鄉濠州，立即去掃墓，置二十戶守墓，當時劉繼祖已去世，賜劉英粟帛。洪武十一年，誥封劉繼祖為義惠侯，子孫世襲。

皇覺寺

初入皇覺寺

朱元璋與仲兄極力營葬父母後，仲兄被招贅而去；朱元璋孤苦伶仃一人，秋九月入皇覺寺當行童。入寺五十日後，因荒年寺租難收，寺主封倉遣散眾僧，朱元璋只得離鄉為遊方僧雲遊（做乞丐討飯）淮西州。

孤苦伶仃飄泊、行乞三載

朱元璋流浪，走遍淮西、豫南，遊蕩於社會底層，累積了豐富的社會經驗，開闊了眼界、瞭解風土人情、熟悉山川地形，鍛鍊了體魄和意志。正值淮西、豫南白蓮教醞釀起義，接觸到廣大貧苦農民，激發了他反元的思想，對他以後的創業、發展產生了極大的影響。在他流浪中曾得病，有兩個紫衣人同行，精心照顧。後二人不知所終。

重回皇覺寺為僧

至正七年（1347年）底，朱元璋20歲，討了三年飯後，回到皇覺寺；又在皇覺寺做了五年和尚，立志勤學、讀書、交友，韜光養晦。

元末天下大亂

元朝統治中國九十多年，因民族矛盾、對外用武、政治不休，引起社會問題重重，民生困苦。至正八年（1348年），浙江黃岩人方國珍首先起義，逃入海中，聚眾數千人，劫奪海運漕糧，對元朝時戰時降；至正十一年（1351年）五月，白蓮教主韓山童、劉福通領導治黃河民工起義於潁州，是謂紅巾軍；接著徐壽輝起義於湖北蘄州；幾個月內各地紛紛響應，群雄並起，聲勢浩大。

郭子興來到濠州

次年二月，濠州來了數千人的起義軍，郭子興、孫德崖等五人為其首領；義軍佔領城內；前來鎮壓的元軍住在城外，雙方對峙、膠著，百姓遭殃，皇覺寺大部被紅巾軍焚毀。朱元璋平靜的和尚生涯再起波濤，不知何去何從？

壯年從軍、打天下的奮鬥期
（1352-1368年、25-40歲）

　　至正十二年（1352年），朱元璋25歲，幼年夥伴湯和來信邀請他去參加郭子興紅巾軍；消息走漏，有人要告發他；是留，是離，求籤均大兇，從軍求籤，卻是大吉；遂身穿和尚袈裟前往城內郭子興部投軍。

朱元璋的靠山－郭子興

　　郭子興（1312年－1355年），定遠（今安徽省定遠縣）人，父親原為算命師，入贅娶了富家盲女，生子興。郭子興平時結交不少人物、壯士，元末大亂，他於至正十二年（1352年）集結數千人取得濠州，自稱元帥。朱元璋得天下後，於洪武三年（1370年）追封郭子興為滁陽王。郭子興夫人張氏，生三子，長子戰死沙場，次子郭天敘與舅張天祐領軍攻打集慶府時被殺。第三子郭天爵陰謀對付朱元璋，被朱元璋所殺。次妻小張夫人生一女，嫁給朱元璋為郭惠妃，生蜀、谷、代三王。養女馬氏是朱元璋的皇后。

時來運轉、初露鋒芒

　　朱元璋初到郭子興軍營，被誤為奸細，正捆綁中遇郭子興，子興奇其狀貌，收留為兵卒。朱元璋沉著機警、遇事計謀，作戰勇猛，善接人緣，兩月後提升納為親兵。郭子興收朱元璋為心腹，旋即將養女馬氏（後為馬皇后）嫁給他，並替朱正式改名為

元璋，字國瑞。數月之內，朱元璋由一個一無所有的乞丐、和尚成為有堅實靠山的義軍中級領導之一。馬氏不漂亮、也不能生育，但夫婦恩愛，對朱元璋得天下貢獻非常大，為歷史上少有的賢惠皇后。洪武十五年去世，此後再沒有人敢對朱元璋進言，朱元璋也再沒有立皇后。

回故鄉鍾離招兵買馬

濠州城內紅巾軍有五個元帥，隊伍雜亂，自相鬥爭，孫德崖、趙均用、彭大、郭子興內訌、火拼，難成大事。朱元璋決定回故鄉鍾離招兵買馬，建立自己的班底。豎起大旗，一呼百應，少時放牛夥伴徐達、周德興等人紛紛前來投效，很快募得七百兵士。郭子興大喜，升朱元璋為「鎮撫」，領軍一方。

至正十三年（1353）春，朱元璋26歲，五月，元軍撤離濠州。郭子興之子郭天敘等人多次試圖謀害朱元璋不成，朱元璋急於向外謀求發展，遂率領徐達、湯和等精心挑選出的二十四人出外爭戰，此二十四人後兩人封王、一人封公，二十一人封侯。是年夏，朱元璋智取驢牌寨，收三千餘眾；七天後偷襲橫澗山繆大亨部，降男女七萬餘口，收編精兵兩萬人；朱元璋隊伍迅速壯大，奠定其後爭奪天下的堅實基礎。

馮國用獻策取金陵

是年（至正十三年、1353年）夏末，朱元璋攻取定遠後，儒生馮國用、馮國勝兄弟率眾來投奔。馮國用獻上建立金陵根據地的戰略方針：朱元璋聽後很高興，任他為幕府參謀。

李善長來歸、取法漢高祖劉邦

朱元璋在定遠整編隊伍，加緊訓練，準備南下攻取滁州。途中，定遠人李善長到軍中謁見。李善長，年少讀書、有智計、習法家言、策事多中。他勸朱元璋取法漢高祖劉邦：「公濠產，距沛不遠，山川王氣，公當受之。發其所為，天下不足定也！」朱元璋聞之大樂！自此建國稱帝的政治目標得以明確地標定！

侄子朱文正、外甥李文忠來奔

朱元璋取定遠、滁州兩城途中，大嫂領侄子朱文正、二姐夫領外甥李文忠，相繼來投奔。其後，此二人在朱元璋爭奪天下中立了大功。

攻佔滁州、和州，擁兵鎮守，獨當一方

1353年，朱元璋攻佔滁州後已擁兵三萬，軍容整肅、號令嚴明。不久，郭子興離開濠州，來到滁州指揮。1355年正月，朱元璋攻下和州（今安徽和縣）。郭子興任命他為總兵官，鎮守和州，獨當一方。

郭子興去世、朱元璋在郭軍中位居第三

1355年二月，劉福通擁韓山童之子韓林兒在毫州稱帝，號小明王，國號宋，年號龍鳳。次月，郭子興病故。小明王任郭子興兒子郭天敘為都元帥、內弟張天佑為右副元帥，朱元璋為左副元

濠州（今安徽鳳陽）

帥。朱元璋雖居第三位，但有自己的隊伍、謀臣，乃就不甘久居
人下。

巧偶水寇來奔、渡江取太平

　　朱元璋在和州欲渡江，進取金陵，但苦無水師、舟楫；巧遇
廖永安、廖永忠、俞通海等率巢湖水寇來投；遂於1355年6月，
揚帆渡江，占牛渚、取采石、收太平（今安徽當塗）。

奇才名將常遇春來歸

　　常遇春，祖籍南直隸懷遠（今屬安徽）和陽（和州，今安
徽和縣）人，參加土匪劉聚打家劫舍三年。朱元璋攻佔和州時
（1355年4月），紀律嚴明、秋毫無犯，常遇春嚮往之。傳說常
遇春在田間睡覺，夢見有神祇身披盔甲手持盾牌說：「快起來，
主君到了。」常遇春驚醒，正好碰見朱元璋，於是請求加入麾
下。朱元璋見他是土匪，說道：「你只不過是因為飢餓來尋找食
物，我怎麼能將你留下呢？」常遇春仍堅決請求。朱元璋便說
道：「等到渡江之後，你再來為我效力也不遲呀？」常遇春一再

請求，願擔任渡江前鋒，朱元璋為其懇切感動，遂把他留下。

是年6月，在渡江攻取牛渚、采石、太平的戰役中，常遇春一馬當先，立下大功。朱元璋乃任命他為總管府先鋒，後晉陞為總管都督。常遇春驍勇善戰、攻堅犀利，其後在攻取集慶（金陵）、激戰陳友諒、北伐大都、消滅元朝殘部等等的戰役中均建功累累。得天下必有良將：秦白起、漢韓信、明徐達、常遇春、中共粟裕、林彪，均為中國史上扭轉乾坤的奇才名將。

總攬全軍、取金陵、爭霸群雄

七月，朱元璋首攻集慶失利；九月，郭天敘、張天佑二攻集慶遇害；朱元璋，在從軍三年後，總攬全軍。至正十六年（1356年），朱元璋率水陸大軍攻打集慶，元朝五十餘萬軍民歸降；遂改集慶為應天，安定民心，招攬賢才；劉基（伯溫）、宋濂等來歸；攻取鎮江、常州、江陰、池州、揚州、惠州，鞏固應天、發展江南；採儒生朱升策：「高築牆、廣積糧、緩稱王」。

滅陳友諒

至正二十年（1360年），陳友諒稱帝，攻佔太平，約張士誠夾擊朱元璋。大軍壓境，應天震驚，朱元璋採劉基策，不待陳、張合兵，先用康茂才設計誘陳友諒，接戰江東橋，陳友諒中計大敗，兩萬餘眾歸降。至正二十三年（1363年），陳友諒趁朱元璋大軍北上安豐救小明王，發兵號稱六十萬攻打洪都（今南昌），朱文正堅守85天，朱元璋率二十萬大軍解圍。遂與陳友諒鏖戰鄱陽湖36天，大敗陳軍，射殺陳友諒。至正二十四年（1364年）二月進攻武昌，陳友諒之子陳理投降，大漢亡。次年，朱元璋自立

為「吳王」，以李善長為右相國，徐達為左相國，常遇春、俞通海為平章政事，立長子朱標為世子。

除小明王

龍鳳九年（1363年），張士誠派部將呂珍圍攻安豐，劉福通戰死，韓林兒被朱元璋救出。此後，韓林兒被朱元璋安置在滁州，仍然被奉為皇帝。龍鳳十二年（1366年），朱元璋派廖永忠迎接韓林兒至金陵應天府，途中在瓜步渡長江時，韓林兒遇難溺死，時年二十六歲。至於他的死亡，是意外，還是出於朱元璋的謀殺，不得而知。張廷玉《明史。郭子興、韓林兒傳》讚曰：「元之末季，群雄蜂起。子興據有濠州，地偏勢弱。然有明基業，實肇於滁陽一旅。子興之封王祀廟，食報久長，良有以也。林兒橫據中原，縱兵蹂躪，蔽遮江、淮十有餘年。太祖得以從容締造者，藉其力焉。帝王之興，必有先驅者資之以成其業，夫豈偶然哉！」

滅張士誠

朱元璋先佔泰州、高郵、徐州、淮安、宿州、湖州、杭州。至正二十六年（1366年）五月，發佈聲討張士誠檄文，並痛斥紅巾軍「妖言既行，荼毒生靈」，表示和紅巾軍與白蓮教分道揚鑣。圍攻十個月，至正二十七年（1367年）九月攻破平江，俘張士誠，押送應天，張士誠被殺，東吳亡。

南京明城牆

北伐滅元、稱帝、建立明朝

至正二十七年（1367年）十月甲子日，朱元璋令徐達、常遇春率軍25萬，北進中原；洪武元年（1368年）正月，朱元璋於應天稱帝，國號大明，年號洪武；洪武元年（1368年）八月，明軍進逼北京，元順帝棄城而走，帶領三宮后妃、皇太子等開建德門逃出大都，經居庸關逃奔上都，再逃往蒙古草原。元朝在中原九十八年的統治結束，明朝取得了在長城以內地區的統治權，中國再次回歸到漢族建立的王朝的統治之下。同時漢族政權丟失四百三十二年的燕雲十六州終於被收回。

掃蕩華南、四川、完成統一

吳元年（1367年）九月，朱元璋命朱亮祖進攻克台州、溫州。征南將軍湯和率大軍長驅直入抵達慶元，方國珍降。洪武

元年（1368年），水師平定福建陳友定；同年，廣東何真奉表歸
降、廣西平定；洪武四年（1371年），重慶明升出降，夏亡；洪
武十五年（1382年）平定雲南。

得天下後首要之務──休養生息

　　一個朝代得到天下之後，首先之務必須是休養生息，促進經
濟，改善人民生活。第一代、第二代皇帝能把這件事做好的，這
個朝代就能長治久安：漢、唐、宋、明、清都是這樣的；但第一
代、第二代皇帝沒有能把這件事做好的，這個朝代就是亂糟糟的
短命朝代：秦、西晉、隋、元就是這樣的。朱元璋是放牛娃、和
尚、乞丐出生，深深瞭解民生苦疾，在改善人民生活這方面，他
是中國歷史上做的最下功夫、最好的之一！

　　朱元璋打下天下後，休養生息、穩定人民生活、發展經濟；
獎勸農桑、興水利；大量移民墾荒、屯田；減免租稅；賑濟災
民；提倡節儉。元末天下大亂，人民流離失所，中原百里不見人
煙。由於朱元璋採取以上措施，農業生產發展很快，洪武二十六
年（1393年），全國墾田面積達850萬多頃，較洪武元年增加了
近四倍，使元末農村殘破的局面呈現一片繁榮的景象。

革新、建立文人統治制度

　　朱元璋進行革新，建立文人統治制度、興學校、頒《大明
律》、《祖訓》，以猛治國。建國伊始，太祖就在《大明律令》
的基礎上制訂頒行《大明律》，緊接著又親自編定《明大誥》。

　　洪武二十八年（1397年），朱元璋下詔正式頒布了《大明
律》。《大明律》一共四百六十卷，分吏、戶、禮、刑、兵、工

六律，簡於《唐律》，嚴於《宋律》。《大明律》：「謀反」、「謀大逆」者，不管主犯還是從犯，一律凌遲，祖父、父、子、孫、兄、弟以及同居的人，只要是年滿十六歲的都要處決。朱元璋立法一為治民，二為治吏，他十分重視法律宣傳，寫了大誥三編和大誥武臣，讓臣民熟悉法律，不去犯禁。他還經常法外施刑，動輒凌遲。

澄清吏治、嚴懲貪污

朱元璋出身貧寒，對政治貪污尤其憎惡，對貪污腐敗官員處以極嚴厲的處罰，大批不法貪官被處死。洪武二年（1369年）制定法令：官員受賄枉法者，輕者杖罰，貪污60兩銀子以上者殺頭、剝皮實草。郭桓案與空印案殺死數萬名官員。朱元璋開展雷厲風行的肅貪運動，歷時之久、措施之嚴、手段之狠、刑罰之酷、殺人之多，為幾千年歷史所罕見。使腐敗現象得到一定程度的遏止。

改革兵制、衛所制、屯田

朱元璋把軍隊打散到全國各地，成立「衛」和「所」兩級；給予土地，令兵士、家眷屯田，實行（軍眷）世襲制；將不專軍、軍無私將；軍隊平時隸屬各地衛所，遇有戰爭，由皇帝交兵部調遣，都督府長官領兵作戰；防止軍人掌權、節省國家軍費。

限制對外用武、安定內部

朱元璋有鑑於元朝不斷對安南、印尼、日本等國用兵失敗的經驗，加之其後執行的朝貢體系以及海禁政策，朱元璋在洪武二

十八年（1397年）頒布的《皇明祖訓》宣布將朝鮮、日本等15個海外國家列為「不征之國」，告誡後世子孫不得恣意征討。這個政策對開國初保境安民起了穩定作用，但過於保守，使明代走向閉關自守。

這15個國家是：朝鮮國（今朝鮮）、日本國（今日本）、大琉球國（今日本沖繩）、小琉球國（今中國臺灣）、安南國（今越南北部）、真臘國（今柬埔寨）、暹羅國（今泰國）、占城國（今越南東南部，後被安南滅國）、蘇門答剌（今蘇門答臘島八昔）、西洋國（今科羅曼德爾海岸）、爪窪國（今爪哇島）、上調國（今馬來半島）、白花國（今蘇門答臘島西北部）、三弗齊國（今蘇門答臘島巨港）、渤泥國（汶萊）。

防止后妃、內戚干政

洪武元年（1368年）：朱元璋令儒生朱升修《女戒》，收集古代賢德婦女、后妃故事，教育后妃；規定皇后母儀天下、掌管後宮，但不得干預宮外事；外戚給予高爵厚祿，但不許預聞政事。洪武五年（1372年），宮中掛牌：「鑴戒諭后妃之辭」。明太祖馬皇后和明成祖徐皇后都賢慧達理，帶給明朝后妃很好的風範；明朝沒有出現漢、唐、清幾代的后妃、外戚亂政禍害。

防止太監干政

開國之初，朱元璋為革除歷史上太監干政之弊，在宮門掛一個鐵牌，明令內臣不得干預政事，預者宰。但因集權獨裁，猜忌文臣武將，乃啟用太監為其耳目，自壞禁令，委派身邊太監出使行事，其後導致嚴重的太監干政禍害。

太監在明代一直權高勢重，出了王振、汪直、劉瑾、魏忠賢等大烏龍，陷害忠良、網羅黨羽，把朝政弄得烏煙瘴氣。明朝有十六個皇帝，我個人認為有九個是「昏君」。有人說他們智商有問題，其實他們並不笨，主要是體制的問題。一個國家不從體制上求進，就會出許多小人與混蛋啊！

鞏固、加強中央集權

明初沿襲元朝制度，設立中書省，置左、右丞相。由中書省統六部：吏、戶、禮、兵、刑、工，但不設置中書令。洪武十三年（1380年），胡惟庸（丞相）案之後，太祖罷中書省，分中書省之權歸於六部。原中書省官屬盡革，惟存中書舍人。至此，秦、漢以降實行了一千六百餘年的宰相制度自此廢除，相權與君權合而為一，歸於皇帝。另外，朱元璋改元朝地方分權制度，實行高度的中央集權。

興大獄、誅殺功臣

誅殺功臣是打天下已定後，開國君主的通病，劉邦、朱元璋、毛澤東乃其甚者！有人說朱元璋出身貧寒，當皇帝後自卑。非也！主要是權力太大，患得患失，沒有安全感！趙匡胤很坦白地對他的功臣說：「我當了這皇帝後，沒有一天睡好覺！」

朱元璋弄的「四大案」，第一是胡惟庸案：洪武十三年，以通日本、蒙古，謀逆罪殺宰相胡惟庸，後追殺餘黨，誅連至死者三萬餘人。之後李善長亦被牽連賜死，家屬七十餘人被殺。第二是藍玉案：洪武二十六年（1393年）：藍玉以謀反罪處死，連坐被族誅的有一萬五千餘人。第三是郭桓案：洪武十八年（1385

年），戶部侍郎郭桓等人，串通各直省的官吏作弊，盜賣官糧。後被揭發，以其涉案金額巨大，對經濟影響深遠而為世人矚目。對此，明太祖將六部左右侍郎以下皆處死，連坐入獄者達數萬人。第四是空印案：洪武十五年（1382年），布政使司、各府州縣官吏，每年前往戶部核對錢糧、軍需供應等事，因路途遙遠，多備好事先開好的空印文書。朱元璋發現後大怒，責令嚴查。凡是與此案有關的部門及地方正職官員一律處以死刑，副職官員處以杖一百、戌邊，受牽連者超過萬人。

興廷杖、跪拜

興廷杖、跪拜使讀書人尊嚴掃地。唐代時，讀書人、大臣與皇帝講話，坐著講；宋代讀書人、大臣與皇帝講話，站著講；明代讀書人、大臣與皇帝講話，跪著講；大臣進言觸怒皇帝，當庭脫褲子、打屁股；也使不少大臣慘死杖下，使得明代大臣多謹慎保身，缺乏有魄力的名臣。

設錦衣衛特務機構

為了對臣民的控制和監視，朱元璋設置了巡檢司和錦衣衛。巡檢司主要是負責全國各地的關津要衝的把關盤查，緝捕盜賊，盤詰偽姦；錦衣衛則負責祕密偵察大小官吏活動，隨時向皇帝報告不公不法之徒。同時朱元璋還授予錦衣衛偵察、緝捕、審判罪犯等一切大權，錦衣衛正式成為直屬皇帝的情報機構。

永樂十八年（1420年），明成祖朱棣為了鎮壓政治上的反對力量，決定設立一個稱為「東緝事廠」，簡稱「東廠」的特務機構；成化十三年（1477年），明憲宗增設「西廠」特務機構。

控制思想、興文字獄、搞一言堂

為了專權，朱元璋堵塞進言，排除集思廣益，搞一言堂；控制思想，實行奴化政策，譬如刪除相當多的《孟子》，將孟子驅逐出孔廟，這和其後清代乾隆相似。另外大興文字獄也和乾隆相似。朱元璋這些措施後來為清朝皇帝採納、延續，使中國文化發展僵化，遺害至今！

對外保守、缺乏進取

朱元璋對外保守導致明代缺乏進取。譬如鄭和下西洋，原為走向世界的壯舉，但為朝政、思想所限，沒能演發成為大航海、大發現風潮。而這個任務卻交給了蕞爾小國葡萄牙。鄭和首次下西洋時認為「臺灣地乏奇貨」，沒有去臺灣，卻是葡萄牙人在16世紀首次見到臺灣，就稱之為「Formosa（寶島）」，他們了解臺灣的重要性。19世紀中葉，美國遠東艦隊司令佩里開啟日本貿易，後他向美國政府建議強佔臺灣，但當時美國南北分裂，戰爭一觸即發，軍部沒有同意。

實行海禁、閉關自守

明朝立國後因陳友諒、張士誠餘部為海盜，走私頻繁，及日本倭寇（許多中國沿海百姓加入）騷擾沿海，朱元璋採取了閉關鎖國政策：（1）罷太倉黃渡、福建泉州、浙江明州、廣東廣州各市舶司，斷絕中國對外貿易；（2）下令禁瀕海民私通海外諸國。自此，連與明朝素來交好的東南亞諸國也不能來華進行貿

易和文化交流。整個海禁政策從太祖開始，到了明穆宗隆慶元年（1567年）被以「市通則寇轉而為商，市禁則商轉而為寇」為由實行開關（隆慶開關）；至清初又開始一連串的閉關，清高宗時更推行「一口通商」政策、直至鴉片戰爭後，通行整個明清二代的海禁政策才被西方的船堅炮利徹底打破。

朱元璋宮闈

馬皇后，宿州人，郭子興義女，朱元璋髮妻，仁慈有智鑒，好書史，為中國史上與李世民長孫皇后齊名的賢慧皇后，對朱元璋幫助非常大。洪武十五年去世，朱元璋再也沒有封皇后。但她容貌平平，也不能生育，領養了四個兒子，作為「嫡出」。

朱元璋的妃嬪：成穆貴妃孫氏；淑妃李氏，據吳晗考證，她是太子朱標、秦王、晉王的生母，馬皇后死後攝六宮事。寧妃郭氏，父郭山甫看相認為朱元璋「貴不可言」，乃將女兒獻給朱元璋。另有郭惠妃、莊靖安榮惠妃崔氏、江貴妃、趙貴妃、昭敬充妃胡氏、鄭安妃、達定妃、胡順妃、李賢妃、劉惠妃、葛麗妃、韓妃、余妃、楊妃、周妃、張美人、邰氏、林氏。除以上妃嬪外，其餘不可考。

實行嬪妃殉葬制

反理性、殘酷的殉葬制度，在西漢初以後逐漸在中原政權消失。但蒙古人殘暴，仍令嬪妃殉葬。朱元璋二子秦王朱樉於洪武二十八年（1395年）去世，朱元璋令其二妃殉葬。朱元璋明孝陵以四十六妃陪葬，其中有他死時的十幾名侍寢宮人。

殺死從殉婦女的方法為將她們吸毒死，或勒死，或灌以水銀

明孝陵全景

明孝陵明樓

毒死。這些生殉的婦女被稱為「朝天女」，她們的家屬稱為「朝天女戶」，並給予一定待遇。關於朝天女記載主要依賴朝鮮的第一手資料——《李朝實錄金黑口述》。殉葬制表露朱元璋施政上反理性、殘酷的問題。

這一制度沿襲至成祖、仁宗、宣宗、代宗。而「節烈從殉」的風氣，並向下廣為延伸至宗室公侯、官宦之家，以至民間。直至近百年之後其五世孫英宗死前指出殉葬非古禮，仁者所不忍，才禁殉葬於遺詔，永著為典。

分封皇子、擁兵作亂、社會動蕩

朱元璋共有26個兒子、16個女兒；立長子朱標為太子。除第九子和二十六子夭折，其餘23個兒子和一個孫子均被封到邊塞或重要地區。朱元璋以為這樣就可以永固大明天下。當時就有人向他勸告，舉漢代七國之亂、晉代八王之亂之例，但朱元璋不聽，把人家殺了。洪武二十五年（1392年）太子死，朱元璋立朱允炆為太孫。洪武三十一年（1398年），朱元璋去世，朱允炆繼位。次年就引起「靖難之變」，燕王朱棣起兵奪位，是為明成祖。

與西方歷史進程相較

明代之際，西方開始文藝復興，崇尚理性，繼之航海大發現、啟蒙運動、民族國家、資本主義、工業革命、殖民主義、社會主義等應時而起，西方文化日新月異。中國卻走向閉關自守，固步自封，壓抑理性，中華文化發展遲緩，形成僵化狀態。十九世紀西方的船堅炮利打開中國的閉關自守，中國人民經歷了兩個世紀的苦難顛沛。

結論

　　朱元璋是中國歷史上最多彩多姿的君主之一,他從一無所有的一個乞丐、和尚,深體民生苦疾,在亂世之中,應時而起,任良將、納賢才,慘澹謀略,殲滅群雄、驅逐蒙古統治、統一中國;恢復經濟,帶給人民長治久安、和平穩定的生活,對中國近代政治制度、思想及施政具有深厚的影響及貢獻。但他集權獨裁、破壞君相制、誅殺功臣、壓抑思想、對外鎖國,開啟了中國文化僵化、閉關自守、固步自封的時代,遺害至今!

中國歷代的創業與守成君主

「創業匪懈、守成不易」，回顧中國歷代開創的君主當然都是板蕩英豪，但一個朝代能否長治久安？第二代的繼承者乃是具有關鍵性的人物。因為從「馬上得天下」轉化成「下馬治天下」，並非易事。

（一）秦朝

首先來看看秦朝。秦國本來是僻遠的小國，後秦孝公時用商鞅變法，政治、經濟煥然一新；32年後，經三傳到了昭襄王即位，他在位54年，奮發有為，積極向東發展，用大將白起一再進攻韓、趙、魏、楚，掠奪了大片領土，奠定了統一的基礎。他去世後僅五年，經三傳就到了秦始皇即位（西元前246-210年）。

秦二世

西元前230年，秦滅韓，其後只花了十年（西元前230-221年）就滅掉六國，統一中國，稱皇帝。秦始皇大力改革，做了很多順應歷史潮流的事：確立中央集權制度；統一政令、文字和度量

衡；修築長城、北禦匈奴。但他也執行了不少殘害百姓的劣政：控制思想、焚書坑儒、殘酷刑罰、建阿房宮、修驪山墓等等。

他在統一天下十一年後（西元前210年）因病死於沙丘（今河北邢臺）的旅途中。趙高和李斯密謀矯詔擁立胡亥，稱二世。秦二世暴虐、無能，誅殺手足、功臣，指鹿為馬，繼續推行秦始皇的殘暴統治。兩年後就引起燎原的農民起義，秦帝國立即土崩瓦解。二世被趙高殺害，子嬰即位，僅46天後，劉邦攻入咸陽，秦亡。

（二）漢朝

劉邦起自布衣，他從農民到皇帝，走過一段艱難曲折的道路：48歲起兵，戎馬生涯中坎坷備嘗，兼併群雄，入關中滅秦，與項羽爭戰四載餘，屢敗屢戰，最終擊敗西楚、平定天下，於西元202年2月即皇帝位，創建了漢朝。劉邦注重人才、知人善任，用蕭何、張良、韓信以得天下。即位後一方面安邦定國，安撫群臣、誅殺反叛、外和匈奴；另一方面與民休養生息，減免賦稅、徭役、鼓勵生產。

劉邦在位七年後去世，其子惠帝（劉盈）即位，在位八年，用蕭何、曹參，繼續採行無為而治、與民休息。惠帝死後，七年間呂后連立兩個少帝。從劉邦去世後的十五年基本上是呂后（劉邦妻子呂雉）掌權時期，也可算是漢初的一段「過度時期」。

呂后死後，周勃、陳平帶領誅滅呂氏，迎立代王劉恆，這就是漢文帝。文帝沉著、謹慎、富謀略，即位後選賢治國、大度安邦；與民休息、輕徭薄賦；提倡簡樸、反對奢華；廢止肉刑、以身守法，使得國泰民安，經濟逐漸發達。文帝死後，其子劉啟（景帝）繼續發展農業，減輕賦稅、刑罰，促進了經濟

繁榮。史稱「文景之治」，繼之武帝時期，中國文化達到一個
頂峰。

（三）晉朝

晉武帝司馬炎於西元265年篡魏稱帝，建立晉朝（西晉）。
他結束了東漢末年以來的戰亂、分裂，完成了統一大業。但他本
人和西晉以司馬氏為首的門閥集團貪婪、荒淫、奢侈，加之司馬
炎大封宗室，種下其後內亂的隱憂。

司馬炎去世后，其子司馬衷即位，他是一個有智障的可憐
人。歷史上有名的「何不食肉糜」故事就是他弄出來的。當時朝
政完全由皇后賈南風把持。結果引起八王之亂，惠帝也被毒死，
晉懷帝司馬熾即位后發生永嘉之亂，接著晉愍帝時西晉滅亡。中
國進入五胡十六國、南北朝近三百年的分裂、戰亂時期。

（四）隋朝

隋文帝楊堅自稱出生自西魏、北周的關隴集團貴族，其父
楊忠在北周武帝時被封為隨國公，楊堅承襲父爵。當時周武帝宇
文邕年輕有為，雄才大略；在位18年，勵精圖治，修富國之政，
務期強兵之求；消滅北齊，統一北方，為謀求全國統一奠定了基
礎。不幸英年早逝，他在36歲時死在北伐突厥的征途中。是年20
歲的太子宇文贇（周宣帝）即位。兩年後，宣帝去世，楊堅接受
矯詔遺命，任大丞相，輔佐靜帝總理朝政。

次年（西元581年）二月，楊堅晉封隋王；同月，楊堅受北
周靜帝禪讓為帝，建立隋朝，改元開皇。隋文帝即位後，改革法
律、官制、府兵制、廢九品中正、改科舉取士，推行均田減賦，

與民休息；西元588年伐南陳，結束了中國近三百年分裂，戰亂，經濟恢復、民生安穩。

隋文帝在位晚年，次子楊廣與太子楊勇爭位，最後楊堅廢了楊勇，改立楊廣為太子。西元604年7月，楊堅病重，楊廣在準備即位時不軌，引起楊堅憤怒，欲廢楊廣，重立楊勇。未料楊廣先發制人，假詔逮捕文帝近臣，派親信守衛文帝寢宮——仁壽宮

隋煬帝

大寶殿，禁止他人出入。8月13日，文帝病逝，但也有一說，楊廣指使心腹張衡入宮刺殺楊堅。

楊廣即位後，首先殺了其兄楊勇，開始親政。他是一個很有才華、能力的人，但好大喜功，生活奢侈，不顧百姓死活，在位期間開通大運河、營建洛陽東都、修築長城、東伐高麗，加之三度巡幸江南。弄得民不聊生，終於引起各地的農民起義與貴族叛亂。大業十四年（西元618年），楊廣在江都（今揚州）被右屯衛將軍宇文化及殺死。同年，李淵篡位稱帝，建立唐朝。楊堅苦心建立、經營的隋朝只度過了暫短的幾十年就滅亡了。

（五）唐朝

唐朝的開國君主是李淵，出生於大貴族家庭。他的祖父李虎幫助宇文泰在關中建立西魏政權，死後追封為唐國公，由其子李昞襲封。李淵八歲繼襲爵位。西元617年，全國各地農民起義、加之貴族擁兵自重，隋煬帝當時在江都，無法控制。李淵遂在晉

陽（今太原）起兵，進佔長安，扶
持代王楊侑（恭帝）為帝。

　　次年3月，楊廣在江都被殺的
消息傳到長安，兩月后李淵逼恭帝
讓位，建立唐朝。唐高祖李淵統一
天下，在位九年。他的原配竇皇后
生了四個兒子，除了三子元霸早逝
之外，太子建成、二子世民、四子
元吉都很有能力，也各自培養了雄
厚的勢力。李世民英明有為，功勳
屢屢，遂有圖謀皇位之念，建成與
元吉聯合防範，雙方水火難容。
李淵對諸子間的矛盾處理有欠明
智，最後引起「玄武門之變」，李

唐太宗

世民誅殺太子與元吉，並族滅二人
全家，骨肉相殘，成為歷史上最悲慘的一幕。

　　事後李世民逼李淵讓位，讓他做了九年太上皇，鬱郁以終。
李世民即位後，知人善任、納諫如流、改修唐律，開啟了貞觀－
開元盛世，中國的文化發展到一個頂峰。

（六）宋朝

　　宋太祖趙匡胤以陳橋兵變、黃袍加身，當了皇帝。他在位
17年。當他50歲的時候，在一個夜裡忽然暴斃。他的去世在歷史
上留下許多謎團和說法。《宋史》記載他是病死，但民間流傳了
「燭影斧聲」的故事，射影趙匡胤是被他弟弟趙光義，也就是後
來的宋太宗害死的。連司馬光在其《涑水紀文》中也說趙光義的

即位是有問題的。趙光義比他哥哥小十幾歲，從陳橋兵變起，他一直是趙匡胤最重要的幫手，擔任開封尹十多年，培養了雄厚的班底，已形成一人之下，萬人之上之勢。但趙匡胤到五十歲一直沒有立他為「太弟」，承認他是繼承人；同時也沒有立自己的兒子做太子。

趙光義即位後對待趙匡胤的皇后、兒子以及他自己的弟弟都非常無情，連《宋史》上都有非議。過了五年後，丞相趙普又弄出個「金匱之盟」，說太后杜氏去世時交代趙匡胤以後要傳位給趙光義。但世人覺得這有點像「此地無銀三百兩」，懷疑這是趙光義串通趙普做的假、為什麼早不說出來？「燭影斧聲」乃成為千古之謎。

宋太宗即位後，承繼兄業，滅北漢，完成統一、勵精圖治，休治內政，健全文官制度，恢復科舉制度，興修水利、鼓勵墾荒、輕徭薄稅，推進了社會的經濟發展，使宋朝立國久遠，而沒有像五代諸朝成為一個短命的王朝。

（七）元朝

元朝以少數民族入主中原，同時西征歐亞，震驚世界。我們可以把它的歷史分兩段來看，第一是入主中原之前；第二是在北京稱帝以後。第一階段從1206年成吉思汗即汗位，到1271年元世祖忽必烈在大都（今北京）正式建立元朝。在第一階段，成吉思汗統一蒙古，西征中亞、俄羅斯，威震歐亞。他的原配生了四個兒子：术赤、察合台、窩闊台和拖雷，都很能幹。在繼承人選上，經過一番波折，大兒子术赤，因為到底是不是成吉思汗的親生子搞不太清楚，難以讓他繼承；二兒子察合台志在必得，爭執得很兇。成吉思汗為了避免內部分裂，死前遺言由三子窩闊台繼

承汗位。

第二個階段是1271-1368年。忽必烈在入主中原時年紀56歲，就汗位已11年，其後又在位24年，活了80歲。他早年四處征戰、建元統一，改革國制，頗有作為；但老年思想日趨保守，嗜利斂財、迭任貪婪、宮闈淫亂、屢興戰事，使得人才離散、經濟萎縮、民生困苦。1294年，他病死後，由其孫成宗鐵莫爾即位，在位13年尚為穩定。

1307年，成宗死後的短短26年中，帝位更換了八次，王室激烈鬥爭，爭位不已，內亂不息，朝政糜爛，最後激起規模巨大的農民起義，元朝入主中原不到百年而亡。

（八）明朝

朱元璋驅逐元室，統一天下，與民休息，社會穩定，經濟恢復。他認為元朝迅速滅亡，主要是沒能分封王室，控制天下。於是將他的二十六個兒子，除了太子在京城，九子、二十六子早逝，加上一個孫子，分封到全國各地，各擁兵自重。當時就有人向他進言，舉歷史的先例規勸朱元璋，他不聽，還把這個臣子殺了。

朱元璋死後，因太子已亡故，乃由太孫建文帝朱允炆即位。當時兵部尚書齊泰、太常寺卿黃子澄見地方諸王勢力過大，產生對朝廷威脅，主張立即削藩。但在削藩過程中引起燕王朱棣假借「靖難」之

明惠帝

名起兵反叛。經過三年多激烈的爭戰，燕王攻破應天，建文帝失蹤，朱棣就位，為明成祖。這是中國歷史上最大規模的骨肉相殘之一，也是少有的諸侯叛亂成功稱帝的例子。

朱棣是個雄才大略的君主，在位期間大力引用賢才；推行經濟建設，使農業得到迅速的恢復與發展，社會產生繁榮局面；另外提倡文化工作，編輯《永樂大典》，整理並提升了文化的發展。考慮到安頓少數民族的問題，明成祖遷都北京，同時多次親征漠北，最後死在北伐的歸途中。明成祖的施政使得明朝成為中國歷史上最長治久安的朝代。

（九）清朝

清朝也可分在關外興起和入主中原兩個階段。努爾哈赤崛起，建立八旗制度，於1616年自稱可汗，建國號「金」。1619年在薩爾滸大破明軍，為統一東北、建立清王朝打下基礎。努爾哈赤死後，皇室內部經過鬥爭，皇太極被推舉繼位後，考慮到「五行相剋」，改國號為「清」。

皇太極在位17年後暴斃，繼位的問題因多爾袞和豪格競爭，僵持不下。最後只得妥協，推舉皇太極幼子福臨（順治）繼位。順治即位后，由多爾袞攝政，入關在北京登基。

他在位18年後去世，諸子均幼小，孝莊太后因七歲的三子玄燁（康熙）已生過天花得以免疫而

康熙

選他繼承皇位，未料這個孩子成為中國歷史上最有作為的帝王之一。

康熙在位61年，他的許多兒子在其晚年為爭奪皇位展開了激烈的鬥爭。康熙去世後，四子胤禛（雍正）繼位，他把兄弟們一一囚禁、虐待，手段毒辣，為史上罕見。但總而觀之，皇太極、康熙、雍正都是中國歷史上不可多得的賢明君主，這幾個二、三代的帝王促使清朝入主中原，鞏固政權，走到康乾盛世。

（十）中共

毛澤東得到天下後，對內鬥爭不停，誅殺功臣，虐待人民，最後十年弄了個文化大革命，弄得民不聊生。他逝世後不到一個月，黨內鬥爭激烈化，江青等毛的爪牙被打倒、下獄。其後又經歷約兩年的鬥爭。華國鋒等「凡是派」被清洗一空，鄧小平徹底掌權。得以全盤否定文革，進行改革開放，恢復經濟繁榮、改善人民生活，把中國帶向富強康樂之途。

結論

回顧中國的歷史，歷代開創的君主都是板蕩英豪，但一個朝代能否長治久安？第二、三代的繼承者乃是具有關鍵性的人物。因為從「馬上得天下」轉化成「下馬治天下」並非易事。漢、唐、宋、明、清、中共的二代領導、君主均是在非常狀況、用非常手段，鬥爭得權的非常君主，這些朝代得以民生安穩、文化昌盛；反觀秦、晉、隋、元均因二代昏庸、失政，導致天下大亂，迅速滅亡。「創業匪懈、守成不易」，前事不忘，後事之師，後人豈無警惕之！

▌中國各朝代的二代鬥爭

中國自秦始皇統一天下以來，每一個朝代的第二、三代幾乎千篇一律地都為皇位的繼承發生皇室內部鬥爭，骨肉相殘，甚至到了中共當政也未能避免。這個規律是封建、專制體制的必然產物，也是值得我們深思的一個現象。

（一）秦朝

西元前210年，秦始皇於他第五次東巡途中病死在沙丘（今河北邢臺）。隨行的趙高威脅李斯，二人合作矯詔，由胡亥繼承皇位，並賜太子扶蘇死。事後日夜兼程返回咸陽。胡亥即位，稱二世。胡亥就位後把兄弟、姐妹誅殺殆盡。最後他自己也被趙高害死。不久秦就亡了。

（二）西漢

西元前195年，漢高祖劉邦去世，其子劉盈（惠帝）即位。他當時只有16歲，由呂太后掌政。八年後，惠帝去世，呂太後繼續掌政、稱制，前後扶持了兩個小皇帝，並啟用呂氏專權。七年後，呂太后去世，周勃、陳平誅滅呂氏，迎代王劉恆（文帝）即位。文帝即位后，休養生息，國富民安，是謂「文景之治」。但當景帝在位時，一些分封在各地的劉氏宗親勢力龐大，景帝採納

漢景帝　　　　　　晁錯　　　　　　　周亞夫

晁錯策略進行削藩，以吳王劉濞為首的七國諸侯興兵作亂，晁錯
冤枉被腰斬、夷族；所幸太尉周亞夫率軍在三個月後就平定叛
亂，漢室得以安穩。

（三）西晉

　　西晉武帝司馬炎於西元190年去世，晉惠帝司馬衷即位，他
是一個有智障的君主，「何不吃肉糜？」的故事就出自於他。他
在位時，國政均由皇后賈南風掌握。她逼死楊太后，誅殺太傅楊
駿及司馬宗室，引起八王之亂，造成全國16年的動亂；其後賈南
風被殺，惠帝被毒死。懷帝即位後，匈奴漢國攻陷洛陽，是為
「永嘉之亂」。幾年後，西晉滅亡，中國陷入五胡十六國、南北
朝近三百年的分裂、戰亂。

（四）隋朝

　　隋文帝楊堅統一天下，在位二十五年後去世。在其晚年，
次子楊廣與太子楊勇爭奪繼承權，文帝廢了楊勇，改立楊廣為太

子。楊堅臨終察覺楊廣不軌，想要廢掉他，改回立楊勇為太子；但楊廣和楊素策劃，派親信守衛文帝宮室，禁止他人出入。傳言他指使心腹張衡入宮刺殺文帝，竊奪皇位。不久又殺死其兄楊勇。

（五）唐朝

唐高祖李淵統一天下，在位九年。他的原配竇皇后生了四個兒子，除了三子元霸早逝之外，太子建成、二子世民、四子元吉都很有能力，也各自培養了雄厚的勢力。李世民英明有為，功勳屢屢，遂有圖謀皇位之念，建成與元吉聯合防範，雙方水火難容。李淵處理有欠明智，最後引起「玄武門之變」，李世民誅殺太子與元吉，並族滅二人全家，骨肉相殘，成為歷史上最悲慘的一幕。事後李世民逼李淵讓位，讓他做了九年太上皇，鬱郁以終。

唐太宗

（六）宋朝

宋太祖趙匡胤以陳橋兵變、黃袍加身，當了皇帝。他在位17年。當他50歲的時候，在一個夜裡忽然暴斃。他的去世在歷史上留下許多謎團和說法。《宋史》裡說他是病死，但民間流傳了「燭影斧聲」的故事，射影趙匡胤是被他弟弟趙光義，也就是後

來的宋太宗害死的。連司馬光在其《涑水紀文》中也說趙光義的即位是有問題的。

趙光義比他哥哥小十幾歲，從陳橋兵變起，他一直是趙匡胤最重要的幫手，擔任開封尹十多年，培養了雄厚的班底，已形成一人之下，萬人之上之勢。但趙匡胤到五十歲一直沒有立他為「太弟」，承認他是繼承人；同時也沒有立自己的兒子做太子。

趙光義即位後對待趙匡胤的皇后、兒子以及他自己的弟弟都非常無情，連《宋史》上都有非議。過了五年後，丞相趙普又弄出個「金匱之盟」，說太后杜氏去世時交代趙匡胤以後要傳位給趙光義。但世人覺得這有點像「此地無銀三百兩」，懷疑這是趙光義串通趙普做的假、為什麼早不說出來？「燭影斧聲」乃成為千古之謎。

（七）元朝

元朝以少數民族入主中原，同時西征歐亞，震驚世界。我們可以把它的歷史分兩段來看，第一是入主中原之前；第二是在北京稱帝以後。

第一階段從1206年成吉思汗即汗位，到1271年元世祖忽必烈在大都（今北京）正式建立元朝。在此階段，成吉思汗統一蒙古，西征中亞、俄羅斯，威震歐亞。他的原配生了四個兒子：朮赤、察合台、窩闊台和拖雷，都很能幹。在繼承人選上，經過一番波折，大兒子朮赤，因為到底是不是成吉思汗的親生子搞不太清楚，難以讓他繼承；二兒子察合台志在必得，爭執得很兇。成吉思汗為了避免內部分裂，死前遺言由三子窩闊台繼承汗位。

1259年8月11日，元憲宗蒙哥去世。1260年5月5日，忽必烈在精兵擁立下於中原開平自立為大汗。不久後，其弟阿里不哥在

哈拉和林被蒙古本土貴族推舉為大蒙古國大汗，雙方遂展開激烈內戰，歷時達四年之久。1261年，忽必烈佔領哈拉和林後再次發兵進攻，大敗阿里不哥軍於昔木土腦兒。1264年8月21日，阿里不哥力竭投降，被忽必烈幽禁。1266年，阿里不哥逝世，也有一說他是遭到忽必烈毒殺。

第二個階段是1271-1368年。忽必烈在入主中原時已就汗位11年，年紀56歲，其後又在位24年，活了80歲。他早年四處征戰、建元統一，改革國制，頗有作為；但老年思想日趨保守，嗜利斂財、迭任貪婪、宮闈淫亂、屢興戰事，使得人才離散、經濟萎縮、民生困苦。1294年，他病死後，由其孫成宗鐵莫爾即位，在位13年尚為穩定。1307年，成宗死後短短26年中，帝位更換了八次。首先安西王阿難答和懷寧王海山爭位，王室激烈鬥爭，歷時數月，最後阿難答與其黨羽被殺，海山即位，是為元武帝。元武帝在位僅四年，接下來王室爭位不已。1333年，元順帝妥懽貼睦爾即位，皇室內亂不息，朝政糜爛，接連發生嚴重饑荒，黃河決堤，激起規模巨大的農民起義，元朝入主中原不到百年而亡。

（八）明朝

朱元璋驅逐元室，統一天下，與民休息，社會穩定，經濟恢復。他認為元朝滅亡，主要是沒能分封王室，控制天下。於是將他的二十六個兒子，除了太子在京城，九子、二十六子早逝，加上一個孫子，總共24個王分封到全國各地，各擁兵自重。當時就有人向他進

明成祖

言，舉歷史上西漢七國之亂和西晉八王之亂的先例規勸朱元璋，他不聽，還把這個臣子殺了。

朱元璋死後，因太子已亡故，乃由太孫建文帝朱允炆即位。當時兵部尚書齊泰、太常寺卿黃子澄見地方諸王勢力過大，產生對朝廷威脅，主張立即削藩。但在削藩過程中引起燕王朱棣假借「靖難」之名起兵反叛。經過三年多激烈的爭戰，燕王攻破應天，建文帝失蹤，朱棣就位，為明成祖。這是中國歷史上最大規模的骨肉相殘之一，也是少有的諸侯叛亂成功稱帝的例子。

（九）清朝

清朝也可分在關外興起和入主中原兩個階段。努爾哈赤崛起，建立八旗制度，於1616年自稱可汗，建國號「金」。1619年在薩爾滸大破明軍，為統一東北、建立清王朝打下基礎。努爾哈赤死後，皇室內部經過鬥爭，皇太極被推舉繼位，後改國號為「清」。皇太極在位17年後暴斃，繼位的問題因多爾袞和豪格競爭，僵持不下。最後只得妥協，推舉皇太極幼子福臨（順治）繼位。

順治即位後，由多爾袞攝政，入關在北京登基。他在位18年後去世，諸子均幼小，孝莊太后因七歲的三子玄燁（康熙）已生過天花得以免疫而選他繼承皇位，未料這個孩子成為中國歷史上最有作為的帝王之一。

雍正

康熙在位61年，他的許多兒子在其晚年為爭奪皇位展開了激烈的鬥爭。康熙去世後，四子胤禛（雍正）繼位，他把兄弟們一一囚禁、虐待，手段毒辣，為史上罕見。

（十）中共

毛澤東得到天下後，對內鬥爭不停，誅殺功臣，虐待人民，最後十年弄了個文化大革命，弄得民不聊生。他逝世後不到一個月，黨內鬥爭激烈化，江青等毛的爪牙被打倒、下獄。其後又經歷約兩年的鬥爭，華國鋒等「凡是派」被清洗一空，鄧小平徹底掌權。得以全盤否定文革，進行改革開放，把中國帶向富強康樂之途。

結論

綜觀中國各朝代開國後的第二、三代，皇室內部鬥爭、爭奪皇位乃是必然的常態。權力的誘惑使得親兄弟明算帳，骨肉相殘，手段殘暴毒辣。這主要是極權體制造成的問題。人們應該記取這些歷史的教訓！

第二章：
中國歷史上扭轉乾坤的六大戰將

　　本章講述了中國歷史上秦滅六國、楚漢相爭、元末群雄紛爭，以及近代國共長期爭奪天下之中脫穎而出，扭轉乾坤的白起、韓信、徐達、常遇春、林彪和粟裕六大戰將的不凡生平與赫赫戰功。但白起自刎而死，韓信慘遭淩遲，常遇春英年暴斃，徐達中年病死，卻也落得背疽賜鵝的風言，林彪折戟沉沙，粟裕被無端批判解職。這些百戰百勝、叱吒風雲的功臣，哪一個得到好的下場？令人惋惜、悲歎！

▌奠定秦統一天下基礎的白起

秦的興起與走向統一

　　戰國時期，周天子衰弱、式微，七雄爭霸。秦本偏居西部，地位低，勢力弱。到秦孝公時用商鞅變法，政治、經濟煥然一新。32年後，經三傳到了昭襄王即位，他在位54年（西元前306-251年），奮發有為，積極向東發展，用大將白起一再進攻韓、趙、魏、楚，掠奪了大片領土，奠定了統一的基礎。他去世後僅五年，經三傳就到了秦始皇即位（西元前246-210年），只花了十年（西元前230-221年）就滅掉六國，統一中國，稱帝。所以我們可以說：秦統一天下的奠基者是昭襄王；而替他打下天下的則是白起！

白起

白起

　　白起（前332-257年），郿邑（今陝西省眉縣常興鎮白家村）人，據《新唐書》記載他的祖先是秦穆公的將領白乙丙。而唐代詩人白居易自述白氏先祖世系的《故鞏縣令白府君事狀》則

記載白起的先祖是楚國公族白公勝。白公勝謀反失敗自殺後，他的兒子逃往秦國，後代世代在秦國為將，白起、白居易就是他們的後代。

史書記載，白起尖頭小面，雙眼有神。行事果斷，思慮透徹，意志堅強，善於用兵。白起擔任秦國將領30多年，攻城70餘座，殲滅近百萬敵軍，未嘗一敗，被封為武安君。他一生有伊闕之戰、鄢郢之戰、華陽之戰、陘城之戰和長平之戰等輝煌勝利，《千字文》將白起與王翦、廉頗和李牧並稱為戰國四大名將。

伊闕之戰

西元前294年，秦昭襄王任命白起為左庶長，率軍攻打韓國的新城（今河南省伊川縣西南）。第二年，白起升任主將。同年，韓、魏、東周聯軍進軍至伊闕（今河南省洛陽市龍門鎮）與秦軍對峙。戰爭中秦國方面兵力不及韓、魏聯軍的一半，白起利用韓、魏兩國聯軍想保留實力、互相推諉、不肯先戰的弱點，先設疑兵牽制韓軍主力，然後集中兵力出其不意猛攻魏軍。魏軍戰敗後致使韓軍潰敗而逃，秦軍乘勝追擊，取得大勝。伊闕之戰秦軍共斬首24萬，佔領伊闕及五座城池，公孫喜遭擒殺。戰後白起因功升任國尉。

伊闕之戰後，白起乘勝進攻韓、趙、魏，屢戰皆捷，掠奪大片土地。前293年，白起趁韓、魏兩國在伊闕之戰慘敗之機，率兵渡過黃河，奪取安邑（今山西省夏縣西北）以東到乾河的大片土地。前292年，白起升任大良造，率軍攻打魏國，奪取魏城（山西省永濟市東）；攻下垣邑（山西省垣曲縣東南），但沒有佔領。前291年，白起率軍攻打韓國，奪取宛（今河南省南陽市宛城區一帶）、葉（今河南省葉縣南）。前290年，白起與司馬

錯合兵再次攻下垣邑。次年，又率軍奪取魏國的蒲阪（今山西省永濟市北）、皮氏（山西省河津市西）。

前282年，白起率軍攻打趙國，奪取茲氏（山西省汾陽市南）和祁（今山西省祁縣東南）。次年，又奪取藺（今山西省呂梁市離石區西）和離石（今山西省呂梁市離石區）。同年，白起率兵出崤山，進圍魏國首都大梁（今河南省開封市），西周君唯恐危及自身，於是派蘇厲引用養由基的典故遊說白起，白起稱病撤兵。前280年，白起再次攻打趙國，斬首3萬並奪取代縣（今河北省蔚縣東）和光狼城（今山西省高平市西）。

鄢郢之戰

楚頃襄王在位期間政治腐朽、不修國政，大臣居功自傲、嫉妒爭功，阿諛諂媚之臣掌權，賢良忠臣受到排擠。致使國內百姓離心離德。為全力進攻楚國，前279年，白起隨同秦昭襄王與趙惠文王在澠池（今河南省澠池縣）相會修好，兩國暫時罷兵休戰。

白起在分析秦楚兩國形勢後，決定採取直接進攻楚國統治中心地區的戰略，於前279年率軍萬人沿漢江東下，攻取沿岸重鎮。白起命秦軍拆除橋樑，燒毀船隻，自斷歸路，以此表示決一死戰的信心，並在沿途尋找食物，補充軍糧。而楚軍因在本土作戰，將士只關心自己的家庭，沒有鬥志，因而無法抵擋秦軍的猛攻，節節敗退。秦軍長驅直入，迅速攻取漢水流域要地鄧城（今湖北省襄陽市北），直抵楚國別都鄢城（今湖北省宜城市東南）。鄢城距離楚國國都郢（今湖北省江陵市西北）很近，楚國集結重兵於此，阻止秦軍南下。

破鄢城、陷楚國都郢

秦軍久攻鄢城不下之時，白起利用蠻河河水從西山長谷自城西流向城東的有利條件，在鄢城西百里處築堤蓄水，修築長渠直達鄢城，然後開渠灌城。經河水浸泡的鄢城東北角潰破，城中軍民被淹死數十萬。攻克鄧、鄢城後，白起赦免罪犯遷往兩地，又率軍攻佔西陵（今湖北省武漢市新洲區西）。

前278年，白起再次出兵攻打楚國，攻陷楚國國都郢，燒毀其夷陵先王陵墓（今湖北省宜昌市夷陵區），向東進兵至竟陵（今湖北省潛江市東北），楚頃襄王被迫遷都於陳（今河南省淮陽縣）自保。此戰秦國佔領楚國洞庭湖周圍的水澤地帶、長江以南以及北到安陸（今湖北省安陸縣、雲夢縣一帶）的大片土地，並在此設立南郡，白起因功受封為武安君。

次年，秦昭襄王任命白起為主將、蜀郡郡守張若為副將，奪取楚國的巫郡和黔中郡。在春申君的調解下，秦昭襄王才與楚國結盟休戰。

華陽之戰

白起於前276年率軍攻打魏國，奪取兩座城池。前273年，趙、魏兩國進攻韓國的華陽（今河南省鄭州市南），韓國國相派陳筮求救於魏冉。魏冉請求秦昭襄王出兵，秦昭襄王命白起和客卿胡陽率軍救韓。秦軍採取出其不意、攻其不備的方針，長途奔襲，八天後突然出現在華陽戰場。然後趁趙、魏聯軍不備，發動進攻，大敗趙、魏聯軍。此戰秦軍共俘虜三名將領，斬首魏軍13萬人，魏將芒卯敗逃；趙國將領賈偃被擊敗，秦軍殺死潰退渡河

的趙軍2萬人。秦軍佔領華陽並乘勝攻取魏國的卷縣（今河南省原陽縣西）、蔡（今河南省上蔡縣西南）、中陽（今河南省鄭州市東）、長社（今河南省長葛市東北）和趙國的觀津（今山東省觀城縣西）。

白起又率軍經過北宅（今河南省鄭州市北），進圍魏國首都大梁。經魏國大夫須賈遊說魏冉以及魏安僖王答應派段幹崇割讓南陽郡後，秦國才罷兵。秦國將觀津歸還趙國，並與趙國相約攻打齊國。

陘城之戰

魏國人范雎因受迫害逃往秦國，受到秦昭襄王的重用。范雎針對秦國屢次跨越韓、魏兩國作戰，勞師動眾卻又收穫很小的缺點，向秦昭襄王提出著名的「遠交近攻」的策略：用恩威並用的辦法親近魏、韓兩國，威脅楚、趙兩國，迫使齊國恐懼後主動依附秦國，待齊國依附後然後再向臨近秦國的韓、魏兩國發動進攻，拓展土地。秦昭襄王採納范雎的建議，對臨近的韓、魏兩國發動進攻。前264年，秦昭襄王命白起進攻韓國的陘城（今山西省曲沃縣東北）、汾城（今山西省臨汾市北），斬首5萬並沿汾河修築防禦工事到廣武（今山西省代縣西）。次年，又率軍封鎖太行山以南、黃河以北的道路。

長平之戰

秦國於前262年出兵進攻韓國的野王（今河南省沁陽市），野王投降，切斷上黨郡同韓國本土的聯繫。韓桓惠王大為恐慌，派陽城君出使秦國獻上黨郡求和，但上黨郡郡守靳黈不願降秦，

韓桓惠王於是派馮亭接替靳黈。馮亭也不願降秦，於是同上黨郡的百姓謀劃說：「通往韓國的道路已被切斷，秦國軍隊正在逼進，韓國不能救應，不如將上黨獻給趙國。趙國如果接受我們，秦國惱怒，必定攻打趙國。趙國遭到武力攻擊，必定親近韓國。韓、趙兩國聯合起來，就可以抵擋秦國。」於是便派使者通報趙國。

趙孝成王同平陽君趙豹商議此事，平陽君說：「聖人把無功受益看作是禍害，秦國自認為上黨之地唾手可得，馮亭不將上黨交給秦國，是想嫁禍給趙國，接受它帶來的災禍要比得到的好處大的多。」趙孝成王又召見平原君趙勝和趙禹商議，二人說：「動員百萬大軍作戰，經年累月，也攻不下一座城池。如今坐受十七座城池，這是大利，不可失去機會。」趙孝成王說：「接受上黨的土地，秦國必定來進攻，誰能來抵擋？」平原君說：「廉頗勇猛善戰、愛惜將士，可以為將。」趙孝成王於是封馮亭為華陽君，派平原君去上黨接收土地，同時派廉頗駐軍長平（今山西省高平市西北）。

前261年，秦國派兵攻佔韓國的緱氏（今河南省偃師市緱氏鎮）和綸氏（今河南省登封市西南）。次年，秦昭襄王又派左庶長王齕攻取上黨，上黨的百姓紛紛逃亡到趙國，趙軍在長平接應上黨的百姓。四月，王齕向長平的趙軍發動進攻，廉頗迎戰。秦趙兩軍士兵時有交手，趙軍士兵擊傷秦軍的偵察兵，秦軍的偵察兵斬殺趙軍的裨將茄，雙方戰事逐步擴大。六月，秦軍攻破趙軍陣地，攻下兩座城堡，俘虜四名尉官。七月，趙軍築起圍牆，堅守不出。秦軍強攻，奪下西邊的營壘，俘虜兩名尉官。廉頗固守營壘等待秦軍糧草已盡則自退兵，雖然秦軍屢次挑戰，趙兵都堅守不出。

此時秦軍糧草將盡，但趙孝成王仍多次指責廉頗不與秦軍正面交戰，秦國丞相范雎又派人到趙國施行反間計，說：「廉頗很

容易對付，秦國最害怕的是馬服君趙奢的兒子趙括。」趙孝成王早已惱怒廉頗堅守不戰，將秦國的反間計信以為真，於是派趙括接替廉頗。秦昭襄王得知趙括擔任主將後，暗地裡派白起接替王齕擔任主將。由白起擔任上將軍，王齕擔任尉官副將，並且嚴令軍中不要走漏消息，否則格殺勿論。

趙括接任主將後，一改廉頗的作戰方針，主動出兵進攻秦軍。秦軍佯裝戰敗潰退，趙軍乘勝追擊，一直追到秦軍營壘，但秦軍營壘十分堅固，不能攻破。白起命一支兩萬五千人的突襲部隊截斷趙軍的後路，又命一支五千人的騎兵部隊插入趙軍與營壘之間，將趙軍主力分割成兩隻孤立的部隊，同時切斷趙軍的糧道，並派出輕裝精兵向趙軍發動多次攻擊。趙軍作戰失利，於是在原地建造壁壘，等待援兵到來。秦昭襄王得知趙軍主力的糧道被截斷，親自前往河內郡，加封當地百姓爵位一級，並徵調全國十五歲以上的青壯年集中到長平戰場，攔截趙國的援兵。

坑殺四十萬降兵

到了九月，趙軍主力已經斷糧四十六天，士兵們相互殘殺為食。趙括將剩餘的趙軍編成四隊，輪番進攻四、五次後仍不能突圍。最後趙括親率精銳士兵突圍，結果被秦軍亂箭射死，趙國士兵二十萬向白起投降。白起與手下將領謀劃說：「趙國人民反覆無常，之前秦攻下上黨，那裡的民眾卻全都跑回趙國。如果不全部殺掉他們，恐怕再生事端。」白起用欺騙的手段，命手下士卒將趙國降兵和百姓全部殺死，只留下年紀尚小的士兵240人放回趙國報信。

長平之戰前後斬殺趙國45萬人，其中包括許多支援戰爭的百姓，趙國上下一片震驚。戰爭結束後，秦軍清掃戰場收集頭顱，

長平古戰場

因頭顱太多而堆積成台，名叫「白起台」。

圍攻邯鄲

　　長平之戰後，趙國主力部隊被盡數殲滅，全國上下沉浸在失去親人的痛苦之中。前259年，秦軍再次攻佔上黨郡，並且兵分三路：王齕一路攻下武安（今河北省武安市西南）、皮牢（今山西省翼城縣東北）；司馬梗一路攻下太原郡；白起親率大軍攻打趙國首都邯鄲（今河北省邯鄲市），準備一舉滅亡趙國。

　　韓、趙兩國大為恐慌，韓桓惠王決定割地求和，而趙孝成王親自前往秦國拜見秦昭襄王，並與大臣趙郝約定割讓六座城池與秦國和談。兩國又派遣使者攜帶重金對秦相范雎進行遊說。范雎擔心白起功高影響自己的仕途，以秦國士兵征戰操勞需休養為由，勸說秦昭襄王答應韓、趙兩國求和。秦昭襄王聽從范雎的建

議，答應韓國割讓垣雍（今河南省原陽縣西北）、趙國割讓六座城池為條件進行和談。雙方於正月停戰，白起得知此事後與范雎產生矛盾。

拒絕出戰攻趙

趙孝成王準備按和約割讓六城時，大臣虞卿認為割地給秦國，只會讓秦國更加強大，不抵抗割地求和只能加速趙國的滅亡。虞卿建議以六座城池賄賂齊國，交好燕、韓，聯合魏、楚共同抗秦，趙孝成王採納虞卿的建議，在國內積極備戰。秦昭襄王見趙國違約不割六城，反而與東方諸國聯合對付秦國，準備進攻趙國。

白起此時患病，不能帶軍征戰。秦昭襄王向其詢問，白起說：「長平之戰中，秦軍大勝，趙軍大敗。秦國人戰死的給予厚葬，受傷的給予精心治療，有功績的設酒食給予慰勞，百姓假借祭祀之名聚會，浪費財物；趙國人戰死的無人收殮，受傷的得不到治療，軍民哭泣哀號，齊心協力恢復生產。雖然現在大王所派的兵力三倍於以前，但我預料趙國的守備力量是以前的十倍。趙國從長平之戰以來，君臣都憂愁恐懼，早上朝，晚退朝，用謙卑的言辭、貴重的禮品向四方派出使節，與燕、魏、齊、楚結為友好盟邦。他們千方百計，同心同德，致力於防備秦國來犯。現在趙國國內財力充實，加上外交成功，在這個時候不能攻打趙國。」

秦昭襄王不聽從白起的勸告，於前258年派五大夫王陵攻打邯鄲，趙國軍民奮起反抗，秦軍陣亡五校軍隊也沒有取得成果。此時，白起痊癒，秦昭襄王又派范雎見白起，對他說：「當年楚國土地方圓五千里，戰士百萬。您率領數萬軍隊攻打楚國，攻下

楚國國都，燒毀他們的宗廟，一直打到東面的竟陵，楚國人震驚，向東遷都而不敢向西抵抗。韓、魏兩國動員大批軍隊，而您率領的軍隊不及韓、魏聯軍的一半，卻和他們大戰於伊闕，大敗韓、魏聯軍。現在趙國士卒死於長平之戰的有十分之七、八，趙國虛弱，希望您能領兵出戰，一定能消滅趙國。您以少敵多，都能大獲全勝，更何況現在是以強攻弱，以多攻少呢？」

白起說：「當年楚王依仗他的國家強大，不顧國政，大臣們居功自傲，嫉妒爭功，百姓離心離德，城池也不修繕，所以我才能領兵深入楚國，佔領很多城池，建立功勳。伊闕之戰中，韓魏兩國相互推諉，不能同心協力，所以我有機會集中精銳，組織勁旅，出其不意地進攻魏軍。魏軍已經戰敗，韓軍自然潰散，然後乘勝追擊敗軍，所以我才能獲勝。秦國在長平大敗趙軍，不趁趙國恐慌時滅掉它，反而坐失良機，讓趙國得到時間休養生息，恢復國力。現在趙國軍民上下一心，同仇協力。如果攻打趙國，趙國必定拼死堅守；如果向趙軍挑戰，他們必定不出戰；包圍其國都邯鄲，必然不可能取勝；攻打趙國其他的城邑，必然不可能攻下；掠奪趙國的郊野，必然一無所獲。我國對趙國出兵毫無戰功，諸侯就會產生抗秦救趙之心，趙國一定會得到諸侯的援助。我只看到攻打趙國的危害，沒有看到有利之處。」白起從此稱病不起。

范雎將白起的話轉告給秦昭襄王，秦昭襄王發怒，說：「沒有白起，我就不能消滅趙國嗎？」於是另派王齕接替王陵攻打趙國，又派鄭安平率軍五萬增援。秦軍包圍趙都邯鄲八、九個月，死傷人數很多，也沒有攻下。趙軍不斷派出輕兵銳卒，襲擊秦軍的後路，鄭安平也因遭到趙軍的包圍率部投降。楚公子春申君同魏公子信陵君率領數十萬士兵救援趙國，秦軍損失很大。這時白起說：「秦王不聽我的意見，現在怎麼樣了？」秦昭襄王聽後大

怒，親自去見白起，強迫他前去赴任。白起叩頭對秦王說：「我知道出戰不會取得成功，但可以免於獲罪；不出戰雖然沒有罪過，卻不免會被處死。希望大王能夠接受我的建議，放棄攻打趙國，在國內養精蓄銳，等待諸侯內部產生變故後再逐個擊破。」秦昭襄王聽後轉身而去。

被貶賜死

秦昭襄王免去白起的官爵，將其貶為普通士卒，命其離開咸陽（今陝西省咸陽市東北）遷往陰密（今甘肅省靈台縣百里鄉），但白起患病，沒有立即動身。過了三個月，前方秦軍戰敗的消息接踵而來，秦昭襄王更加憤怒，於是命人驅逐白起。白起走出咸陽西門十里路，到了杜郵（今陝西省咸陽市東北）時，范雎對秦昭襄王說：「白起被流放，很不服氣而且口出怨言。」秦昭襄王於是派使者趕到杜郵，賜給白起一把劍，命他自盡。白起仰天長歎道：「我到底有什麼過錯竟落得這般結果？」過了一會說道：「我本來就該死。長平之戰趙國投降的士兵有幾十萬人，我用欺詐之術把他們全都活埋了，這足夠死罪了。」白起隨後自殺。

《戰國策》記載為白起離開咸陽七里時，被秦昭襄王所派使者絞殺。白起的副將司馬靳也一同被賜死。白起被賜死後，諸侯列國都舉杯慶賀，而秦國人都同情他有功無罪而死，大小城邑都祭祀他，並自發在咸陽為其修建祠堂。到秦始皇時追念白起的戰功，封其子白仲於太原，白起的後代子孫世代為太原人。

結論

　　白起膽力絕眾，才略過人，料敵合變，出奇無窮，善於打包圍、殲敵戰；南拔鄢郢，北摧長平，拔七十餘城，遂圍邯鄲，韓、趙、魏、楚為之懾服，奠定了秦統一天下的基礎，功勳無比。但他殘酷嗜殺，據梁啟超考證，整個戰國期間戰爭死亡兵士共兩百萬人，白起據二分之一。特別是長平一役，坑殺降卒百姓四十萬人，酷暴之盛，亙古未有。加之缺乏政治手腕，未能應對秦昭襄王、范雎得體，最後落得杜郵受死，實謀略有欠，亦天理有報矣！

▋ 幫助劉邦得天下首功的韓信

　　劉邦得了天下之後，對大臣們說他之所以能擊敗項羽，主要是靠蕭何、韓信、張良三傑。他雖然把首功給了蕭何，但許多史學家均認為，漢之興主要是得於韓信的爭戰。但最後韓信落得個夷三族的悲慘下場，引來兩千多年多少人的惋惜。韓信的故事發人深省，到底告訴了我們什麼？

少年

　　韓信是淮陰人（今江蘇淮陰），從小喪父，家境貧寒，也沒有社會背景，沒有機會被人推薦去做官。他不願種田，也不會經商，潦倒不堪，四處乞食。最初寄食在下鄉南昌亭長的家裡。日子久了，亭長的妻子很討厭他。有一天她提早做飯，全家很早就吃完飯，等韓信按往常的時間來時，大家都已經吃完了，也沒給他留飯。他知道別人故意奚落他，從此再也不到亭長家去吃飯了。

　　他經常跑到河邊去釣魚，肚子餓了也沒東西吃。在河邊洗衣服的一個婦人（漂母）好心，常把自己帶的飯分些給韓信吃。一連吃了好幾十天後，韓信非常感激，向老婦人說：「有朝一日，我一定要重重地報答妳！」老婦人聽後不太高興，罵了韓信：「你一個男子漢大丈夫，不能自己掙飯吃，我是看你可憐，才給你飯吃，哪裡是意圖你的報答？」韓信被老婦人一講，非常慚

愧，下定決心要有所作為，出人頭地！

他身材魁梧，整天掛一支劍在街上閒逛。有一天碰到一個無賴，當場侮辱韓信，說：「你如有種，就拿劍殺我，如果怕，就從我褲襠下鑽過去。」韓信覺得跟這個無賴爭意氣，不值得，就趴在地下，從那個無賴的褲襠下鑽過去了，引得旁觀的一群人哄然大笑。韓信雖然窮困潦倒，但心懷大志。他母親去世，他找了

韓信

個風水很好，可安葬萬家的墓地，把他母親安葬在那裡。

十多年後，韓信被劉邦封為楚王，回到故鄉，特別去找到那位河邊的老婦人和亭長，送了千金給漂母，很重的禮給亭長，報答他們。又找到了當年要他鑽褲襠的無賴，可把那無賴嚇壞了，但韓信沒殺他，而且給了他一個官當，謝謝他當年的激勵。

投項羽軍

不久天下大亂，陳勝、吳廣於秦二世元年（西元前209年）七月率眾起義。兩個月後，項梁和項羽在會稽（今江蘇蘇州）舉兵反秦。這隻軍隊於次年北上渡過淮河，進兵到下邳（今江蘇睢寧西北）。苦於生活無著的韓信，帶上自己的劍去投奔項梁，當了一名小兵。後來項梁戰死，他歸屬到項羽部下，做一名侍衛（郎中）。他經常給項羽獻計謀策，但項羽看不起他，沒把他的話當回事。韓信覺得再幹下去也不會有出路，於是打算跳槽。

轉投劉邦

當項羽滅秦、攻佔關中後，氣焰高漲，分封諸侯，自封為西楚霸王。而劉邦被封為漢王，被逼前往南鄭（今陝西南鄭）。就在這時，久久不得志的韓信也就從項羽軍中逃跑，投奔到劉邦麾下，隨劉邦去了南鄭。韓信在劉邦屬下，最初劉邦也沒把他當回事，教他當一名管理糧草的小官（連敖）。不久，韓信一夥十三個人犯了法，被判死刑。在行刑時，其他十二個人都已被殺了，韓信心不平大叫，正巧劉邦的親信夏侯嬰路過，感到很奇怪，又見到韓信相貌不凡，就把他放了。夏侯嬰與韓信交談後，覺得他是個人才，就向劉邦推薦韓信。劉邦把韓信升成治粟都尉，不過還是一個管理糧草的小官。後來韓信有機會認識了蕭何，在多次交談中蕭何發現韓信是個難得的人才。他幾次向劉邦推薦韓信，但是劉邦都沒有重用韓信。

蕭何月下追韓信

劉邦帶領部眾在南鄭駐紮時，許多兵士覺得跟劉邦到這僻遠的地方是不會有前途了，加上思鄉，於是紛紛逃亡。有一天，手下向劉邦報告，蕭何也跑了。劉邦十分難過，但過了兩天，蕭何又回來了，劉邦即喜且怒地問他為什麼要逃跑？蕭何告訴劉邦，他是去追韓信回來的。劉邦感到非常奇怪，為什麼許多將領跑了，不去追，偏要去追韓信。蕭何對劉邦說：「韓信是個奇才，你如果打算就在南鄭混下去，就不必要韓信了；但如果還想東進去爭天下，則必需要用韓信不可！」劉邦終於被說服，於是很隆重地設壇場，行禮節，親自拜韓信為大將，並授予印信。

暗度陳倉、平定三秦、東進彭城

　　韓信拜將以後，立即向劉邦分析了他和項羽的優劣對比，建議劉邦儘快向東攻佔關中。劉邦聽後，頓開茅塞，立即採納了韓信的建議。漢元年（西元前206年），田榮於齊地（今山東大部）起兵反楚，自立為齊王，項羽率軍東向鎮壓。劉邦遂派韓信明修棧道，暗渡陳倉（今陝西寶雞縣東），出其不意地進軍關中，平定了當時被項羽封在那裡的三秦（塞王司馬欣、翟王董翳、雍王章邯）。

　　據有關中後。接著劉邦於漢二年（西元前205年）四月出函谷關向東進軍。因為當時項羽主力在東邊齊國境內，劉邦節節勝利，各地諸侯紛紛歸附，一直攻陷項羽的都城彭城。項羽留部將繼續擊齊，自率精兵三萬疾馳南下乘劉邦新勝之際，戒備鬆懈。項羽以少勝多，大敗漢軍，收復彭城。劉邦僅率數十騎突出重圍，逃回滎陽（今河南滎陽東北古滎鎮）。此役，漢軍被殲數十萬，元氣大傷。劉邦在滎陽得到蕭何徵得的關中兵員補充，韓信亦率援軍趕到，在滎陽東戰敗楚軍，阻遏了楚軍西進攻勢。楚漢雙方在滎陽、成皋一線相持。

安邑之戰滅魏

　　劉邦兵敗彭城之時，塞王司馬欣、翟王董翳叛漢降楚，齊王田榮和趙王歇也反叛並與楚媾和。六月魏王豹以探母病為由回到封國後，就封鎖了河關，切斷漢軍退路，叛漢與楚約和。劉邦派酈食其說服魏王豹不成，遂於八月任命韓信為左丞相率兵擊魏。魏王豹把重兵布守在蒲坂，封鎖河關（黃河渡口臨晉關，後改

名蒲津關）。韓信故意多設疑兵，陳列船隻假意要渡河關，而伏兵卻從夏陽以木盆、木桶代船渡河，襲擊魏都安邑。魏王豹大驚，引兵迎擊韓信，韓信大勝，虜魏王豹，平定了魏國，改魏為河東郡。

攻取代國

劉邦採納韓信「北舉燕、趙，東擊齊，南絕楚之糧道，西與大王會於滎陽」，對楚實施戰略包圍的建議，在堅持對楚正面作戰的同時，給韓信增兵三萬，命其率軍東進，開闢北方戰場。韓信北擊代王陳餘，活捉代相夏說。

井陘之戰、平定趙國

劉邦派韓信與張耳一起引兵東擊趙國。趙王歇與成安君陳餘陳兵二十萬在井陘口抗擊漢軍。廣武君李左車建議成安君撥給他三萬人馬，從小路截斷漢軍輜重糧草；而陳餘深挖護營壕溝，加高兵營圍牆而待。漢軍前不得戰，退不得回，不出十日必敗。成安君陳餘是一個書呆子，自以為熟讀兵法，拒絕採納李左車的計策。韓信派人暗中探聽，得知李左車的計策沒被採納，非常高興。大膽引兵前來，在離井陘口三十里駐紮下來，半夜選二千輕騎兵，人持一面紅旗，從小路來到山坡上埋伏。另外韓信派一萬人為先頭部隊，背靠河水擺開陣勢，趙軍見漢軍這種無退路的絕陣，都大笑不已。

天剛亮，韓信開始擊鼓進軍井陘口。趙軍迎擊爭戰一陣，韓信、張耳佯裝打敗，退到河邊的軍陣之中。趙軍見狀，傾巢而出追逐韓信、張耳，並爭奪漢軍丟下的旗鼓。韓信、張耳退入河邊

陣地，反擊迎戰趙軍，各個兵士拼死作戰。這時韓信所派的二千輕騎兵，趁趙軍傾巢而出擊漢軍，立即衝入趙軍營壘，拔掉趙軍旗幟，豎起二千面漢軍的紅旗。趙軍久戰不勝，想退回營壘，卻見營中遍是漢軍紅旗，大驚失色，陣勢大亂，四散奔走逃告。這時漢軍兩面夾擊，大破趙軍，在馬軍（河北省魏河）斬殺成安君陳餘，活捉了趙王歇，趙國平定。

井徑古戰場

降伏燕國

井陘之戰時，韓信下令軍中不許殺李左車，有能擒者賞千金。不久，擒獲李左車，韓信親自上前鬆綁，然後向李左車請教攻燕（燕王臧荼，都薊，今北京）、伐齊之事。李左車告訴韓信，當時漢軍將士疲憊，不宜用兵。不如擺出攻打燕國的態勢。而後遣辯士去遊說燕國，燕一定不敢不降服。燕降服後再派辯士以說齊，齊必從風而服。韓信聽從李左車的計策，派使者去燕，燕王聽到消息立即投降。

濰河之戰滅齊，脅楚

韓信請求劉邦立張耳為趙王，鎮撫趙國，劉邦同意，就封張耳為趙王，韓信為相國。漢三年（前204年）六月，劉邦命令韓

信引兵東進擊齊，未到平原渡口，得知酈食其已說齊歸漢。韓信想停止，辯士蒯通勸韓信說：「將軍奉詔攻打齊國，而漢王只不過派密使說服齊國歸順，難道有詔令叫您停止進攻嗎？況且酈生不過是個說客，憑三寸之舌就降服齊國七十多個城邑，將軍統帥幾萬人馬，一年多時間才攻佔趙五十多個城邑，一個將軍反倒不如一個儒生的功勞嗎？」

　　韓信聽從蒯通的建議，率兵渡河擊齊。齊國已決計降漢，戒備鬆懈，韓信乘機襲擊了齊駐守歷下的軍隊，一直打到臨淄。齊王田廣驚恐，認為是酈食其出賣了自己，便把他烹殺了。齊王逃到高密後，派人向楚求救。項羽聞訊遣龍且親率兵馬與齊王田廣合力抗漢，號稱二十萬眾。龍且率兵與韓信軍隔濰水東西（山東境內的濰河）擺開陣勢。韓信連夜派人做了一萬多條袋子，盛滿沙土，壅塞濰河上流。率一半軍隊涉水進擊龍且之陣，龍且出兵迎擊，韓信佯裝敗退，龍且以為韓信怯弱，率軍渡江進擊。這時韓信命人掘開壅塞濰河的沙囊，河水奔流而至，龍且的軍隊大半沒有渡過去。韓信揮軍猛烈截殺，殺死龍且。東岸齊、楚聯軍見西岸軍被殲，四處逃散。韓信率軍急渡水追擊至城陽，楚兵皆被俘虜。齊王田廣逃走不久被殺。漢四年（前203年），齊地全部平定。

封齊王

　　韓信平定齊國之後就派人向劉邦上書說：「齊國狡詐多變，是個反覆無常的國家，南邊又與楚國相鄰，如不設立一個假（代理）王來統治，局勢將不會安定。我希望你封我做個『假齊王』，這樣對形勢有利。」當時，劉邦正被項羽圍困在滎陽，情勢危急，看了韓信上書，非常惱怒，大罵韓信不救滎陽之急竟想

自立為王。張良、陳平暗中踩劉邦的腳，湊近他的耳朵說：「漢軍處境不利，不如就此機會立他為王，好好善待他，否則可能發生變亂。」劉邦立刻明白過來，改口罵道：「大丈夫平定了諸侯，就做真王罷了，何必做個假王呢？」於是派張良前去立韓信為齊王，同時徵調他的部隊攻打楚軍。

武涉、蒯通，三分天下

韓信一連滅魏、徇趙、脅燕、定齊，龍且戰死，楚漢形勢逆轉，使項羽非常恐慌。於是派武涉前去遊說韓信反漢與楚聯合，三分天下，稱王齊地。韓信謝絕說：「我奉事項王多年，官不過是個郎中，位不過執戟之士。我的話沒人聽，我的計謀沒人用，所以才離楚歸漢。漢王劉邦授我上將軍印，讓我率數萬之眾，脫衣給我穿，分飲食給我吃，而且對我言聽計從，所以我才有今天的成就。漢王如此親近、信任我，我背叛他不會有好結果的。我至死不叛漢，請替我辭謝項王的美意。」

武涉遊說失敗後，蒯通知道天下大局舉足輕重的關鍵在韓信手中，於是用相人術勸說韓信，認為他雖居臣子之位，卻有震主之功，非常危險。勸他獨立自主，與劉邦、項羽三分天下。韓信覺得蒯通說的有幾分道理，就對他說：「你別說了，讓我想想好了。」過了幾天，蒯通又去勸韓信，知道韓信猶豫不決，就對他說：「時乎時，不再來，願足下詳察之。」但韓信還是一直猶豫，而不忍背叛劉邦，又自以為功勞大，劉邦不會來奪取自己的齊國，於是沒有聽從蒯通的計謀。

垓下之戰

漢五年（前202年），劉邦趁項羽無備，楚軍饑疲，突然對楚軍發動戰略追擊。約韓信從齊地（山東），彭越從梁地（河南東北部）南下合圍楚軍。五年十月，韓信、彭越未能如期南下。劉邦追擊楚軍至固陵（淮陽西北），楚軍反擊，劉邦大敗而歸。

為調動韓信、彭越，劉邦聽從張良之謀，劃陳（淮陽）以東至海廣大地區為齊王韓信封地；封彭越為梁王，劃睢陽以北至谷城（山東東阿南）為其封地。韓、彭遂率兵攻楚；韓信從齊地南下，佔領楚都彭城（江蘇徐州市）和今蘇北、皖北、豫東等廣大地區，兵鋒直指楚軍側背，彭越亦從梁地西進。漢將劉賈會同九江王英布自下城父（今安徽亳州城父鎮）北上；劉邦則率部出固陵東進、漢軍形成從南、北、西三面合圍楚軍之勢，項羽被迫向垓下（安徽靈璧南）退兵。

十二月，劉邦、韓信、劉賈、彭越、英布等各路漢軍約計40萬人與10萬楚軍於垓下展開決戰。漢軍以韓信率軍居中，將軍孔熙為左翼、陳賀為右翼，劉邦率部跟進，將軍周勃斷後。韓信揮軍進攻失利，引兵後退，命左、右翼軍繼續攻擊。楚軍迎戰不利，韓信再揮軍反擊。楚軍大敗，退入壁壘堅守，被漢軍重重包圍。楚軍屢戰不勝，兵疲食盡。韓信命漢軍士卒夜唱楚歌，歌云：「人心都背楚，天下已屬劉；韓信屯垓下，要斬霸王頭。」致使楚軍士卒思鄉厭戰，軍心瓦解，韓信乘勢進攻，楚軍大敗，十萬軍隊被全殲，項羽逃至烏江（今安徽和縣烏江鎮）自刎而死。

改封楚王、釋兵權、降級為淮陰侯

劉邦消滅項羽後，來到定陶的韓信軍中，收奪了他的兵權，後改封韓信為楚王，都下邳（江蘇邳縣東）。漢六年（前201年）有人告韓信謀反。劉邦用陳平的計策，說天子要出外巡視會見諸侯，通知諸侯到陳地相會，說：「我要遊覽雲夢澤。」其實是想要襲擊韓信。劉邦將到楚國時，韓信打算起兵謀反，但又認為自己無罪；想去謁見劉邦，又怕被擒。

這時有人向韓信建議：「殺了原項羽的將領鍾離眛去謁見劉邦，也就不用擔心禍患了。」於是韓信就逼鍾離眛自殺，他持著鍾離眛首級去陳謁見劉邦。劉邦令武士把韓信捆綁起來，放在隨從皇帝後面的副車上。韓信說：「果若人言，『狡兔死，良狗烹；高鳥盡，良弓藏』、敵國破，謀臣亡。天下已定，我固當烹！」劉邦說：「有人告你謀反。」就給韓信戴上械具。回到洛陽，赦免了韓信的罪過，把他降級為淮陰侯。

功成走狗烹、夷三族

韓信被貶為淮陰侯之後，從此日益怨恨，在家中悶悶不樂，常常裝病不參加朝見或跟隨出行。對於和絳侯周勃、潁陽侯灌嬰等處在同等地位感到羞恥。一次韓信去拜訪樊噲，樊噲行跪拜禮恭迎恭送，並說：「大王竟肯光臨臣下家門，真是臣下的光耀。」韓信出門後，笑道：「我這輩子居然同樊噲等同列！」陳豨被任命為鉅鹿郡守，向淮陰侯辭行。韓信避開左右侍從，對他說：「您管轄的地區，是天下精兵聚集的地方；如果有人告發說您反叛，陛下寵信你，一定不會相信；再次告發，陛下就懷疑

了；三次告發，陛下必然大怒而親自率兵前來圍剿。我為您在京城做內應，天下就可以取得了。」

漢十年（前197年），陳豨果然反叛。劉邦親自率領兵馬前往平叛，韓信託病沒有隨從。暗中派人到陳豨軍中說：「只管起兵，我在這裡協助您。」韓信就和家臣商量，夜裡假傳詔書赦免各官府服役的罪犯和奴隸，打算發動他們去襲擊呂后和太子。部署完畢，等待著陳豨的訊息。他的一位家臣得罪了韓信，韓信把他囚禁起來，打算殺掉他。他的弟弟向呂后告發了韓信準備反叛的情況。

呂后就和蕭何謀劃，蕭何遂去見韓信，假說劉邦平叛歸來，陳豨已被俘獲處死，列侯群臣都來祝賀。請韓信也進宮致賀。韓信來後，呂后立即命令武士把他捆起來，在長樂宮的鐘室處死，並誅殺了韓信三族。韓信臨斬時說：「我後悔沒有採納蒯通的計謀，以致被婦女小子所欺騙，難道不是天意嗎？」

劉邦平了陳豨叛亂後回到京城，知韓信已死，又高興又憐憫。他問：「韓信臨死時留下什麼話？」呂后說：「韓信說悔恨沒有採納蒯通的計謀。」於是劉邦下令齊國捉蒯通。蒯通被捕後，劉邦親自審問，說：「你唆使淮陰侯反叛嗎？」蒯通回答說：「是，我的確教過他，但他不採納我的計策，落得自取滅亡的下場。否則，陛下怎能夠滅掉他呢？」劉邦生氣地說：「煮了他。」蒯通說：「我冤枉啊！」劉邦說：「你唆使韓信造反，有什麼冤枉？」蒯通說：「秦朝法度敗壞，政權瓦解的時候，山東六國大亂，各路諸侯紛紛起事，一時天下英雄豪傑像烏鴉一樣聚集。秦朝失去了他的帝位，天下英傑都來搶奪它，於是才智高超，行動敏捷的人率先得到它。跖的狗對著堯狂叫，堯並不是不仁德，只因為他不是狗的主人。正當這時，我只知道有個韓信，並不知道有陛下。況且天下磨快武器、手執利刃想幹陛下所幹的

事業的人太多了，只是力不從心罷了。您怎麼能夠把他們都煮死呢？」劉邦認為他說得有道理，就赦免了他的罪過。

總結

韓信膽力絕眾，才略過人，驍勇善戰，連百萬之軍，戰必勝，攻必取。從劉邦於漢中，定三秦，分兵以北，擒魏，取代，僕趙，脅燕，東擊齊而有之，南滅楚垓下，漢之所以得天下者，大抵皆信之功也。然終至身首異處、三族夷滅，何也？

南宋．陳亮在評韓信時，道：「漢高帝所籍以取天下者，故非一人之力，而蕭何、韓信、張良蓋傑然於其間。天下既定，而不免於疑。於是張良以神仙自託；蕭何以謹畏自保；韓信以蓋世之功，進退無以自明。蕭何能知之於未用之先，而卒不能保其非叛，方且借信以為自保矣。」韓信功高居危，而無張良之明、蕭何之智，不識時務，焉有免於被烹之理？

為朱元璋得天下首功的徐達

徐達是朱元璋掃平群雄、推翻元朝、建立明朝、統一全國整個過程中功勞最大的人。他是朱元璋的淮西班底，最初隨朱元璋爭戰淮西，其後和常遇春兩人合作無間，在渡江、攻陳友諒、滅張士誠、北伐倒元，進軍晉陝的幾次關鍵大戰中，運籌陷陣，所向克捷。堪稱中國歷史上名列前茅的戰將。

徐達

少年

徐達於元至順三年（1332年）出生於濠州（今安徽鳳陽懷遠）鍾離永年鄉的一個貧苦農民之家，比朱元璋小四歲，是朱的小老弟，從小一起放牛的鐵杆子哥兒們。他性情剛毅，不甘屈居人下，長得面貌清秀，身材魁偉。自幼習武，練得一身好功夫。

從軍

元末朝政腐敗，民生凋敝，社會動蕩。至正十一年（1351年），劉福通在潁州（今安徽阜陽）發動農民起義，組織紅巾軍

反抗元朝。次年，郭子興在濠州起義，元朝派兵鎮壓，燒殺掠奪，搞得民無寧日，怨聲載道。徐達憤憤不平，遂決定參加起義軍。

這一年，朱元璋參加了郭子興的紅巾軍。時來運轉，數月之內就被郭子興提升為親兵九夫長，並把養女馬氏（後為馬皇后）嫁給他，成為郭子興的心腹。當時濠州城內紅巾軍有五個元帥，隊伍雜亂，自相鬥爭，孫德崖、趙均用、彭大、郭子興內訌、火拼。朱元璋認為他們不成氣候。一年後（至正十三年、1353年）的六月，朱元璋回故鄉鍾離招兵買馬，徐達得知消息後，立即前往投奔。朱元璋大喜，把他留在身邊。從此，徐達成為一名紅巾軍戰士和朱元璋建功立業的左右手。

爭戰淮西

朱元璋很快就募得七百兵士。郭子興大喜，升朱元璋為「鎮撫」。朱元璋遂率領徐達、湯和等濠州班底二十四人出外爭戰。是年夏智取驢牌寨，收三千餘眾；七天後偷襲橫澗山繆大亨部，收編精兵兩萬人；朱元璋隊伍迅速壯大，夏末攻取定遠，整編隊伍後即南下攻取滁州，已擁兵三萬，軍容整肅、號令嚴明。1355年正月，朱元璋攻下和州（今安徽和縣）。郭子興任命他為總兵官，鎮守和州，獨當一面。徐達在淮西的這些戰役中，不僅作戰勇敢，而且對朱元璋提供了不少很好的計策，開始顯露他出色的軍事才能。此時朱元璋向郭子興為徐達請功，徐達被任命為「鎮撫」，領軍一方。

當時郭子興和濠州另外一個元帥孫德崖發生衝突，郭子興在濠州城內拘捕了孫德崖，孫德崖的部眾也在城外捉了朱元璋。郭子興提議雙方換人，但久久僵持不下。徐達挺身而出，到孫德崖

營中去做人質，換回朱元璋，最後孫德崖才被釋放。朱元璋感謝不盡，對徐達更加信任。

渡江

　　1355年二月，劉福通擁韓山童之子韓林兒在亳州稱帝，號小明王，國號宋，年號龍鳳。次月，郭子興病故。小明王任郭子興兒子郭天敘為都元帥、內弟張天佑為右副元帥，朱元璋為左副元帥。朱元璋雖居第三位，但有自己的隊伍、謀臣，乃就不甘久居人下。次月，朱元璋在和州準備渡江攻取集慶（今南京），令徐達和常遇春率領前鋒部隊。元朝軍隊在南岸的牛渚磯（今安徽當塗西北）列陣布防，萬箭齊發，但朱軍奮勇登岸，元軍四散奔逃，遂拔采石，並乘勝攻取太平（今安徽當塗）。元將蠻子海牙、阿魯灰水師及陳也先、康茂才反攻，徐達率軍設伏大破之，太平轉危為安。

進取金陵

　　七月，朱元璋首攻集慶失利。九月，郭天敘、張天佑二攻集慶遇害，朱元璋總攬全軍。至正十六年（1356年初），徐達獨自率領數千精銳，往東攻佔溧水、溧陽、句容、蕪湖，從南面包抄集慶，切斷敵軍援軍。三月會合幾路水陸大軍，攻佔集慶。元軍五十餘萬軍民歸降，朱元璋改集慶為應天，安定民心，招攬賢才，以為根本。

鞏固應天、東征西討

當時應天東有吳張士誠、西有大漢陳友諒、南有元軍。為了鞏固應天府，朱元璋命令徐達與常遇春再次擔任前鋒，攻克張士誠盤踞的鎮江，常州；接著向南攻佔寧國、宜興。東面的防線建立後，徐達回到應天鎮守。未久即開始帶兵向西發展。首先襲擊陳友諒，奪回池州，進逼安慶，與常遇春在九華山設伏大敗陳友諒軍。至正二十年（1360年），陳友諒帶領十萬水師進攻應天，徐達用詐降之計誘敵深入，在龍江破敵。乘勢收復太平，攻佔安慶。

北上安豐救小明王、東滅陳友諒

至正二十三年（1363年），張士誠派部將呂珍襲擊被元朝擊敗，逃往安豐（今安徽壽縣）的劉福通、韓林兒。朱元璋不顧劉基反對，毅然率徐達、常遇春北上救援。但抵達安豐時，劉福通已戰死，只救出小明王韓林兒，進圍廬州。

當朱元璋率領主力往援安豐之際，陳友諒乘江南空虛，率六十萬大軍進圍洪都（今江西南昌）。朱文正堅守洪都85天，朱元璋令徐達、常遇春撤廬州之圍，會合二十萬大軍往救洪都。陳友諒立即撤洪都之圍，東出鄱陽湖迎戰。

兩軍於七月二十日在康郎山（今江西鄱陽湖內康山）水域遭遇，開始交戰。徐達身先士卒，一舉擊潰陳友諒的前鋒部隊，殲敵一千五百人，繳獲巨艦一艘，使朱元璋覺得有把握打敗陳友諒。但考慮到應天空虛，擔心張士誠乘機偷襲，遂令徐達回應天鎮守，以固根本。

朱元璋率常遇春、廖永忠等與陳友諒在鄱陽湖內鏖戰一個多月，最後陳友諒糧盡援絕，打算由湖口突圍出長江，返回武昌；結果被常遇春痛擊，全軍潰敗，自己也中箭身亡。次年（1364年）二月，朱元璋進攻武昌，陳友諒之子陳理投降，大漢亡。

被封左相國

鄱陽湖戰後，徐達返回西線追殲陳友諒殘餘勢力，先進攻盧州，繼之攻取江西臨江、吉安，克贛州、南安、南雄、韶州等地，再回攻湖北安陸、襄陽。肅清了全部陳友諒的勢力，佔領湖廣大片地區，至正二十四年（1364年）朱元璋稱吳王，置百官，任命徐達為左相國，居一人之下、萬人之上之位。

滅張士誠

消滅陳友諒後，朱元璋就準備進攻張士誠。當時張士誠據有長江南、北的浙西和淮東兩部分。同年秋，徐達、常遇春渡江北上進攻淮東，克泰州、高郵；次年佔淮安、興化、通州、濠州、徐州，逼使張士誠退守長江之南。至正二十五年（1365年）夏，再進攻浙東，先克舊館、湖州、崑山、崇明、嘉定、松江等地，守軍不戰而降，遂進圍平江。

張士誠獨守平江孤城，做垂死掙扎，頑抗十個月，終於至正二十七年（1367年）9月城破被俘。削平張士誠後，徐達和常遇春凱旋回應天，朱元璋親自在戟門召見，表示慰問，進封徐達為信國公。

北伐驅逐元庭

消滅陳友諒和張士誠後,朱元璋已佔有長江中下游,全國最富庶、人口最多的地區,北伐推翻元室的時機已到來。至正二十七年十月,朱元璋召集諸將領商討北伐策略,確定「先取山東,去其屏障;再回師河南,剪除羽翼;奪取潼關,占其門檻」的策論。於是以徐達為大將軍,常遇春為副將軍,率領25萬大軍,由淮安北上進攻山東。

大軍北上之際(至正二十八年、1368年正月),朱元璋即皇帝位,建立明朝。二月,北伐大軍克山東,進取河南,占汴梁,克潼關。朱元璋親赴汴梁軍陣。七月,徐達、常遇春自汴梁渡黃河,攻佔臨清,會合山東各軍,水路並進,破元軍於河西務(今河北武清)、通州(今河北通縣),進逼大都城下。元順帝攜后妃、太子倉皇出居庸關逃往上都開平(今內蒙多倫西北)。

八月初二,明軍進入大都,改名為北平府。蒙古在中原九十八年的統治結束,明朝取得了在長城以內地區的統治權,中國再次回歸到漢族建立的王朝的統治之下。同時丟失四百三十二年的燕雲十六州終於被收回。

取太原、大同、西安、蘭州

佔領北平後,徐達和常遇春按計畫領軍西進,常遇春先攻下保定、河間、真定,然後過太行山,與徐達會師進攻太原。在太原與元朝名將擴廓帖木兒大軍遭遇。洪武二年(1369年)正月,常遇春夜襲元軍營地,擴廓帖木兒逃奔大同,明軍進入太原,乘勢攻佔大同,擴廓帖木兒逃往甘肅,山西全境底定。

二月，徐達率領明軍西渡黃河，進攻陝西，佔領奉天路，改名為西安府。其後克鳳翔（今陝西寶雞市鳳翔縣），隴州（今陝西隴縣）、秦州（今甘肅天水）、蘭州、臨洮、平涼、慶陽。班師回朝，朱元璋賜大批白銀、綺帛。

未久，擴廓帖木兒反攻，奪取蘭州。洪武三年（1370年），副將常遇春已於前一年去世，朱元璋令徐達為大將軍，李文忠為副將軍，分道出兵，襲擊元軍殘部。李文忠出居庸關入草原，追逐元順帝，攻至應昌（今內蒙古達里諾爾西南）。當時元順帝已逝，李文忠擒獲順帝嫡子買的里八剌及諸王將相數百人。順帝的另一個兒子愛猷識禮達臘，率數十騎逃往和林。徐達統帥西路軍出潼關，直搗定西，擴廓帖木兒自蘭州來救，兩軍遇於沈兒峪，擴廓帖木兒以精兵千餘人，穿越山嶺，偷襲徐達東南部營壘，

徐達進軍圖

守將胡德濟驚慌失措，士卒潰散。徐達急忙帶親兵回擊，將士奮勇，大敗元軍，擒獲元宗室、官吏1865人，俘虜敵軍將士84，500餘人，並繳獲1500多匹戰馬及大批牲口。

經過兩路明軍的沉重打擊，元朝的殘餘勢力更加衰弱。洪武八年（1375年），擴廓帖木兒去世，元軍不再對明朝發動具規模性的攻擊。

鎮守北平

定西大捷後，徐達班師回朝。朱元璋親至龍江迎接，改封徐達為魏國公。洪武四年（1371年），朱元璋派徐達鎮守北平，其後曾三次率軍出征塞北，勝負兼有，又修繕長城，操練兵馬、屯田守備，使元朝殘餘勢力不敢南下騷擾，對穩定北方形勢起了重大的作用，被朱元璋譽為「萬里長城」

去世

洪武十七年（1384年），徐達在北平留守時得了背疽，歸回應天。次年（1385年）二月，病情加重，隨後去世。徐達死後，朱元璋親至葬禮以示悲痛，把他列為開國第一功臣，追封他為中山王，諡號「武寧」，贈三世皆王爵。賜葬鐘山之陰，御制神道碑文。朱元璋稱讚徐達說：「令行禁止。不居功自傲，不貪圖女色財寶，處理問題不偏不倚，沒有過失。當世有此美德者只一徐達。」

總結

　　徐達持重有謀，動靜語默、思慮精深，從朱元璋於濠州起兵，爭戰淮西，遂渡江，定金陵，滅陳友諒、取張士誠、北伐驅逐元庭，剪滅窮寇，縱橫天下，謀無所不成，攻無所不克。言簡慮精，命出不二，諸將敬諾，尤與常遇春並肩作戰，合作無間；神明所至，嚴格約束部隊，攻城不屠，受降不殺，克都會、府城百餘處，市井安然，百姓不受戰亂之苦。成功而旋，不矜不伐，婦女無所愛，財寶無所取。戰功及築邊皆功勞顯赫，被朱元璋譽為「萬里長城」。謹慎謙遜，自古名世之佐無以過之。明太祖晚年盡誅功臣，徐達得以保全以終，子孫亦受其澤福！

驍勇善戰的常遇春

常遇春是朱元璋掃平群雄、推翻元朝、建立明朝、統一全國整個過程中最具關鍵性的人物之一。他沉鷙果敢、驍勇善戰、摧鋒陷陣、未嘗敗北，戰功卓越；加之多次任徐達副將，並肩作戰，完成統一大業。死後配享太廟，塑像列於功臣廟，位皆第二，僅次於徐達。

少年

常遇春於元天歷三年（1330年）出生於懷遠（今安徽懷遠）的一個貧苦農民之家。他體貌奇偉，身高臂長，力大過人，青少年時期，幹雜工謀生，並習練武術，精於騎射，能使用多種兵器。元末朝政腐敗，民生凋敝，社會動蕩，盜匪和起義軍蜂起。常遇春為生活逼迫，投奔活動於懷遠、定遠一帶的綠林大盜劉聚。劉聚見常遇春有勇力，就讓他當什夫長，並引為心腹。但常遇春做了一陣土匪後，感到沒有出路，遂有他去之意。

常遇春

投奔朱元璋

　　至正十五年（1355年），朱元璋率部到和陽（今安徽和縣）。常遇春時年23歲，拉上十幾個夥伴，跋涉長途前往投奔。路中困臥田間，夢見一個神人披甲執盾，對他說：「起來，主君來了！」警醒後正巧見到到朱元璋騎馬率軍走到跟前。於是立即與同伴上前跪拜迎接，要求加入起義軍。當時朱元璋一方面尋求謀士，另一方面準備南渡長江，襲取集慶（今南京）。見到常遇春一夥乃土匪遊勇，既非水師，又欠學識，認為成事不足、敗事有餘，遂對他們說：「你們是餓慘了，才來找我的吧！我怎能收留你們？」常遇春再度懇求，朱元璋說：「還是等我渡江成功後，你們再來跟我吧！」常遇春再三請求，願做渡江前鋒，朱元璋為其懇切感動，遂把他們留下。

渡江建奇功

　　兩個月後，朱元璋由和州發動渡江戰役。當時朱元璋的軍隊還沒有打過水戰，而擁有的水師都是新歸附的廖永安、廖永忠、俞通海等巢湖水寇，尚欠配合作戰經驗。元朝軍隊在南岸的牛渚磯（今安徽當塗西北）列陣布防，萬箭齊發，朱軍無法靠岸登陸。常遇春不顧危險，駕小船衝到岸邊，操戈直前，奮勇登岸，嘶聲喊殺，元軍四散奔逃，朱元璋大軍乘勢登陸。常遇春駕小船，帶領一支精兵直衝蠻子海牙戰艦，朱元璋指揮眾軍施放火炮，蠻子海牙大敗而逃，朱軍控制了長江交通，遂拔采石，並乘勝攻取太平。常遇春在渡江之戰立下首功。朱元璋立即任命他為總管府前鋒，不久提升為總管都督。

采石磯

進取金陵

　　未久，常遇春遂會同諸路大軍進攻集慶。但首攻失利，其後郭天敘、張天佑二攻集慶遇害，至此朱元璋在從軍三年後總攬全軍。至正十六年（1356年），朱元璋率水陸大軍攻打集慶，元軍五十餘萬軍民歸降；改集慶為應天，從此朱元璋以此為根據地進取天下。從渡江直到佔領集慶，常遇春擔任前鋒，鋒芒初露，立了頭功，開始受到朱元璋的信任。

攻克鎮江、常州、寧國、池州、衢州

　　為了鞏固應天府，朱元璋命令常遇春再次擔任前鋒，隨徐達攻克張士誠盤踞的鎮江、常州。常遇春因戰功晉陞中翼大元帥。

接著與徐達向南攻占寧國。其後朱元璋調常遇春會同廖永安、李文忠等西向襲擊陳友諒，奪取池州。從而南下進入浙東，元將宋伯顏不在降，克服衢州。常遇春再度被晉陞為行省都督馬步水軍大元帥。

龍灣迎擊陳友諒、長興破張士誠

至正二十年（1360年），陳友諒帶領十萬水師，越過池州，進犯應天。朱元璋採用詐降，誘敵深入，設伏圍殲之計，命常遇春率三萬精兵埋伏在應天西北的石灰山（今南京幕府山），嚴陣以待。陳友諒中計，在龍灣被常遇春與其他幾路伏兵大敗而遁。龍灣戰後，張士誠派劉伯升率十餘萬精兵襲擊長興。長興守軍勢力單薄，朱元璋派三路兵眾前往馳援，均不利。最後常遇春帶兵赴援，劉伯升慌忙撤圍逃遁。

北上安豐救小明王

至正二十三年（1363年），張士誠派部將呂珍襲擊被元朝擊敗，逃往安豐（今安徽壽縣）的劉福通、韓林兒。朱元璋不顧劉基反對，毅然率常遇春北上救援。但抵達安豐時，劉福通已戰死，呂珍據有安豐。初戰，朱元璋兩路均遭敗北，遂令常遇春帶兵橫擊敵陣。常遇春三戰三捷，救出小明王韓林兒，進圍廬州。

鄱陽湖決戰陳友諒

當朱元璋率領主力往援安豐之際，陳友諒乘江南空虛，率六十萬大軍進圍洪都（今江西南昌）。朱文正在洪都堅守八十五

湖口

天，傷亡殆盡。朱元璋令徐達、常遇春撤廬州之圍，會合二十萬大軍往救洪都。陳友諒立即撤洪都之圍，東出鄱陽湖迎戰。兩軍於七月二十日在康郎山（今江西鄱陽湖內康山）水域遭遇，開始交戰。常遇春與徐達、廖永忠等率先衝入敵陣，殺傷頗巨。但陳友諒憑藉戰艦高大和兵力優勢，也給朱元璋軍造成重大傷亡。雙方在鄱陽湖內鏖戰一個多月，最後陳友諒糧盡援絕，打算由湖口突圍出長江，返回武昌；結果被常遇春痛擊，全軍潰敗，自己也中箭身亡。

平定陳友諒餘黨

鄱陽湖大捷後，朱元璋令諸將乘勝追擊，進圍武漢。次年（1364年），常遇春擊潰陳友諒驍將張必先，陳友諒子陳理出城投降。攻佔武昌後，常遇春與徐達清剿陳友諒餘部，先進攻廬

州，繼之攻取江西臨江、吉安、贛州、南安、南雄、韶州等地，再回攻湖北安陸、襄陽。肅清了全部陳友諒的殘餘勢力。在消滅陳友諒的戰鬥中，常遇春的功勞最大，事後論功行賞，朱元璋賜給他許多田地與金帛。至正二十四年（1364年）朱元璋稱吳王，任命常遇春為平章政事。

滅張士誠

消滅陳友諒後，朱元璋就準備進攻張士誠。當時張士誠據有長江南、北的江南和淮東兩部分。同年秋，常遇春隨徐達渡江北上進攻淮東，克泰州、高郵；次年佔淮安、興化、通州、濠州、徐州，逼使張士誠蹹促於長江之南。至正二十五年（1365年）夏，常遇春再隨徐達進攻江南，先克舊館、湖州、崑山、崇明、嘉定、松江等地，守軍不戰而降；遂進圍平江。張士誠獨守平江孤城，做垂死掙扎，頑抗十個月，終於至正二十七年（1367年）9月城破被俘。削平張士誠後，常遇春和徐達凱旋回應天，朱元璋親自在戟門召見，表示慰問，晉陞常遇春為中書平章軍國重事，封鄂國公。

北伐驅逐元庭

消滅陳友諒和張士誠後，朱元璋已佔有長江中下游，全國最富庶、人口最多的地區，北伐推翻元室已成水到渠成之勢。至正二十七年十月，朱元璋召集諸將領商討北伐策略。常遇春提出「直搗大都（今北京）」，朱元璋不同意，主張「先取山東，去其屏障；再回師河南，剪除羽翼；奪取潼關，占其門檻。」於是以徐達為大將軍，常遇春為副將軍，率領25萬大軍，按照朱元璋

定下的策略由淮安北上進攻山東。

　　不久，朱元璋於至正二十八年（1368年）正月即皇帝位，建立明朝。二月，克山東，進取河南，占汴梁，朱元璋親赴汴梁軍陣。七月，徐達、常遇春自汴梁渡黃河，攻佔臨清，會合山東各軍，水路並進，破元軍於河西務（今河北武清）、通州（今河北通縣），進逼大都城下。元順帝攜后妃、太子倉皇出居庸關逃往上都開平（今內蒙多倫西北）。八月初二，明軍進入大都，改名為北平府。統治中國近百年的元朝結束。

取太原、大同、西安

　　佔領北平后，常遇春和徐達按計畫領軍西進，常遇春先攻下保定、河間、真定，然後過太行山，與徐達會師進攻太原。在太原與元朝名將擴廓帖木兒大軍遭遇。洪武二年（1369年）正月，常遇春夜襲元軍營地，擴廓帖木兒逃奔大同，明軍進入太原。接著常遇春率軍追擊，擴廓帖木兒逃往甘肅，大同克。元將也速進攻通州，朱元璋令常遇春回守北平。

北上開平追擊元順帝

　　是年六月，常遇春與李文忠率五萬步兵、一萬騎兵，從北平出發前往開平追擊元順帝，途中大敗也速所率元軍，接著攻佔開平。其時元順帝先已北逃，常遇春繼續追擊，俘虜元宗王慶生及將士萬人，大量牛、馬、車輛、珍寶。

暴斃

常遇春攻克開平，大捷後即班師回北平。當走到柳河川（今河北赤城縣）突然暴斃身亡，時年三十九歲。朱元璋得到兇耗後，震驚悲痛，親為發喪，追封開平王、中書右丞相，諡忠武，賜葬鐘山，配享太廟，並在功臣廟裡塑像祭祀，位僅次於徐達。

總結

綜觀常遇春，起自微寒、曾為土匪，因緣際會，遇明主朱元璋以建大業。渡江首戰建奇功，其後進取金陵；克鎮江、常州、寧國、池州、衢州；龍灣迎擊陳友諒、長興破張士誠；北上安豐救小明王；潘陽湖決戰陳友諒、平定陳友諒餘黨；滅張士誠；北伐驅逐元庭；取太原、大同、西安；北上開平追擊元順帝，戰無不勝、攻無不克，為朱元璋奪取天下、建立大明，功勳卓越，也成為中國歷史上不可多得的戰將。他沉鷙果敢、驍勇善戰、摧鋒陷陣、身先士卒，而善荊部眾，謹從徐達爭戰，相得益彰；曾自言能將十萬眾橫行天下，被譽為「常十萬」。然因少年土匪習性，勇猛過人、單騎入陣；衝鋒陷陣、謀略為次；又多所殺伐、疏於安民。後屢經朱元璋、徐達規勸、教導，逐漸周全。奔勞疆場，英年早逝，可惜可嘆！但因之免於介入其後朱元璋盡殺功臣慘劇，亦可謂得福也！

常遇春墓

▌ 魂兮歸來、哀林彪

二十多年前，我到南昌參觀「南昌八一起義紀念館」，見到在那所當年起義指揮部的老樓裡面陳列了大量的照片、圖表、文獻資料、實物以及模型，展現了南昌起義的醞釀、準備、爆發和發展的全過程。特別是牆上掛滿當年參加起義的英雄、烈士們：周恩來、葉挺、賀龍、朱德、劉伯承、———蔡廷鍇、郭沫若等等，琳琅滿目，連宋慶齡居然也在裡面了。臨離之際，我

林彪

對管理員說：「你們這個紀念館做得非常好！只是缺了一個人的相片。」管理員笑著答道：「謝謝！不過不會有缺吧？」我說：「林彪怎麼沒看到？」管理員有點尷尬，道：「這個問題，我們也在設法，會回來的！會回來的！」一晃二十多年了，不知林彪魂兮歸來否？

少年

林彪於1907年生於湖北黃岡林家大灣的一個殷實望族，原名

林祚大，字陽春，號毓蓉；曾用育容、育榮、尤勇、李進等名字。林家的祖籍是福建，在林家家譜中，記載林家在唐宋時期從福建遷到安徽，宋代末年來到林家大灣，繁衍成當地望族。

林彪家是個大家庭，林彪的兩個堂兄——林育英、林育南都是中共早期的領導和烈士。林彪的父親林明卿在兄弟五人中排行老四，人稱「林四爺」。他不事農務，開了個織布廠，雇了許多工人，生意越做越大，也擁有很多田產。

林彪不到八歲就開始幫家裡幹活，打柴挑水什麼的，母親常向人誇他懂事。他九歲就上了私塾，很內向，愛學習，甚至一邊吃飯一邊看書，被人稱為「書呆子」。林明卿曾對林彪說：「你畢業後就教書吧。」沒想到林彪卻說：「現在國家不太平，我想報效國家去當兵，為老百姓打天下。」林明卿嚇了一跳，一個內向的人，性格完全不像是個當兵的，怎麼能去打仗？

加入共產黨

1922年3月，林彪考入武昌共進中學，因生活所迫他決定休學一段時間。林育南介紹他到粵漢鐵路子弟小學教書。在教書期間，林彪還開辦了夜校，並經常到工廠與工人接觸。1924年，林彪加入共青團。1925年五卅慘案後，武漢的學生紛紛遊行、罷課，支援上海的鬥爭。林彪在共進同學會上發表演說，一鳴驚人。

林彪從共進中學畢業後返回林家大灣，父母要他就近謀一個教師職業，以便關照家庭生活。但他說服父母，決心棄教從戎。後經當地中共組織批准於是年底南下廣州，考入黃埔軍校第四期，編在步兵科第2團第2營第3連，同時改名為林彪。也就是在那時，林彪初次見到時任黃埔軍校政治部主任及中共廣東區委員會委員長的周恩來。

南昌暴動

　　林彪在黃埔軍校由共青團轉入中國共產黨，並任3連中共支部書記。1926年11月，從第四期畢業後，他由廣州北上武漢，分配在國民革命軍第四軍第二十五師第七十三團任見習排長、排長，曾隨部參加北伐戰爭中討伐孫傳芳和進軍河南的戰鬥。1927年4月隨第25師73團（由葉挺獨立團改編）參加武漢國民政府舉行的第二次北伐，歷經上蔡、臨潁等戰役。7月，隨部移駐九江。當時在南京的蔣介石已進行清共，在武漢的汪精衛也開始分共。林彪遂於8月初隨聶榮臻、周士第率部參加南昌起義，任73團3營7連連長。起義失敗後，隨軍南下，10月起義軍在廣東潮（州）汕（頭）地區潰散，林彪隨朱德、陳毅率殘部轉戰閩、粵、贛、湘邊地區，並參加了湘南武裝起義，改任中國工農革命軍第1師1營2連連長。

南昌暴動

上井岡山

　　1928年4月28日，南昌起義保留下來的部分隊伍和湘南武裝起義部隊，在寧岡縣的礱市同毛澤東直接領導的工農革命軍勝利會師。5月4日，兩軍會師大會在礱市舉行，會上宣布成立工農革命軍第四軍。朱德任軍長，毛澤東任黨代表，王爾琢任參謀長，下設第十、十一、十二師。21歲的林彪任第十師第二十八團一營營長，何長工任該營黨代表。井岡山會師後，革命的武裝力量更加壯大了。

　　後來，蔣介石調集湘、贛兩省軍隊多次「進剿」井岡山，少的時候有八、九個團，最多的時候達18個團。在井岡山的「反進剿」鬥爭中，林彪初任工農紅軍第四軍的營長、團長，因指揮作

井岡山朱毛會師

戰有方，特別是在毛澤東親自指揮的三打永新和龍源口激戰中，林彪機智靈活、善用疑兵的戰術風格贏得了毛澤東的賞識，提升很快。

中央蘇區

1929年1月，林彪隨朱德、毛澤東挺進贛南、閩西，3月任紅4軍第1縱隊縱隊長（亦稱司令員）。期間，支持毛澤東繼續擔任紅4軍前委書記。1930年，林彪發了一封對紅軍前途表示擔憂的信給毛澤東，其中提到：「紅旗還能舉多久？」毛澤東立即以《星星之火，可以燎原》為題回覆，批評了林彪以及黨內一些人對時局的悲觀思想。信中強調「農村包圍城市、武裝奪取政權」的思想，指出：「紅軍、遊擊隊和紅色區域的建立和發展，是半殖民地中國在無產階級領導之下的農民鬥爭的最高形式，是促進全國革命高潮的最重要因素。」這封信在中共建政後列入《毛澤東選集》，但並沒有公開林彪去信的事情。等到林彪死後，這件事成了批判林彪的重要證據之一。

事實上，我們從歷史的發展來看，林彪的確非常有遠見。因為當時毛澤東的農村包圍城市策略是基於國民黨內部鬥爭、軍閥混戰不已的客觀環境。但情勢的發展顯示蔣介石很快就控制了內部鬥爭和軍閥反叛，得以著手對付中共農村包圍城市的問題。幾年後各處的紅軍根據地紛紛瓦解，被逼不得不放棄蘇區，開始西竄（長征）；損失了90%的實力，最後在西北邊區落了腳，等到了抗日，才恢復、壯大。

1930年6月，林彪任紅1軍團第4軍軍長，時年23歲。1932年3月任紅一軍團總指揮（後稱軍團長），率部參加了文家市、長沙、吉安、贛州、漳州、南雄水口、樂安宜黃、金溪資溪等重要

戰役和中央蘇區歷次「反圍剿」，曾多次指揮所部擔任戰鬥的主攻任務，成為紅一方面軍能征善戰的高級指揮員之一。在此期間，他還曾被選為中共紅一方面軍總前委委員、中共蘇區中央局委員、中華蘇維埃共和國第一、第二屆中央執行委員和中央革命軍事委員會委員。

長征

　　1934年10月中央紅軍長征開始，總共八萬六千人，分成第一、三、五、八、九共五個軍團，突圍西竄。林彪擔任第一軍團軍團長，與政委聶榮臻指揮所部參加了突破國民黨軍四道封鎖線和強渡湘江、烏江作戰。1935年1月，參加了中共中央在貴州遵義召開的政治局擴大會議，改組了中央政治局和中央軍委，由毛澤東負責軍事指揮。遵義會議後，林彪指揮紅一軍團參加四渡赤水、巧渡金沙江、強渡大渡河、奪佔瀘定橋等作戰。

　　遵義會議剛一結束，紅軍在土城初戰失利，再加上許多幹部對紅軍繞著圈子走表示不理解，林彪獨自寫信給中央，建議「毛、朱、周隨軍主持大計，請彭德懷任前敵指揮，迅速北進與四方面軍會合」，受到毛澤東的嚴厲斥責。等到林彪死後，這件事也成了批判他的重要證據之一。

　　同年六月，紅一方面軍與紅四方面軍在川西達維會師。接著雙方對領導權和進軍策略產生分歧，鬥爭不息。9月，毛澤東毅然帶領第一方面軍第1軍（原第1軍團）、第3軍（原第3軍團）單獨北上，改稱陝甘支隊。林彪任支隊副司令員兼第1縱隊司令員。十月中旬，殘部約六千餘人到達陝北與劉志丹、徐海東領導的十五軍團會師。其後，陝甘支隊恢復第一方面軍番號，林彪重任紅1軍團軍團長，並當選為西北革命軍事委員會委員。隨後率

部參加了直羅鎮戰役和東征戰役。長征途中，林彪一直擔任前鋒，衝鋒陷陣、驍勇破敵，戰功卓越！

抗日

　　林彪於1936年6月被任命為中國抗日紅軍大學（簡稱「紅大」）校長，後兼任政治委員。1937年1月，「紅大」從保安（今志丹）遷至延安，並改名為中國人民抗日軍事政治大學（簡稱「抗大」），林彪繼續任校長兼政治委員，並兼任抗大第一分校校長和政治委員。

　　抗日戰爭爆發後，中國工農紅軍改編為國民革命軍第八路軍（後改為第十八集團軍），下轄3個師，林彪被任命為八路軍第115師師長和該師軍政委員會書記，是三位師長中最年輕的，並任中共中央革命軍事委員會和軍委前方分會委員。紅軍改編為八路軍後，以師為單位分頭開赴抗日前線，林彪率部挺進華北抗日前線。

　　1937年9月25日，林彪與聶榮臻指揮部屬設伏平型關，一舉殲滅日軍精銳第5師團21旅團一部1000餘人，擊毀汽車100餘輛，馬車200餘輛，繳獲各種槍1000餘支（挺）、軍馬50餘匹及其他大批軍用物資，取得華北戰場上中國軍隊主動出擊作戰的首次大捷，打破了「日軍不可戰勝」的神話，提高了中國共產黨和八路軍的威望，同時使他成為名噪一時的抗日名將。由於平型關戰鬥的意義重大而深遠，此戰在全國的輿論中成了重大新聞，被各報刊登載。林彪作為作戰的指揮官在黨內的影響更大，在全國也成了知名人物。

　　1938年2月，林彪奉命率115師師部和343旅由晉東北南下，到呂梁地區開闢根據地。3月2日帶師直屬隊途經隰縣以北千家莊時，因身穿繳獲來的日軍大衣並騎著洋馬，被當地駐軍閻錫山部

第19軍警戒部隊的哨兵開槍誤傷。子彈從右腋經左側背穿出，傷及肺和脊椎骨，從此留下終生未癒的植物神經紊亂症（vegetative system dysfunction），並逐漸形成了怕水、怕風、怕光，一緊張就出汗的毛病。後送延安治療，師長職務由343旅旅長陳光代理。從5月開始，邊休養邊參加「抗大」工作，曾就「抗大」的教育方針、軍隊的領導問題等作過多次報告和演講。

　　同年冬經黨中央批准，赴蘇聯繼續就醫。1942年2月，林彪經新疆返回延安，任中共中央黨校管理委員會成員，主持軍事教育會議，參加整風運動。10月赴重慶，與周恩來一起同張治中、蔣介石等就克服內戰危機、繼續合作抗日等問題進行談判。1943年7月返回延安，繼續在中共中央黨校工作。1945年4月參加了中國共產黨第七次全國代表大會，當選為中央委員。8月在中央政治局擴大會議上當選為中央軍委委員。

解放戰爭

　　抗日戰爭勝利後，林彪原被派到山東擬任山東軍區司令員、中共山東分局委員。但於9月下旬，在前往山東的途中接到中央電令，遂奉命兼程轉赴東北，於10月底抵達瀋陽。此後歷任東北人民自治軍總司令，東北民主聯軍總司令兼政治委員，東北軍區、東北野戰軍司令員兼政治委員和中共中央東北局書記，並兼任東北軍政大學校長等職。

　　進入東北初期，林彪曾根據形勢變化，向中央軍委提出縮短戰線的建議並被採納。爾後參與領導建立東北根據地，並組織指揮了四平、新開嶺等戰役。1946年6月，任中共中央東北局書記、東北民主聯軍總司令兼政委；是年7月，指揮在北滿的民主聯軍進行三下江南（指第二松花江以南）戰役，和南滿的民主聯

軍組織的四保臨江（在吉林南部）戰役，南北呼應，使國民黨軍首尾不能兼顧，疲於奔命，陷入被動。1947年先後發動夏季、秋季、冬季攻勢，殲滅國民黨軍30餘萬人，為在東北進行戰略決戰創造了條件。

1948年9月，遼瀋戰役開始，林彪在攻克錦州後果斷舉行遼西會戰，圍殲國民黨軍「西進兵團」，取得戰役的決定性勝利。遼瀋戰役共殲敵47萬餘人，解放東北全境，並使東北部隊由1945年夏出關時的13萬餘人發展到100餘萬人。

同年11月奉命率部入關，任人民解放軍平津前線司令員和中共平津前線總前委書記，與羅榮桓、聶榮臻一起，統一指揮東北野戰軍和華北軍區部隊進行平津戰役，殲滅和改編國民黨軍52萬餘人。

1949年3月任第四野戰軍司令員，5月兼任華中軍區司令員，並任中共中央華中局第一書記。6月率野戰軍主力渡過長江，先後指揮了宜沙、湘贛、衡寶、廣東、廣西、海南島等戰役，共殲國民黨軍43萬餘人，解放湘、鄂、粵、贛、桂五省。

建國初期

中共建政以後，林彪任中南軍政委員會（後改為中南行政委員會）主席、中南軍區兼第四野戰軍司令員、中共中央中南局第一書記。1950年6月參加中共七屆三中全會後，即舉家遷到北京。因其怕光、怕水、怕風的毛病越來越重，開始脫離工作進行診治。同年10月經中央批准，再次赴蘇聯就醫。1951年回國後住進毛家灣，仍以休養為主。

同年11月任中央人民政府人民革命軍事委員會副主席。1954年起任國務院副總理和國防委員會副主席。1955年4月在中共七

屆五中全會上，被補選為中央政治局委員。9月被授予元帥軍銜。在此期間，他的職務雖然一直在提升，但基本沒有在崗位上工作，深居簡出，很少拋頭露面和參加社會活動。

1958年5月，林彪參加中共「八大」二次會議和八屆五中全會，被增選為中央政治局常委和中共中央副主席。與此同時，他介入所謂「反教條主義」鬥爭，在全軍掀起對「教條主義傾向」的批判，打擊了劉伯承等一大批幹部。1959年在廬山會議中支援毛澤東鬥爭彭德懷，後任國防部長，軍委常委、副主席，主持軍委日常工作。提出並推行一整套「左」的東西，打擊、迫害、排擠一些與他意見不同的同志；同時對毛澤東搞個人崇拜。

1965年冬以「篡軍反黨」等罪名誣告羅瑞卿，並提出所謂突出政治的「五項原則」，將全軍群眾性的大比武運動壓了下去，同時解除了羅瑞卿的職務。1966年初責令全軍政治工作會議對羅瑞卿所謂「資產階級軍事路線」進行批判，提出「突出政治」、「政治可以衝擊一切」的論調，致使全軍的各項工作受到嚴重干擾與破壞。

文革成為接班人

1966年8月1日，中共八屆十一在毛澤東的主持下召開。8日，全會通過《中國共產黨中央委員會關於無產階級文化大革命的決定》，文革正式開始。由周恩來提議，全會通過林彪取代劉少奇，成為唯一的中共中央副主席，且林的中央政治局常委排名躍升至僅列毛之後。8月18日到11月26日，毛澤東在天安門共八次接見來自全國各地的紅衛兵，以表示支援文革。林彪每一次都站在毛身邊出席，林喊道：「誰敢反對毛主席，就全國共討之，全黨共誅之！」

在文革初期，林彪支持毛澤東整肅了劉少奇、鄧小平等許多中共領導及推動全國軍中和民間的鬥爭。1969年4月1日，中國共產黨第九次代表大會在北京召開，在新修訂的《中國共產黨章程》中加入「林彪同志是毛澤東同志的親密戰友和接班人」。

三國時期，孫權曾給曹操上書，歌功頌德，稱為「天命」，勸曹操當皇帝。曹操讀罷這封信，出示給群僚們看並說：「孫權這小子，竟想把我放在火爐上烤！」林彪沒有曹操的政治智慧及手腕，還不知道他已被毛澤東放在火爐上烤了！

毛林分歧

林彪在文革期間重用四大金剛——黃永勝、吳法憲、李作鵬、邱會作。楊成武倒台後，他們四人掌管軍委辦事組，實際操控軍隊。1970年8月，吳法憲在憲法草案起草小組討論會上，就起草憲法草案中是否加入吹捧毛澤東的字句與張春橋激烈爭執，引發林彪關注。林彪提議毛澤東出任國家主席也促發了毛的非議，毛林兩人在國家主席的存廢問題上意見分歧。8月23日至9月6日，在江西廬山舉行中共九屆二中全會（第三次廬山會議），林彪首先發言，不點名地批評了張春橋「利用毛主席的偉大謙虛反對毛主席」。吳法憲與張春橋的爭執和林彪在廬山會議中的談話成為整

毛澤東與林彪

個林彪事件的導火索。事實上這些爭執只是表面扯皮的事，其實質所在乃是林、吳等人已顯露出對文革路線的懷疑與不滿！

九屆二中全會之後，毛澤東發起批判陳伯達整風，矛頭直指軍委辦事組四人和葉群。至1971年4月，五人先後多次給毛澤東寫檢討。終於在4月的政治局會議上，毛澤東宣布他們的檢討已經「算完了」。然而經過幾個月短暫平靜之後，1971年8月，毛澤東祕密南巡，沿途經過各省市，與地方負責人談話，公開指出他與林彪的矛盾，宣布「第十次路線鬥爭」，為鬥倒林彪作準備。

「571工程」紀要

據中共官方描述，林彪、葉群於1971年3月22日－24日指使林立果、周宇馳、于新野制訂了武裝政變計畫，計畫取名為《「571工程」紀要》。9月8日－11日，林立果、周宇馳先後分別向江騰蛟、王飛以及「聯合艦隊」的其他骨幹傳達林彪手令，具體部署刺殺毛澤東。毛對此有所警覺，突然改變南巡行程，乘火車提早返北京，並沿途儘量少停站，加速趕回。9月12日下午，毛澤東先在豐台車站停留兩小時多，召集李德生、紀登奎、吳德、吳忠談話，吩咐李德生調動中國人民解放軍第三十八軍的一個師到南口待命，以防萬一。其後在下午四時餘抵達北京站，回到中南海。

折戟沉沙、慘死外蒙古

林彪當時在北戴河，得知毛澤東南巡推動整肅他的行動，並已回到北京布局，即將公佈他的「罪行」；遂與葉群、林立果等於9月13日零時從山海關機場強行乘飛機外逃，凌晨3時在蒙古人民共和國溫都爾汗肯特省貝爾赫礦區南10公里處機毀人亡。

林彪最後想訴的冤屈

當年韓信被夷三族前,曾抱怨道:「悔不用蒯通之言!」但可憐的林彪魂喪異國,沒能留下一言一字。他臨死前應該心懷冤屈,卻沒能向世人吐訴。所幸他的四大金剛──黃永勝、吳法憲、李作鵬、邱會作都留了下來,除了黃永勝於1983年就去世外,其他三位都在保外就醫後安度了二、三十年其樂融融的晚年。難能可貴的是他們都留下珍貴、詳盡的「回憶錄」,而且是在香港發表,其中沒有太多「黨八股」,不乏真切直言。我們從這些回憶錄中不難看出林彪最終的心聲。

關於林彪的「罪行」,吳法憲在回憶錄中辯駁道:「如果說的『陰謀奪取黨和國家最高領導權力』這件事,是指林彪『謀害毛澤東』和『另立中央』,那麼就請拿出有力的證據來。───(我不是說林立果、周宇馳他們的活動的證據,而是指林彪個人直接指揮策劃和指揮的證據),為什麼一直不讓我們看到?直到今天,林彪是不是直接指揮策劃和指揮了這麼一個『政變』,在我心裡一直是一個謎。至於我自己,就更是既沒有參與也絲毫不知道這樣一個所謂的『政變』。」他又說:「我想,林彪之所以堅持設國家主席,是希望以這種方式來說明國家秩序已經恢復正常,『文化大革命』的無政府狀態已經結束。───不設國家主席則『名不正、言不順』,不像個正常國家。───即便當時不合毛主席的心意,也只是不同意見之間的爭論,並不違反黨紀國法,何罪之有?」

吳法憲晚年認為他們的錯誤在於盲目執行了「文化大革命」:「直到這幾年我反思自己走過來的路才感到,正是因為我在『文化大革命』中盲目地貫徹執行了毛澤東的指示,才犯了各

種各樣的錯誤。－－－而『文化大革命』的主要禍首罪魁應該是
毛澤東和周恩來：『文化大革命』中，在劉少奇、鄧小平等中央
相當一部分領導幹部受迫害的問題上，毛澤東和周恩來應當負主
要和直接的責任。毛澤東是決策者，而周恩來是主要執行者。」

九一三事件的掌控者——周恩來

　　關於「九一三事件」，半個世紀以來被世人談論不息，也將
在未來的歷史長河中成為「千古之謎」。這個事件的掌控和善後
處理的主要人物是周恩來。周恩來扮演了當年呂后誅韓信中，蕭
何的角色。事件發生前段的9月12日晚，中央警衛團副團長張宏
從北戴河打電話向張耀祠報告說：「林立衡講，林立果、葉群
正在商量要挾持林彪今天晚上逃跑，還要派飛機轟炸中南海，
暗害毛主席。林立衡讓我立刻直接向張耀祠副主任報告，保衛
好毛主席。」張耀祠立即報告了汪東興，汪東興隨即報告了周恩
來。23點20分左右，周恩來在瞭解到256號三叉戟飛機在北戴河
以後，命令「注意觀察，有情況隨時報告。」此時，葉群跟周恩
來打了電話，通話半小時。周恩來問葉群有沒有調飛機，葉群說
沒有。

　　根據如今公佈的許多資料，特別是吳法憲的回憶錄，當晚
接下去的幾個小時，周恩來一直在掌控（manipulate）著情勢的
發展，與北戴河、山海關機場，吳法憲、毛澤東等等密切聯繫。
甚至命令吳法憲試圖與飛行中的飛行員潘景寅及林彪通話未果。
當飛機飛抵赤峰附近上空時，吳法憲請示周恩來要不要起飛殲擊
機把林彪乘的三叉戟機攔截回來？後經請示毛澤東，毛答覆道：
「天要下雨，娘要嫁人，由他去吧。」到13日臨晨兩點多，飛機
已經飛出國界，雷達看不見了。

接下去的幾天幾夜，周恩來都住在人民大會堂指揮，他召集了張春橋、姚文元、黃永勝、吳法憲等，一方面追蹤林彪的下落，一方面作全軍部署、備戰。15日下午5時，周恩來向大家通告，接到外交部的報告，證實有一架中國的大型軍用飛機，於13日凌晨在蒙古國的溫都爾汗失事，機上人員全部死亡。16日下午5時，周恩來召集大家到福建廳查看中國駐蒙古大使館送回來的照片：飛機大部已燒毀，殘骸散布在草地上；遺體雖已經火燒，但還可勉強辨認出林彪、葉群、林立果以及其他的人。看完照片，周恩來鬆了一口氣，教大家去休息，解除三天三夜不停的緊張與擔憂！

當晚8時，周恩來在人民大會堂福建廳召開了一次中央政治局會議。大家等了一個小時，他才穿著睡衣從毛澤東那裡回來。周當時神采奕奕，滿面笑容，先展示了外交部送來的照片，然後向政治局成員傳達了毛澤東和他兩人共同回憶的林彪在歷史上的十六項「錯誤」，也就是以後為林彪「定罪」的依據。最後周恩來宣布，大家明天都可回家，不必再住在人民大會堂了。散會後，張春橋做東，買了一瓶茅臺酒，給政治局的每個人倒了一杯，大家舉杯慶賀。喝完酒，周恩來興致勃勃地說：「大家回去休息吧！」

又根據周恩來的姪女周秉德的《我的伯父周恩來》書中記載：當中國駐蒙古大使館派人帶回的照片，證實了林彪的確折戟沉沙，自取滅亡之後，原本瀰漫著高度緊張氣氛的東大廳裡終於恢復了往日的平靜。其他人都已經如釋重負地離開了，屋裡只剩下周恩來、紀登奎。突然，一陣嚎啕之聲如江水崩堤猛然暴發，紀登奎一下呆住了，不是親眼目睹，他不會相信，發出這種哭聲不是別人，就是剛才還和大家一樣露出久違的笑容，舉杯慶祝這不幸中的萬幸的周恩來！－－－紀登奎此刻也亂了方寸，話說得

結結巴巴：「總理，總理，林彪一夥摔死了，這是不幸中的萬幸，應該說是最好的結局了，您該高興，對不？」周恩來回過身來，雙肩依然在顫動，臉上老淚縱橫，他搖著頭，聲音嘶啞地反覆說：「你不懂，你不懂！」

周恩來善後、處理九一三事件

在處理九一三事件中，當然有大量與林彪有關的幹部受到牽連。其中最引人注目的乃是他的四大金剛。據邱會作的回憶錄說，事件發生約兩周後，周恩來召集黃永勝、吳法憲、李作鵬和他四人到人民大會堂，告訴他們：「主席對你們的問題有決定。」簡單的一陣談話後，周恩來就起立與他們道別，把他們一一送去牢獄了。

邱會作對當時的情景寫得十分動人：「我一踏進福建廳，一眼就可以看出一切都變了。－－－我走前和總理握手，我含著淚對總理說：『我相信毛主席，相信中央，也相信我自己。』總理那雙很有神的眼睛看了我很久，說『好！』我就要離開福建廳了，我的心情十分激動，我雙手握住總理的手，從肺腑裡吐出一句話：『希望再見到總理！』總理又盯住我看了一眼，用很低沉的口氣說：『到那裡去，好好住下！』－－我1930年（註：十六歲）第一次見到周總理，到1971年同周總理最後分別。－－－，1934年周總理救了我一命（註：長征前，邱會作擔任掩埋紅軍戰略物品，完工後不久，政治保衛局長鄧發為了保密，把他綁起來，準備把他帶去活埋滅口，路上正巧遇到周恩來，周下令把邱釋放。）時至今日，使我多活了五十二年，－－－我根本不相信總理對我們會下狠心。」

他們四人先分別被關押在不同的北京衛戍區的軍營裡五年

多。毛、周去世後的1976年底又都被轉送到秦城監獄再關了五年。在1980年底才提起公審，最後在1981年1月判決，他們的罪狀中最重要的就是「參與林彪的反革命陰謀活動」，都被判了16到18年徒刑。但到了那年秋季，也都被「保外就醫」，過著普通老百姓的生活。除了黃永勝於兩年後，72歲時就因肝癌去世，其餘三位，吳法憲活到89歲，邱會作92歲，李作鵬95歲。

　　吳法憲的女兒在《吳法憲回憶錄》的附錄中有這樣一段敘述：「這時，生活雖然清貧，但卻是他一生最快樂的日子，父親常對我們說，高處不勝寒，還是人間（老百姓中間）好。在他一生中，也就是在這些日子裡，他吃得香，睡得著，再不用擔驚受怕地過日子了。」

　　周恩來之與林彪，正有如蕭何之與韓信（成也蕭何、敗也蕭何）。林彪18歲時（1925年底）進入黃埔軍校，當時周恩來是黃埔軍校政治部主任及中共廣東區委員會委員長，是林彪在軍校裡和共產黨裡的雙重領導。而九一三事件發生之中及善後，周恩來都掌控全局，林彪可謂「成也周恩來，敗也周恩來。」

　　周恩來是毛澤東「文化大革命」的執行者。國內對周恩來有兩種不同的看法，有的人認為周沒有盡到抑制毛澤東錯誤的責任，但也有人認為周忍辱負重，保全了大批幹部、人才，為中國的未來鋪下平坦的道路。周恩來是個大和稀泥的奇才，中共若沒有他，就有可能發生像太平天國天京內訌，自相殘殺殆盡的慘劇。林彪垮臺後不久，鄧小平就復出了。1973舉行的中共十大在當時被西方評為周恩來的全盤勝利，雖然以後還發生了批鄧的反擊右傾翻案風，但毛澤東身後中國政治的曙光已經隱隱在望了！

中共為林彪蓋棺論定

1973年8月20日，中共中央決定開除林彪的中國共產黨黨籍。1981年1月25日，中華人民共和國最高人民法院特別法庭對其作出判決，被確認為「反革命集團案主犯」。同年6月27日，中共十一屆六中全會通過了《關於建國以來黨的若干歷史問題的決議》。《決議》指出：「一九七〇年至一九七一年間發生了林彪反革命集團陰謀奪取最高權力、策動反革命武裝政變的事件。這是文化大革命推翻黨的一系列基本原則的結果，客觀上宣告了文化大革命的理論和實踐的失敗。毛澤東、周恩來同志機智地粉碎了這次叛變。」

省思

林彪能征善戰，驃疾敢深入，攻堅破敵，毛澤東稱其為「天才」，蔣介石評他為「當代韓信」。他從八一南昌暴動起，上井岡山、江西蘇區反圍剿、長征衝鋒陷陣、抗日平型關挫敵、東北決戰，取平津，經略華中、華南、海南都立下大功，他和粟裕兩人乃是中共奪得天下中最重要的兩個功臣，也是和中國歷史上的白起、韓信、徐達、常遇春齊名的扭轉乾坤的名將。但他和韓信頗為相似，雖為不可多得的戰將，卻有欠政治頭腦及手腕。

林彪從井岡山起，一直是毛澤東的寵信，不僅在打天下階段手握重兵，即使到開國以後有一段時候也身居要職。在上世紀50年代，有人猜測毛澤東未來的接班人，最有可能的是林彪和鄧小平兩人，但還是林彪比較看好，因為林彪比較簡單，靠得住。毛澤東在誅殺、整肅功臣的過程中，林彪幫了不少兇，弄倒彭德

懷、羅瑞卿，他出了大力，劉伯承、粟裕也早已被釋了兵權，毛澤東有了底，開始準備全盤整肅，啟動了災害中國的「文化大革命」。於是拉著林彪，穩住軍隊，矛頭直指劉少奇、鄧小平。林彪搖旗吶喊，賣勁十足，扳倒賀龍、楊成武等等軍隊頭子，斬除了毛澤東對解放軍的憂慮。

但等到將領都整肅殆盡後，林彪及其黨羽的作用也就不足輕重了。從林彪、吳法憲與張春橋的爭執開始，顯示出林彪及其黨羽對張春橋、江青等的不滿，以及對文革路線有所「懷疑」。事實上，張春橋、江青之輩只是毛的爪牙、走狗，江青說得好：「我只是主席的一條狗，主席要我咬誰，我就咬誰！」君不見周恩來從延安初期起就把江青伺候得服服帖帖，連自己的兄弟、貼身衛士犧牲都在所不惜。卻是林彪及其黨羽火候不夠，打狗還得看主人，惹了爪牙，他們的主子就會懷疑你不滿他了。以後林彪的處境也就每況愈下了！

南宋。陳亮在評韓信時，道：「漢高帝所籍以取天下者，故非一人之力，而蕭何、韓信、張良蓋傑然於其間。天下既定，而不免於疑。於是張良以神仙自託；蕭何以謹畏自保；韓信以蓋世之功，進退無以自明。蕭何能知之於未用之先，而卒不能保其非叛，方且借信以為自保矣。」

他的見解頗為深奧精辟，大凡創業君主手下的功臣有三種下場：

（一）以神仙自託，除去權、勢，得以自保，壽終正寢：在春秋越國：范蠡；在漢：張良；在宋：張永德和石守信、高懷德、張令鐸、王審琦（註：此四人屬杯酒釋兵權，半被動、半主動地除去權、勢，外放做節度使，事實在家孵豆芽。）；在明：湯和；在中共：粟裕，劉伯承（註：此二人亦屬半被動、半主動地除去權、勢，到軍事研究院去混

日子了）。

（二）以謹畏自保高位，危舟以過萬重山：在漢：蕭何；在宋：
　　　趙普、曹彬；在明：徐達（註：亦不免有背疽賜鵝之流
　　　言）；在臺灣二蔣：張群、黃杰、嚴家淦；在中共：周
　　　恩來。

（三）自以為蓋世之功，進退無以自明者皆慘死：在春秋越國：
　　　文種；在漢：韓信、彭越、英布；在宋：李重進；在明：
　　　李善長、宋濂、胡惟庸、藍玉、周德興、馮勝、朱文正、
　　　傅友德、廖永忠、朱亮祖等等；在中共：則為林彪、劉少
　　　奇、彭德懷、高崗、饒漱石、潘漢年、王佐、袁文才等
　　　等：在臺灣二蔣：吳國楨，孫立人等等。

　　依照陳亮的解析，林彪的悲劇絕非偶然，乃是其個性、處
境的必然下場。林彪及其四大金剛最後才恍然大悟：毛澤東已經
完全拋棄他們了！即將「請君入甕」；而他們真正的罪行乃是在
「文化大革命」中盲目地貫徹執行了毛澤東的指示。林彪不願像
彭德懷、劉少奇一樣飽受折磨，加之他那寶貝妻子和兒子，弄得
一家昏頭脹腦、手忙腳亂，糊裡糊塗地就折戟沉沙，慘死異國！

　　至於追究「571工程紀要」、「武裝政變計畫」、「聯合艦
隊」以及林彪及其家人逃亡的過程，還有周恩來最後一路緊盯、
事後大哭一場、並善後、發佈處理「九一三」事件的報告，到底
其真偽、可信度如何？必將成千古之迷，那就算是吟風弄月的餘
事了！

功高震二主而不賞的粟裕

1949年，我尚在孩提之際，隨父母逃到臺灣。當時臺灣風雨飄搖，人心惶惶，記得父親曾對朋友說：「聽說粟裕就快來了！」七十多年過去了，我父早已作古，國共的恩怨也久已消去，只是當年老父的愁容依然在我心頭。這些年四處奔波，探訪過萊蕪、孟良崮、濟南、碾莊、陳官莊等古戰場，才深深體會到粟裕的確是一個不可多得的戰將。

粟裕

中共在大陸與國民黨鬥爭二十多年，雙方戰事之多，規模之大可謂亙古未有。其間也出了許多傑出的將領，但戰功最大，用兵如神，而堪與歷史上白起、韓信、徐達、常遇春等名將齊名的，應屬粟裕和林彪兩人。林彪驃疾敢深入，攻堅破敵，而粟裕尤長於謀略，善於指揮大兵團作戰。但毛澤東在1955年並沒有封給粟裕應得的「元帥」頭銜與榮譽，幾年之後又免了他的參謀長職位，釋了兵權，直到老死得不到平反，成了千古奇冤，這到底是為什麼？

粟裕、林彪為中共打下天下

林彪從八一南昌暴動起，上井岡山、江西蘇區、長征、抗日及東北決戰，取平津，經略華中、華南、海南都立下大功。但逐鹿中原，澈底摧毀蔣介石捍衛京畿的雄厚武力，而使中共取得政權的淮海（徐蚌）決戰，卻主要是粟裕籌劃、指揮。老實敦厚的朱德在1955年中共評審元帥資格時曾說：「解放戰爭五年的任務，三年提前完成，粟裕的功勞很大啊！他指揮打的仗最多，消滅蔣介石的軍隊最多，給軍委提出的好建議最多。」連毛澤東也說：「解放戰爭時期誰不知道華東戰場的粟裕，蔣介石的幾大金剛，誰不害怕粟裕這個名字！」

實踐中學習軍事

粟裕原為師範學校學生，未曾受過正式軍事教育，由戰鬥實踐中吸取經驗，卻能做到運籌帷幄之中，決勝千里之外，善於指揮大兵團作戰。而其用兵奇正、變化無窮，戰無不勝，功無不取，為中國自古以來不可多得的戰將。林彪個性弧僻，與人寡合，唯喜與粟裕談論作戰、兵事，英雄相惜，知其才也。然粟裕身型瘦小，為人謙和，頗似太史公評張良之貌：「余以為其人，計魁梧奇偉，至見其圖，狀貌如婦人好女。」可見粟裕城府深謀，有張良之風，非常人可比。

參加南昌暴動、上井崗山、反圍剿

粟裕於1927年參加南昌暴動，後隨朱德、陳毅上井岡山與毛

澤東會師，曾任毛的警衛。兩年後，因戰功升至師長。第一次反圍剿中，參與合圍、殲滅國軍主力，俘虜張輝瓚師長。1934年為掩護紅軍主力長征，粟裕任「北上抗日先遣隊」參謀長，協同方志敏軍長孤軍奮戰。失敗後方為匯集殘部，囑粟先行突圍。不幸方志敏被捕就義，粟裕僅率五百殘部得以脫險，在浙南進行了三年艱苦的遊擊戰，保存並發展了中共在江南的勢力，成為以後「新四軍」的骨幹之一。

抗戰擴大

抗戰軍興，國共二度合作，粟裕歸屬葉挺、項英領導的新四軍，於江南抗日，1940年渡江北上，在黃橋大敗國軍韓德勤部，奠定中共蘇北抗日根據地基礎。1941年初皖南事件發生，葉挺被俘、項英犧牲，陳毅代理新四軍軍長，粟裕任蘇中司令員。從此，陳粟合作經略蘇、魯，並轉戰浙江，屢敗日、偽軍。當時日軍聽到粟裕都說：「粟裕，艾拉伊！」（日語－了不起）

解放戰爭初期

抗日勝利後，粟裕奉命渡江北上，1946年發動蘇中戰役，七戰七捷，從實踐中探索了以後中共在國共戰爭中的發展方式。其後再向北，發動宿北、魯南戰役，打開了共軍在華東的局勢。1947年2月，國民黨大軍全面進攻山東沂蒙山

粟裕在黃橋戰役

粟裕在孟良崮戰役

區共軍根據地。粟裕擬出主動放棄臨沂南線，誘敵深入，發動十個縱隊、二十萬兵力在萊蕪合圍、全殲國軍李仙洲五萬二千大軍。三個月後粟裕一改共軍擊弱避強的戰略，提出「百萬軍中取上將首級」（註：陳毅語），再度調遣全軍圍攻國軍王牌主力——整編74師，在孟良崮消滅國軍三萬二千人，擊斃張靈甫師長（國民黨謂自殺殉職）。此役粟裕出奇致勝，造成國共內戰的轉捩點。從此共軍由防禦轉入進攻，國民政府因此役戰敗頓失信心，並引起財經恐慌，每況愈下。

劉鄧大軍、挺進大別山、山東失利

　　共軍在山東取得重大勝利後，毛澤東發起了由內線防禦轉為外線作戰進攻的作戰策略，命令劉伯承、鄧小平率中原野戰軍

於六月底強渡黃河，挺進大別山，並囑陳毅、粟裕分兵調華東野戰軍五個縱隊向魯南、魯西配合作戰。結果山東共軍勢力薄弱，在南麻、臨朐兩度被國軍擊敗，損失慘重。而劉鄧大軍，因為沒有根據地後勤支援，在挺進大別山的過程中，遭到白崇禧部隊痛擊，軍力由12萬4千餘人銳減到5萬8千餘人。粟裕對毛澤東這種在沒根據地支援的分兵作戰有所質疑。

斗膽直陳，更改毛澤東作戰策略

1948年初，毛澤東離開駐守十二三年的陝北，渡過黃河到山西，提出「打倒蔣介石、解放全中國」的號召。後擬定全國進軍作戰方案，令粟裕率三個縱隊渡長江南下騷擾國府核心所在，逐步消磨國軍實力，計畫在四、五年後達到勢均力敵，然後再作總決戰。粟裕接令後，有鑒於挺進大別山的教訓，感到此戰略乃屬下策，遂前往河北西柏坡、城南莊，斗膽直陳，勸毛效仿明初徐達北伐滅元－「先取齊魯、掃河洛，再趁勢直搗大都，元帝不戰而遁」，以得天下的經驗，提出「爭取中原，決戰於淮海」的戰略。經毛同意，並給粟一個月時間，全盤更改了毛澤東「解放全中國」的作戰計畫，並構劃出其後淮海會戰的初步藍圖。

淮海（徐蚌）會戰、功高震二主

是年秋，粟裕指揮華東野戰軍共16個縱隊，首先攻下濟南重鎮。繼之發起淮海（徐蚌）會戰，最初在徐州之東的碾莊圍殲國軍黃百韜大軍。接著尾追、緊逼，得以在陳官莊包圍由徐州南撤圖救黃維兵團的杜聿明、邱清泉、李彌、孫元良的三十萬大軍，配合劉鄧大軍（中原野戰軍、共7個縱隊）於雙堆集殲滅黃維大

左起：粟裕、鄧小平、劉伯承、陳毅、譚震林，攝於淮海戰役

軍。後兩部遂合圍、全殲杜、邱等部於陳官莊，基本瓦解了蔣介石尚存的精銳部隊。

淮海（徐蚌）會戰確定了國共逐鹿中原的成敗，是中共取得天下最關鍵的一戰，在構思、計畫及執行作戰各方面，粟裕均為首功。但功高震二主，伏下以後被貶的下場。

毛澤東未採納粟裕攻台策略

1949年渡江戰役、解放上海、經略東南沿海，粟裕也都立下大功。渡江戰役之前，毛澤東已決定由四野南下肅清李宗仁、白崇禧桂系實力，二野西進四川殲滅胡宗南大軍，採取「爭城爭地，消滅敵人有生力量」的戰略。而粟裕及三野的任務是進軍東南沿海，並計畫在1950年佔領福建。

當時粟向毛提出「早日入閩，一鼓作氣以取臺灣」，師法孫臏「圍魏救趙，直攻大梁」，及曾國藩「直搗金陵，拔其根本

（太平天國）」的戰略。三野遂於1949年8月「提前」進入福建。

　　蔣介石於1949年1月21日下野前，審時度勢，擬定了以臺灣為根本，空間換取時間，期待時局轉變的策略，希望在西南地區及舟山群島盡可能拖住共軍，相對增強臺灣防禦。50年初，國府大陸盡失，但海、空軍優勢猶在，仍堅守臺灣、舟山、海南、大陳、金門、馬祖諸島。毛澤東任粟裕為攻臺總指揮，策劃渡海進軍。粟裕先提出緩攻舟山、海南之策。據聞後粟曾再向毛建議：「置舟山、海南於不顧，直攻台、澎」的戰略，但未被毛採納。

　　1949年10月，共軍在金門古寧頭全軍覆沒，接著在舟山登步島失利。1950年春，四野悍將韓先楚率十萬大軍強渡瓊州海峽，進取海南島。蔣介石令薛岳將大部分（六、七萬）軍力撤往臺灣，同時囑石覺將舟山十二萬軍民完整地轉運臺灣、大陳，使臺灣防衛實力倍增，號稱「六十萬大軍」，分布於金門、馬祖、大陳、澎湖及臺灣本島，並控制臺灣海峽，鞏固了臺澎防衛。蔣介石敗而不餒，挽救了臺灣，也正與粟裕所見略同。此時，粟裕向毛澤東提出「三野攻臺兵力不足」的憂慮，希能增兵再圖，並請以林彪四野，或劉伯承二野為主力攻台，也未能被毛採納。春、夏之際，臺灣海峽風浪較平緩，歷史上鄭成功、施琅均於此時過海攻臺。但中共在1950年錯過了這個千載難逢的時機。

　　是年夏日，朝鮮戰爭爆發，美軍侵入北韓，毛澤東決定擱置攻臺，而出兵朝鮮。原欲調粟裕為「抗美援朝志願軍司令」，但粟裕稱病，遂前往青島療養，後擔任解放軍副參謀長，接著升任總參謀長。

未封元帥

對於粟裕在1955年未能被封為元帥，而淪為次級的「大將」，中共的主要解釋是由周恩來出面發言。他說曾與粟裕談過，但粟裕「提出請求辭帥，態度很誠懇，他說，我黨我軍許多老前輩在，他們資歷更老、威望更高、貢獻更大，應該首先考慮他們，有利於全黨全軍團結。」明眼人都知道，這是「此地無銀三百兩」的推託之詞，不可當真。多年來，中國大陸各界對粟裕的未能被封為元帥，意見很多。當1955年評軍銜時，民主人士黃炎培即大力呼籲：「粟裕應該評元帥，這是眾望所歸啊！」筆者曾到山東萊蕪，孟良崮等古戰場訪問，當地百姓為此事意見很大，均為粟裕抱怨。

毛當年封元帥要顧及歷史姻緣，搞平衡。葉劍英、羅榮桓、陳毅三人實非帶兵作戰的將領，缺乏指揮戰鬥才能與經歷。但葉為「廣州暴動元老」，羅是毛的「秋收班底」，而陳為南昌暴動殘軍中唯一未脫隊，並協助朱德上井岡山的領導，所以毛將這幾個「元老」封為元帥。而國內有一種傳言，謂周恩來為了要安插自己的死黨陳毅在軍委中，所以犧牲粟裕，力挺陳毅為元帥，並出面假做如上述的解釋。

粟裕戰功雖大，但一再更改、質疑「毛主席偉大的戰略思想」。這是毛的隱痛，怎能表揚呢？韓信不也是先被封齊王、楚王，再降為淮陰侯嗎？

粟裕為人謙和，曾兩讓司令，但在毛澤東得到天下後，論功行賞時，卻落得個「次級」。據聞在1955年授銜典禮時，粟裕曾痛哭失聲。有人說他心中深感委屈。孔子曰：「君子無所爭，必也射乎！」怎能「揖讓而退」呢？

批鬥釋兵權

　　1958年3月，毛澤東在成都舉行的中共中央會議上批評：「軍隊落後於形勢，落後於地方。」指示耿直粗魯的彭德懷召開一次軍委擴大會議，用「整風方式檢查、總結建國以來的軍事工作。」是年5月24日，軍委擴大會議在北京舉行，矛頭直指粟裕與劉伯承二人。劉伯承當時早已被釋兵權，但還是被指為「教條主義代表人物」。而粟裕則被稱為「資產階級個人主義」，在大會上被千人批判，罪名為「一貫反領導」、「反黨、反領導的極端的個人主義者」、「向黨要權、爭奪軍隊權限、向國防部要權」、「兩讓司令、搞陰謀」，及「告洋狀、裏通外國」等等。經過五十多天的批鬥會議，他被「鬥臭鬥倒」。但突然之間，批鬥停止了，原來毛澤東下令不要再鬥了。只是毛澤東於會後對粟裕說：「你不能怪我哦！」遂解除了他的參謀長職務，調任軍事科學院副院長，但對他的「錯誤」並沒有發表任何文件，也沒作任何結論，沒正式立個罪名。就此，粟裕被釋了兵權，從此被打入了冷宮。

　　至於粟裕被鬥而釋兵權，大陸盛傳主要是他與彭德懷搞不好，也得罪了聶榮臻而引起。但召開軍委擴大會議明明是毛澤東的命令。彭、聶二人均為耿直有守之士，彭德懷沒多久就在廬山會議被鬥倒，他和粟裕同為受害者，哪有力量去鬥粟裕呢？而聶榮臻也哪有那麼大的權勢發動千人，經歷五十多天來鬥臭、鬥倒粟裕呢？

　　事實上，讀者只要沉思一下，批鬥的事到底誰能拍板、說了算？就會清楚這些都是毛澤東的旨意。從1957年起，毛澤東開始發起反右，次年又發動三面紅旗：人民公社、大躍進及總路線，

還弄出個大煉鋼，搞得全國天翻地覆，民不聊生。像粟裕、劉伯承、彭德懷這幾個富於獨立思考、見義直言的人，毛此時怎能放心讓他們手握兵權呢？粟裕也就落得「一貫反領導」等罪名，和劉、彭先後被罷官了。

粟裕與毛澤東在陳毅葬禮

1972年初，陳毅去世，毛澤東突改多年不送葬的習慣，臨時決定參加葬禮。在八寶山公墓見到了多年未遇的粟裕，親密地與他握手，語重聲長地說道：「現在井岡山的老同志不多了！」可見毛對粟裕的情誼是複雜而矛盾的。

含冤而死

毛澤東去世以後，粟裕於1979年對時任軍委副主席的葉劍英說：「我1958年受到錯誤批判，二十多年來一直背著沉重的包袱，長期以來黨內民主生活不正常，自己一直克制著，現在才說出來，要求組織上對這個問題作個公正結論。」當時鄧小平剛剛復出，擔任軍委會主席，需要在軍中樹立威信，突出挺進大別山及淮海劉鄧大軍（劉伯承、鄧小平中原野戰軍）的功績，自然不能表揚粟裕。對粟裕平反的問題也就擱置了。以至到1984年粟裕去世時，中共中央尚未能作出對他的「平反」，粟裕可謂「含冤而死」。

直到粟裕去世十年後，中共中央才於1994年2月在人民日報

和解放軍報刊登了一篇文章，追憶和高度評價粟裕為革命立下的豐功偉積和高風亮節，特別明確地指出：「1958年，粟裕同志在軍委擴大會議上受到錯誤的批

粟裕與鄧小平

判，並因此長期受到不公正的對待，這是歷史上的一大失誤，這個看法是中央軍事委員會的意見。」

與朱可夫功高震二主，同病相憐

粟裕的遭遇和蘇聯的朱可夫將軍十分相似，都是因為功高震二主，以至晚年淒涼。朱可夫是第二次世界大戰中最優秀的將領之一。在他擔任參謀長時，曾向史達林建議先主動攻擊德軍，其後又提議從基輔撤退，但都沒被採納，而造成蘇聯慘重的損失。卻是朱可夫受到撤職降級的處分。他於對日的諾門罕戰役、蘇德之戰中的莫斯科、列寧格勒、史達林格勒三大戰役中挽回了蘇聯的危亡，功勳赫赫！但二戰結束後不久，史達林撤除了他的陸軍總司令職位，降級為烏拉爾軍區司令員。史達林去世後，朱可夫支持赫魯曉夫主政，被任為國防部長，但很快又遭到猜忌，被免職。粟裕和朱可夫這兩位名將的下場何其相似？

回憶錄中對淮海會戰隻字未提

粟裕在其晚年寫了一本《粟裕戰爭回憶錄》，從他開始從軍，參加南昌暴動、上井岡山，一直到解放戰爭、渡江戰役。描述、分析了每場戰役，構思清晰、陳述有序，顯示了他的軍事才華，也成為不可多得的歷史文件。但耐人尋味的乃是其中對淮海會戰卻一字未提。這一個對中共得天下最重要，也是他個人做出最大貢獻的戰役，為什麼被忽略了？難道是粟裕不願意寫？還是寫後被全部刪除了呢？這將是研究中國近代史的一大缺陷和遺憾！

焉知非福

中國自古以來，得天下的帝王對功臣大多是「飛禽盡、良弓收、狡兔死、走狗烹」：白起自刎而死、韓信慘遭凌遲、常遇春英年暴斃、林彪折戟沉沙，徐達中年病死，卻也落得背疽賜鵝的風言。這些百戰百勝、叱吒風雲的名將，哪一個得到好的下場？從這個觀點來看，毛澤東的「批判釋兵權」比趙匡胤的「杯酒釋兵權」還要「高明」，使粟裕躲過了文革浩劫，得以貽養天年，高壽（77歲）以終。也許粟裕在九泉之下，還得向毛主席感謝他老人家給予的「恩賜」！

第三章：
寵臣的悲劇

　　本章討論了中國歷史上六位有名的寵臣：審食其、和珅、楊永泰、何長工、高崗與潘漢年。他們都曾深得君主的寵信，權傾一時，做出重大影響，卻最終落得被貶、被殺、被監禁致死。伴君如伴虎，一朝天子一朝臣，此之謂也！

▌ 呂太后的寵臣審食其

呂后

審食其

審食其是劉邦的同鄉、好友，為劉邦舍人，漢初封闢陽侯，呂后稱制時為左丞相，為呂太后的寵臣。

侍奉呂后，共患難七年，留下曖昧傳言

秦二世元年（西元前210年）10月，劉邦奉命押解犯人到驪山，途中有不少人逃脫，因為當時讓犯人逃脫是死罪，所以劉邦索性放走所有人，逃犯中有十餘人願意跟隨他一同逃亡，遂到芒碭山山澤落草為寇。次年，陳勝、吳廣起義，劉邦則攻取沛縣，

稱「沛公」，隨即出征，將父親太公、妻子呂雉及一兒（漢惠帝）一女（魯元公主）託付給兄劉喜和審食其。

劉邦先投奔項梁，項梁死後，劉邦率軍先攻入關中，被項羽封為漢王，前往南鄭。漢二年（西元前205年），劉邦用韓信之計，明修棧道、暗渡陳倉，佔領關中，然後會合諸侯五十六萬大軍攻取項羽都城彭城。正欲接回太公、呂雉及兒女，未料項羽率三萬精銳從齊地來襲，大敗漢軍。審食其跟從太公、呂雉從小道逃走，遇上楚軍被俘，被項羽劫持到軍中作為人質。審食其在楚營中照顧太公、呂雉起居。

項羽在擊敗彭越後，尋漢軍主力決戰不成，屯兵廣武（今滎陽北）與劉邦形成對峙。不久，韓信在濰水之戰中殲滅齊楚聯軍，完成對楚側翼的戰略迂迴，又派灌嬰率軍一部直奔彭城。西元前203年10月，項羽腹背受敵，兵疲糧盡，遂與漢訂盟，以鴻溝為界，中分天下，東歸楚，西歸漢；呂雉、太公、審食其被項羽釋放。

從劉邦起兵到鴻溝之盟，審食其照顧太公、呂雉，共患難前後共七年，極盡職守，得到呂雉信任，世間亦有兩人曖昧的傳言。

趙姬自殺，伏下審食其悲劇下場

高祖六年（前201年），審食其被封為闢陽侯。高祖八年（前199年），趙王張敖的國相貫高暗殺劉邦未遂，被人告發，趙王張敖下獄。昔年張敖所獻美人趙姬為高祖侍寢，已懷孕，也連坐下獄。她弟弟趙兼闢說審食其，求呂后放了他姐姐。呂后嫉妒，不想理會，審食其也不敢盡力爭取，趙姬在獄中憤怒，生下劉長後就自殺了。

呂后稱制，寵幸拜相

高祖十二年（前195年）四月，高祖逝世，呂后驚恐無措，過了四天還不敢發喪，與審食其商議，打算殺盡功臣將領。有人暗中轉告這些話給將軍酈商。酈商去見審食其，說：「我聽說皇帝駕崩四天，還不發喪，意思是要殺掉所有將領。如果真的如此，天下就危險了。陳平、灌嬰率十萬大軍鎮守滎陽，樊噲、周勃率二十萬大軍攻下燕地和代地，如他們聽說皇帝駕崩了，將軍們都將被殺戮，必定會聯兵回頭來攻關中。屆時大臣們在首都叛亂，諸侯們在外面造反，漢朝遲早要滅亡的了。」審食其把這些話轉告了呂后，呂后立刻改變主意，於是發喪，大赦天下，漢室政權得以安穩。

漢惠帝七年（前188年），審食其被封為典客，翌年（呂后元年）升為左丞相，但他不在外朝管理政務，反而像郎中令一樣在宮內監視，官僚奏事都通過他的決裁。

未被劉氏滅呂事件株連

呂后八年（前180年），呂后去世僅兩月，劉氏宗室誅滅呂氏，但審食其並沒有受到株連，依然擔任太傅，再度拜相。直到漢文帝即位不久才被罷免。

被淮南王所殺慘死

孝文帝三年（前177年），淮南王劉長自封國入朝，前往審食其府上求見。審食其出來見他，他便取出藏在袖中的鐵椎捶擊

審食其，又命隨從魏敬殺死了他。事後劉長馳馬奔至宮中，向漢文帝袒身謝罪道：「我母親本不該因趙國謀反事獲罪，那時闢陽侯若肯竭力相救就能得到呂后的釋放，但他不力爭，這是第一樁罪；趙王母子無罪，呂后蓄意殺害他們，而闢陽侯不盡力勸阻，這是第二樁罪；呂后封呂家親戚為王，意欲危奪劉氏天下，闢陽侯不挺身抗爭，這是第三樁罪。我為天下人殺死危害社稷的賊臣闢陽侯，為母親報了仇，特來朝中跪伏請罪。」漢文帝哀憫劉長的心願，出於手足親情，不予治罪，赦免了他。

結論

綜觀審食其一生，先侍奉呂后，太公，共患難七年，極盡職守，是以得到呂后的信任，但也在世間留下曖昧傳言。其後在劉邦去世之際，規勸呂后不可盡殺功臣將領，使得漢朝免於重踏秦始皇死後，二世、趙高誤國，秦朝迅速滅亡的悲劇。司馬遷評呂后，道：「高后女主稱制。政不出房戶，天下晏然。刑罰罕用，罪人是稀，民務稼穡，衣食滋殖。」審食其功不可沒。另外他雖得寵，但並沒有弄權惹事，可見有其智慧與克制，最後在劉氏滅諸呂事件中得以保全。但一朝天子一朝臣，前朝的寵臣往往是新朝的犧牲，審食其也沒能逃過這個劫難。他的悲劇下場，不應完全歸罪於他，主要還是呂后的殘酷，當然淮南王的解說也有所偏差！

為康乾盛世催命的和珅

　　和珅是中國歷史上最大的貪官，他的故事家喻戶曉。但造成他這個超級貪官的時代背景，以及他這種貪官對中國以後的影響、千千萬萬老百姓受苦受難長達兩世紀，至今尚為當政者諱言，也很少在民間討論。

少年坎坷

　　和珅於乾隆十五年（1750年）出生於京城西城驢肉衚衕。他的父親是福建副都統常保。三歲時，母親因生其弟和琳難產去世，九歲時又喪父，幸得僕人劉全保護當時年紀尚幼的和珅與和琳，陪伴左右，一起到處借貸。直到和珅長到十五歲，有自立能力時，和珅把庶母們（常保側室）趕出家門後，劉全成為和府管家。和珅十八歲時，馮氏嫁入和府，馮氏喚劉全為管家，但和珅認為家中只有「婢兩人」，喚管家不太妥當，便讓馮氏喚其為

和珅

「全兒」，一直沿習到馮氏去世。驢肉衚衕中和珅一家六口（和珅、和琳、劉全、馮氏加上兩個婢女）雖然生活清苦，但亦算是和珅在爾虞我詐的社會中的安定居所，這都是劉全的功勞。

靠裙帶得勢

乾隆二十五年（1760年），和珅考上咸安宮官學，在官學因為地位卑微而備受欺凌。直至和珅15歲時因得到馮英廉的資助而改善。和珅少年時儀表好看，18歲時已經精通滿語、漢語、蒙古語、藏語四種語言，更精通四書五經。老師吳省欽、吳省蘭兄弟十分器重他。其後娶得直隸總督馮英廉之孫女馮氏，從此仕途順遂。

得到乾隆賞識，平步青雲

和珅曾參加乾隆三十四年（1769年）己丑年科舉，惟名落孫山。他以文生員世襲三等輕車都尉世職。乾隆三十七年（1772年）補授三等侍衛，改黏桿處侍衛。乾隆三十八年（1773年），二十三歲的和珅由於在乾隆面前展示自己的才學，終於做了乾隆的儀仗隊的侍從。

和珅最初為官時一心報效國家，與朝中的清官一起打擊福康安等官員。乾隆四十年（1775

乾隆

年）十一月，和珅擢升為乾清門侍衛、御前侍衛、戶部三庫郎中，管理緞疋庫，學習到如何理財，他勤樸地管理布庫，更向李公公（李雲）拜師學習理財以及向朱珪拜師學習政治學問。他憑此兩項才幹，得到了乾隆的賞識。並授正藍旗滿洲副都統。

乾隆四十一年（1776年），和珅任戶部右侍郎，軍機大臣上行走，總管內務府大臣，鑲黃旗滿洲副都統，國史館副總裁、賞戴一品朝冠、總管內務府三旗官兵事務、賞賜紫禁城騎馬，開始為乾隆管理始於乾隆二十八年間的議罪罰銀。一年後升任戶部左侍郎兼署吏部右侍郎、兼步軍統領。乾隆四十三年，他再兼崇文門監督、總管行營事務。

興文字獄

和珅初為官時，由於向乾隆百般討好，加上年紀輕輕就官居要職，因而受到了部分不滿和珅的官員惡意對待。加上乾隆四十一年（1776年）正月發生的安明案，和珅被文官們連番彈劾，令他對朝中文官懷有仇恨之心，此更是後來大多數文人派被和珅殘殺的原因。乾隆四十五年（1780年），和珅開始對文官實行報復行動。和珅就任四庫全書館正總裁後大興文字獄，把反對他的一部分文人派一律誣陷為「私藏逆書」、「禁逆不力」或針對作者本身的「多含反意」、「詆訕怨望」等理由作為謀反的罪證，進行迫害。很多文人就因為寫錯了一句話，或說了一句錯話而被和珅告發處死。

掌握大權及財富

是年正月，奉天府尹海寧上奏大學士兼雲貴總督李侍堯貪

污，乾隆帝下旨命和珅前往雲南查辦李侍堯。後李侍堯認罪，被判斬監候。和珅也因此被乾隆擢升為戶部尚書兼議政大臣。李侍堯和其黨羽一大份財產被和珅私吞，加上乾隆帝的賞賜，和珅終於初嘗掌握大權及財富的滋味。四月，和珅長子豐紳殷德被乾隆賜婚為十公主額駙，獲乾隆賞賜黃金、古董等等，百官爭相巴結。他開始廣結黨羽，形成了一股勢力，其黨羽中還包括當年在雲南對和珅百般羞辱的李侍堯，和珅更培植犯罪集團用以迫害其政敵、地方勢力和人民，儼如成了一個金字塔式的貪污集團。

乾隆四十九年正月二十一日（1784年2月11日），乾隆從京師出發，開始第六次南巡。和珅於第五次南巡時也曾隨行，但第六次時和珅的勢力比幾年前已增加數倍，更由於和珅下令各府進獻資金，國庫未曾花一毛錢便完成南巡的準備，所以乾隆帝下令和珅南巡時站在自己旁邊以顯示其功績。

權傾天下

乾隆五十一年（1786年），和珅被授予清朝文官最高職位的正一品文華殿大學士，並繼續入值軍機處擔任軍機大臣。乾隆五十三年（1788年），和珅將大部分朝中反對勢力打倒，獨攬大權。主要敵人阿桂和福康安長年在外。朝中只有王杰、范衷和錢灃與和珅進行政治鬥爭。但和珅黨羽布滿全國，對比起來擁有絕對優勢。

他的政治力量十分巨大，全國都有和珅的黨羽，但資源和權力只有效地掌握在有能力的貪污集團骨幹成員手上，形成寡頭政治。他掌控了全國性的犯罪集團，令其他人不敢對他有任何不敬。其弟和琳又是大將軍。他更用此籠絡地方勢力、打擊政敵。經由廣東十三行獲取海外貿易收益，控制全國商人，使其掌握全

中國的資源。更控制科舉將天下讀書人入仕之路壟斷。加上有乾隆的庇護，固倫和孝公主家翁的身分，和珅可說已是權傾天下，無人能敵了。

執掌軍權

　　嘉慶元年（1796年），福康安在鎮壓苗民起義時死去，和琳自領7省37萬大軍，鎮壓石柳鄧領導的苗民起義，兄弟二人此時一將一相，就任乾隆朝最高的文武官職，阿桂此時雖為領班軍機大臣，但是常年臥病在床，加上滿朝文武已經附屬和珅，已沒有能力阻止和珅兩兄弟掌握軍權。未料和琳在三月後圍攻平隴戰役中染病身亡，和珅失去了弟弟和可以信賴的將軍，但是和珅此時已經手握50萬左右的大軍。與康熙時手握63萬軍隊的鰲拜一樣，和珅已經有能力影響愛新覺羅氏的統治。嘉慶二年（1797年），領班軍機大臣阿桂去世，武官派大多為和珅收編為手下。雖然有零星的反抗，但在和珅的權勢下都化為了泡影。

二皇帝

　　阿桂去世後，朝中只剩下劉墉和董誥兩個暗中反對和珅。乾隆老態龍鍾，已經進入垂暮之年，他上朝時命令和珅站在他和嘉慶的旁邊，因為只有和珅才聽明白乾隆在說什麼。所以每天上朝滿朝文武三跪九叩後，和珅就等同攝政，滿朝文武上奏什麼，他就「聽取」乾隆說話，自己下判斷，把持朝政，因此清人稱和珅為「二皇帝」。而坐在一旁的嘉慶沒有實權，真正握有實權的是和珅和乾隆，所以嘉慶和一些正直的大臣一樣敢怒不敢言，紫禁城成為了貪污集團的政治表演舞台。

和珅權大欺主，他連皇帝都敢欺騙，和珅自訂稅率、結黨營私，更理直氣壯，大肆搜刮百姓錢財。殺人不需償命，只需要支付罰款。朝堂上哪位官員不見了沒人會去問，亦沒人敢去問。做官員一定要效忠和珅，和珅的話等同聖旨，不可不聽。和珅寵奴劉全，派人收債打死人命，搶了人家的女兒賣為妓女，揚長而去。事後就連一點刑罰也沒有受。在當時，只要是和珅的親信，不管犯下什麼罪都可赦免。所以英國使臣馬戛爾尼於回憶錄寫：「許多中國人私下稱和珅為二皇帝。」

嘉慶殺和珅

嘉慶4年（1799年）正月初三，太上皇乾隆駕崩。五天後，嘉慶即下旨將和珅革職下獄，嘉慶最後賜和珅在自己家以一條白綾自盡。後來在抄家時發現，在和珅當權的20多年中，其資產包括二千萬至三千多萬兩白銀，其中大部分為其違法工商經營所得，清代規定旗人不得經商，和珅利用內務府包衣奴才，藉公務之便以皇室之名，借勢巧取豪奪，雖說經商，在大清律下仍是貪瀆的犯行；同時兼併全國千百萬頃的土地以及219間房產，並擁有大量的古玩與珍寶。在他的保護之下，他的家奴劉全也成了日擲千金的暴發戶。和珅所聚斂的財富，約值八億至十一億兩白銀，超過了清朝政府15年來財政收入的總和。

劉全下場

患難見真情，最危難的時刻依然護著和珅，這讓和珅對劉全終生感恩，所以當和珅地位高的時候，自然不會虧待劉全，他成為和珅的大管家。和珅成為京城中首屈一指的大戶人家，劉全

也跟著大富大貴，房子、藥店、當鋪等應有盡有。有錢的劉全當然是奢侈的，花不完的錢還有這麼多固定資產，其鋪張浪費現象可想而知了。後經調查，劉全擁有的資產居然達20多萬兩黃金白銀，還不包括奇珍異寶、金銀首飾、珍珠手串。和珅倒臺時，劉全時年近七旬，與和珅同時入獄，被嘉慶帝宣布為和珅二十大罪的第二十大罪之首犯。和珅自盡後，劉全被判斬立決，但是在行刑前兩天因穿著單薄，被獄卒潑水而冷死於獄中。

總結

和珅可以算得上是中國歷史上的頭號貪官。幾百年來史家、文藝作品談論不休，但到底怎麼會產生這麼個頭號貪官，他對後世的影響又是什麼？

1.盛世末路

清代經過康熙、雍正、乾隆總共一百多年的國泰民安，已經走向下坡，人口過剩，土地兼併，官僚腐敗，政治失調，社會問題重重。

2.君臣腐敗

雖然康乾盛世高峰已過，但君臣猶陶醉在國強民富之盛況，驕奢淫逸、好逸惡勞、貪污腐敗，朝廷上下，君主昏庸、群臣貪婪，和珅弄權貪污乃是整個社會問題的一個顯像（indication）。

3.百姓塗炭

中國的人口在乾隆晚年已超過三億，形成極大的負擔，加之土地兼併，貧者無立錐之地，階級矛盾激化，社會動盪已成山雨欲來，風滿樓之勢。

4.動亂始起

嘉慶元年（1796年），川楚白蓮教起義爆發，延及四川、陝西、河南和湖北幾省，歷時九載。清政府耗費十六省的數十萬軍力，並導致十餘名提督、總兵等高級武官及副將以下400餘名中級武官陣亡，投入超過兩億兩白銀，相當國庫五年的財政收入，使國庫為之一空。而且八旗、綠營等清朝正規軍之腐朽在起義中暴露無遺，川楚教亂平亂不久，直隸、河南、山東諸省又發生天理教領導的天理教之亂。

5.遺害兩百年

和珅被誅，乾嘉亂起，接下去各地動亂不已，太平天國起義、列強侵凌，百姓塗炭，民不聊生，中國人民經歷了兩百年的苦難！

▎蔣介石的頭號謀士——楊永泰

　　蔣介石從黃埔建軍開始，直到
退守臺灣去世，在中國政壇縱橫捭
闔、叱吒風雲長達半個世紀。其手
下文臣武將，多不勝舉。其中最為
傳奇、對蔣幫助最大、死得最淒慘
的莫過楊永泰。

出生與少年

　　楊永泰，字暢卿，1880年生於
廣東茂名的一個殷實之家。幼年受

楊永泰

過嚴格的傳統教育，17歲考中秀才，21歲進入廣州高等學校，開
始接受西方教育。一年後轉入北京法政專門學校學習法律。畢業
後回到廣州，擔任《廣州報》記者和編輯。由於他文筆流暢、思
維敏捷、立論深刻、思想通達，很快就在廣州小有名氣。

擁護君主立憲、加入中華革命黨討袁

　　1908年，楊永泰躋身為廣東省咨議局議員，不遺餘力地為
「君主立憲派」吶喊。1912年，中華民國成立，楊永泰被選為中
華民國臨時國會議員。1914年，袁世凱廢掉國會，楊永泰離開北

京前往上海。在那裡遇到黃興，相談甚歡，一同組織歐事研究
會。隨後加入孫中山領導的中華革命黨，積極反對袁世凱稱帝。
接著投筆從戎，離開上海回到廣州參加滇軍李烈鈞的護國運動，
並擔任軍務院財政廳長。

拋棄孫中山、入幕滇桂軍閥

　　袁世凱在全國討伐聲中憂憤而死，護法運動結束。期間楊永
泰與政學會張耀曾、李根源、谷鐘秀等往來密切，擁護段祺瑞對
德宣戰。當時廣州有兩股勢力，一股以孫中山為首的國民黨（時
稱中華革命黨），另一股是以滇桂軍閥唐繼堯、陸榮廷為首的西
南實力派。

　　孫中山指定楊永泰出任護法軍政府財政廳長，但楊永泰閱歷
淵博、老謀深算，他認為孫中山雖推翻滿清，聲振四海，但一無
兵權，加之組織鬆懈，只是個空架子，不成大器。於是對孫中山
的任職遲遲不就，遭到多數國民黨人的鄙視。緊接著，西南實力
派聯合，排擠孫中山。孫中山被逼離開廣州去了上海。岑春煊、
陸榮廷等西南實力人物遂邀請楊永泰出任廣東財政廳長。楊永泰
非常高興，認為找到了可靠的靠山，立即走馬上任；幹的十分起
勁。一年後就晉升為廣東省長。

　　可是好景不常，孫中山離開廣州後，西南實力派主持的軍政
府內部矛盾激化，滇系唐繼堯轉而支持孫中山來對付桂系。1920
年夏，孫中山令陳炯明率粵軍返回廣州，驅逐陸榮廷出境。是年
冬，孫中山偕唐紹儀、伍廷芳返回廣州。次年春，孫中山就任中
華民國非常大總統。唐繼堯和唐紹儀痛恨楊永泰和政學系等人幕
後支持陸榮廷逼走孫中山，楊永泰瞭解到他在廣州已無法立足，
於是趕緊輕裝簡從，潛逃到上海。

投靠北洋軍閥

第二年（1922年），楊永泰離開上海，前往北京投靠北洋軍閥政府，次年初再度出任國會參議院議員。不久因曹錕賄選醜聞被揭露，政府國會頓時解體，政學會也隨之偃旗息鼓。楊永泰再度陷入絕境，於1924年無奈地離開北京，到上海閒居。

蟄居三、四載

這樣楊永泰就在上海度過了約三、四年漫長的無所事事，鬱悶淒涼的蟄居生活。當時他已四十多歲，飽經風霜，卻一事無成，正如同當年劉備在新野五、六年寄人籬下，日月磋跎，老之將至而功業不建，遂有「髀肉之歎。」但是楊永泰還是雄心未泯滅，靜觀時變，以圖再起。1925年，楊永泰任北洋政府段祺瑞主持的善後會議財政委員會副委員長，事實上只有個空名。

吃了桂系的閉門羹

這幾年中國的形勢起了相當大的變化，北洋政府逐漸衰退，國民黨（已改稱中國國民黨）趨於興盛。孫中山採取了「聯俄容共」的策略，得以整頓組織與黃埔建軍，氣象一新。孫中山去世後，蔣介石脫穎而出，領導北伐，1927年春成功地控制了長江中、下游。但蔣介石班底不夠，躍起太快，難以控制全局，造成寧漢分裂，8月李宗仁、白崇禧趁機逼蔣下野。

見到時勢劇變，楊永泰動起東山再起之念，於是就到國民政府弄了個「南京國民政府軍委會參議」的小差事。不久就寫了一

（左起）李宗仁、蔣介石、白崇禧

份萬言書給李宗仁、白崇禧，陳述了他對中國政治的主張，意欲投奔桂系。只是遇人不淑，李、白沒有遠見，也缺乏度量，連個冷處理也沒弄，決定不予理睬。楊永泰丟了臉，但懷恨在心，其後建議蔣介石最先整肅桂系，李、白一敗塗地。

以削藩進言、投靠蔣介石、東山再起

　　楊永泰一試，吃了個閉門羹，但他並沒有灰心。1928年初，蔣介石捲土重來，回到南京，百廢待興。正巧這時蔣介石的拜把兄弟黃郛因辦理濟案身心交瘁，萌生退意，在即將隱退時對蔣介石說：「海內有奇才楊暢卿先生，胸羅經綸，足以佐治，凡吾所能者，暢卿無不能，暢卿所能者，有時吾還不及，國家大計，望公商之。」蔣介石聽後，半信半疑，因為他只聽說楊永泰是個朝

三暮四，在北洋政府打滾多年的政客，至於他有何能力，並沒有任何瞭解。

楊永泰另外有一個政學系的好友—熊式輝，此人當時成了蔣介石的親信，被任命為淞滬警備司令。楊永泰乃託熊式輝向蔣介石進言「削藩」。蔣介石正好來到上海，一聽，正中其懷，立即移樽就教，前往熊式輝的司令部會見楊永泰。楊永泰受寵若驚，欣喜若狂，當下向蔣介石說出了對蔣勢力發展的宏韜大略。他認為蔣介石第一步要做的乃是制服、斬除李、白、馮、閻這些國民黨內部的威脅，建議蔣介石首先對李、白開刀，再徐圖馮、閻和張學良。

蔣聽後頓開茅塞，立刻對楊永泰肅然起敬。就這樣，楊永泰入幕，成為蔣介石的重要謀士。在他追隨蔣的八年多時光裡，楊永泰謀劃了對蔣介石鞏固政權和中國歷史進程中極重要的四件大事。

1.削藩

蔣介石迅速崛起，接著北伐成功，到1928年底張學良東北易幟，全國名義上獲得了統一。但實質上各地方的軍閥擁兵自重，中央政令只達長江中下游省份。是以蔣介石在完成北伐後立即遵照楊永泰的謀略開始「削藩」。首先邀請李宗仁、馮玉祥、閻錫山到南京召開軍隊編遣會議，但經過多次討論均得不出要領。

1929年3月，蔣介石與桂系的戰爭爆發，蔣採用軍事進攻、政治分化、金錢收買等策略，在三個月內瓦解了桂系。6月，李宗仁、白崇禧、黃紹閎被逼赴香港，通電下野。接下來蔣介石開始對付馮玉祥和閻錫山。首先用金錢收買馮玉祥的部將韓復榘、石友三，最後引發了中原大戰。1930年春，馮玉祥聯合李宗仁、

（左起）馮玉祥、蔣介石、閻錫山

張發奎，推舉閻錫山為中華民國陸海空總司令，通電全國討伐蔣介石。

　　蔣介石出動60萬大軍，反蔣軍高達80萬，在山東、河南、安徽廝殺了五個月，雙方死傷共30萬人。楊永泰追隨蔣介石調兵遣將，另外花重金收買張學良，最後蔣介石取得勝利，閻錫山避居大連，馮玉祥移居汾陽。楊永泰的「削藩策」，立竿見影，蔣介石採納後只花了三年就制服群雄，鞏固了他的統治。

2.攘外必先安內

　　中華民國1912年建立以後，首先面臨的最重要外患就是日本。日本自甲午之戰打敗中國之後，積極進行侵略滿、蒙及全中國。日俄戰爭後取得旅順、大連以及南滿權益，逼迫袁世凱簽訂二十一條賣國條約；一戰後從德國手中強奪山東權益；阻擾國民

黨北伐統一,日本食髓知味,欲分裂、滅亡中國,已成「司馬昭之心,路人皆知」之勢。

1931年9月,日本發動九一八事變,迅速攻佔東三省,次年建立偽滿洲國。蔣介石在面臨內憂和外患之際,採取了「攘外必先安內」的策論,楊永泰是此政策的主要推手之一。「攘外必先安內」原出自北宋趙普建議宋太宗趙光義的策論:「中國既安,群夷自服。是故夫欲攘外者,必先安內。」當內外交困,面臨重大統治危機時,歷代統治者為應付危機、維護統治,常常以安內為中心,努力爭取民心,如果沒有民心的支援,那麼政權將會不存在。因此盲目攘外是危險,而非上策。

蔣介石的「攘外必先安內」政策,在當時以及至今的史家評論中一直具有很大的爭議性。反對者認為造成喪權辱國、國土淪亡、內鬥不息;但從國民黨的立場和歷史的回顧來分析,這個政策:(1)促使國民政府政權的鞏固,繼續壓制了內部與地方上的反對勢力;(2)爭取到十年(1927-37年)所謂黃金時期的建設、增強國力的時間;(3))等待到更有利於抗日的國際局勢,在歐洲義大利和德國法西斯的崛起和對外擴張,逐漸形成與英、法、美的對立。而蘇聯史達林極力主張援華抗日,以避免對德、日兩方作戰;(4)促成、提供了民族統一戰線,一致對外的環境:從1935年,中共發表「八一宣言」起,國共雙方開始探討第二次國共合作,後經西安事變、七七事變,終於達成統一戰線,一致抗日,最後取得勝利。

蔣介石在江西剿共

3.逼迫紅軍西竄（長征）

孫中山採取國共合作政策，整頓組織、建立黨軍。他去世後，北伐成功地進軍到長江中、下游，國共矛盾激化，國民黨開始清黨。共產黨幾次的城市武裝暴動均歸失敗，遂走向毛澤東提出的「農村包圍城市」革命方式。1927年秋從井岡山開始，其後趁國民黨忙於內鬥、混戰，中共在贛閩、鄂豫皖、湘西等山區建立了許多革命根據地，其中以贛閩中央蘇區最為龐大。

蔣介石於1930年10月，結束對馮、閻的中原大戰不久，立即發動十萬兵力圍剿中央蘇區，沒料遭到慘敗。緊接著又動員20萬，由何應欽率領，進行第二次圍剿，結果又以失敗告終。1931年6月，蔣介石親自出馬，到南昌指揮30萬大軍進行第三次圍剿，依然敗北。1931年秋，九一八事變發生，是年底蔣介石被逼下野。次年一月重回南京主政，上海一、二八事變結束後，蔣介石立即準備再度進剿中共根據地。

就在蔣介石一籌莫展之際，楊永泰向他呈交一份「萬言書」，提出「七分政治、三分軍事」的策略，分割紅軍與人民，以碉堡戰術步步為營，圍攻、縮小蘇區。蔣介石欣然採納。4月，蔣介石開始準備進剿張國燾、徐向前領導的中共鄂豫皖根據地（紅四方面軍）；親自到漢口坐鎮，自任「鄂豫皖三省剿匪總司令」，躍升楊永泰為司令部秘書長。

6月，發起對鄂豫皖根據地大規模的第四次圍剿，紅軍未能對國軍「七分政治、三分軍事」新策略做出適當的應對措施，節節失利。到了10月，紅四方面軍主力撤離鄂豫皖蘇區，向西流竄，最後進入川北，建立川陝蘇區。楊永泰提出的新策略立竿見影，逼走了紅四方面軍後，蔣介石於1933年2月親任江西剿匪總

司令，在南昌設立軍事委員會委員長行營進行對中央蘇區的第四次圍剿，楊永泰隨蔣介石赴南昌，任行營秘書長兼第二廳廳長。這一次圍剿，蔣介石並未得手，但他接著於是年9月發動規模更大的第五次圍剿。中央紅軍節節敗退，到了1934年10月，只得將主力8萬6千人撤離中央蘇區，開始向西突圍、流竄（長征）。原盤踞在湘鄂川黔根據地，由賀龍、任弼時、關向應領導的紅二、紅六軍團也於1935年11月被逼放棄根據地，突圍向西流竄。最後於次年底與中央紅軍（一方面軍）、四方面軍在陝甘寧會師。

不到三年時間，蔣介石採用楊永泰的「七分政治、三分軍事」，徹底地摧毀了中共在長江中、下游的三大根據地，紅軍軍力損失90%以上，最後遠走到僻遠的陝甘寧邊區。在當時對國民政府已不再具有重大的威脅。

有趣的乃是當中央紅軍突圍西竄時，蔣介石召開軍事會議，研討紅軍的動向，大家都認為紅軍必然是去湘西與賀龍、任弼時會師。會議中只有楊永泰提出紅軍有可能向更西面脫走，而過金沙江，沿大渡河北上與四方面軍會合。蔣介石及眾人當即否定，認為紅軍絕對不會重踏太平天國石達開覆滅的舊路。可是後來的歷史說明了楊閱歷不凡。

4.為抗日準備而入川

日本侵華逐步高升，1935年威迫國民政府簽訂「何梅協定」及「秦土協定」，使河北、察哈爾兩省的主權大部喪失。更積極推行「華北自治化」以蠶食、滅亡中國。蔣介石認識到中日之戰已不可避免，當時中共紅軍已殘破遠遁，不足為懼，而德國希特勒法西斯於1933年掌權後，蘇聯史達林表示願意支持蔣介石抗日，國際情勢對國民政府趨於有利。

1935年8月1日，中共駐莫斯科代表王明在共產黨國際「七大」會議中發表「八一宣言」，提出抗日民族統一戰線的方針。蔣介石得知這個消息後，認為這是個「收編」紅軍的大好機會，也能得到蘇聯對抗日的支援，遂立即派駐蘇聯大使館武官鄧文儀在莫斯科與王明祕密聯繫接觸。次年一月，雙方在莫斯科做了多次會議，表達了國共再度合作進行抗日的意願。其後在國內經過諸多管道聯繫、溝通。最後於是年底由陳立夫與潘漢年在上海談判。雖然沒能達成協定，但為西安事變、七七事變以後達成的民族統一戰線抗日和國共第二次合作奠定了基礎。

　　1935年夏，適逢四川軍閥對紅軍長征過境的防堵不利，急需中央給予彈藥、糧食等物資支援。楊永泰審時度勢，提出中央從上層政治組織及基層保甲制度滲入四川。11月，蔣介石駐重慶行營成立，楊永泰任行轅秘書長，隨蔣介石到四川佈局，為國民黨入川做出貢獻，也為以後國民政府退守四川，八年長期抗戰紮下

（左起）陳果夫、蔣介石、陳立夫

深厚根基。楊永泰因謀劃有功，在國民黨第五次全國代表大會中被選為國民黨第五屆候補中央執行委員，權重一時！

慘死

　　楊永泰閱歷廣博、老謀深算，但缺乏人際關係和手腕，早年鑽營、遊移，朝三暮四，令人鄙視，樹敵頗多。跟隨蔣介石後，青雲直上，樹大招風；加之在培養個人班底及行政作法上急功近利，過於急躁，捲入國民黨內部鬥爭，特別是與陳立夫、果夫的CC派水火不容。二陳的叔父陳其美是當年蔣介石從事革命的帶路人。陳其美英年被刺身死，蔣介石悲傷不已，不顧危險為陳料理後事，終生對陳懷念、感激不盡。據說陳其美夫人老年寓居臺灣，每年農曆大年初一早晨，蔣介石都要親自到她府上拜年。是以二陳乃是蔣介石最信賴的班底，把黨務交給他們兄弟，CC派還控制了中統特務機構，遂有「蔣家天下、陳家黨」之風言。

　　楊永泰入幕幾年後，羽毛漸豐，與張群、黃郛、熊式輝、吳鼎昌、陳儀等形成新政學系，爭奪權勢，勇往直前，引起與二陳的摩擦。蔣介石為了分而治之，也任其發展，不偏袒任一方，使得楊永泰與二陳矛盾越來越深。1935年11月1日，汪精衛被刺重傷，脫險後辭掉行政院長，出國療養。楊永泰遂有意取而代之，蔣介石最初也讚許，但遭到二陳極力阻撓，于右任又提出彈劾楊永泰。蔣介石為了敷衍各方對楊永泰的攻擊，遂外放他擔任湖北省主席，兼湖北省保安司令。

　　「虎離山無威」，楊永泰一離開蔣介石身邊，二陳就竭全力扳倒他，處處與他為難。許多人認為楊永泰因失寵而被貶去湖北。這個說法也不太合理。當時蔣介石對付中共，剿撫並用，一方面派陳立夫祕密談判，另一方面積極到西北督促張學良、楊虎

城進行「第六次圍剿」。1936年10月下旬，蔣介石偕宋美齡前往西安，楊永泰隨行，他們一起到西安城郊—咸陽興平的漢武帝茂陵去瞻仰，在國難當頭之際緬懷武帝當年文治武功、國勢鼎盛之豐碑。在那裡留下了一張珍貴的照片，這也就是楊永泰最後的一張遺像。幾天後他就在漢口慘死了！

　　10月25日上午，楊永泰從漢口日本海軍司令部談判後，上路回武漢。在漢口江漢關省政府專用輪渡碼頭突然被刺客槍擊，臨死前留言：「吾早知必有今日，身已許國，為國而死，夫復何恨？所可惜者，有志未遂，國禍方長爾！」

　　兇手當場被捕，不久宣稱「破案」，逮捕了胡漢民的親信，時任國民政府黨中宣部長的劉廬隱，劉被判十年徒刑。但世間傳言應該是CC派所為，因為除去楊，他們得利最大。也有一說是「復興社」鄧文儀為報復而派人所為，因鄧文儀曾受蔣介石之命調查1934年南昌機場大火案，鄧受CC派10萬美元賄賂，得出「過失走火」的結論，結果被楊永泰識破，鄧被撤職。還有風聞因南昌機場大火案，楊永泰查出宋美齡貪污獲取數十萬美金，蔣介石遂除掉楊滅口。另外也有「湖北王」何成浚主使之說，何曾支援湖北省黨部發動學生反對楊永泰就任湖北省主席。更有趣的乃是事過五十年後，有一位陳有光先生挺身而出，聲稱當年該案是他親自指揮的「除奸團」幹的，動機是清除媚日漢奸楊永泰。到底楊永泰是被誰殺的？那就算是吟風弄月的餘事了！

結論

　　楊永泰閱歷淵博、老謀深算，為不可多得的謀士。輔佐蔣介石八年餘，削藩、安內、逼紅軍西竄、籌劃入川，為蔣介石立下了汗馬功勞，也在中國歷史上留下重要的一頁。但他急功近利，

缺乏遠見；又不善處理人際關係，樹大招風，四處樹敵，最後落得血染揚子江畔，慘矣！這不僅是他個人的悲劇，也是國民黨的遺憾。在以後與中共逐鹿天下的漫長鬥爭中，蔣介石再也沒能找到有他這般檔次的謀士了，焉有不敗，丟失神州之理！

楊永泰最後的一張相片，隨同蔣介石前往漢武帝茂陵，左起：馮欽哉、蔣介石、宋美齡、傅學文、張學良、楊虎城、邵力子、（？）、楊永泰、龔賢明

▌失貞而失寵的何長工

中共在其革命過程中一直
到建國時期，內部權力鬥爭激
烈頻繁，昨日的功臣往往遽然
成了今日的階下囚。而能像鄧
小平三下三上的是幸運者，許
多都做了怨鬼，身後有得到平
反的，也有永不翻身的。在這
眾生芸芸之中卻有一位在中共
建黨建軍初期立下赫赫功勳，
而建國以後居然屈居下級幹
部，默默無名，文革中被毛主

何長工

席親自點名批判，備受折磨，其後倒也能保全，高壽而終。這位
先生名叫何長工，現在就讓我們來談談他曲折的遭逢。

初遇毛澤東

何長工（1900-1987年），原名何坤，湖南華容人。1918年
畢業於湖南長沙甲種工業學校，去北京長辛店法文專修館半工半
讀，同時參加留法勤工儉學預備班。何坤在長辛店遇到了毛澤
東，此時中國共產黨還沒有成立，毛澤東只是兩袖清風的一介書
生，兩人一見如故，成為知己。毛澤東告訴他應該換個名字以利

從事革命，同時認為他既然是學工的，也算是「無產階級工人」的一份子，建議他改叫「長工」。於是何坤就變成何長工了。

與周恩來、陳毅、鄧小平的一起去法國留學

當時一群愛國志士正在籌劃前往法國，參加由李石曾、蔡元培、吳玉章等人在巴黎成立的「留法學生儉學會」。1919年，何長工參加了「留法學生儉學會」赴法國，一同去的留學生包括周恩來、鄧小平、陳毅等後來的中共領導人物。何長工與他們朝夕相處，親切無比，以至直到晚年，每當見到周恩來依然是以「老周」呼之。

加入共產黨

1922年，何長工在法國加入旅歐中國少年共產黨，同年轉為中國共產黨黨員，是中共最早的黨員之一。他於1923年初離開法國到比利時進入勞動大學學習。1924年回國，從事黨的祕密工作。1925年在湖南南縣、華容從事學生運動，曾任新華學校校長，並任該校中共黨委書記，創建該地區中共黨團組織。1926年秋任華容縣農民自衛軍總指揮，中共南（縣）華（容）地委常委兼軍事部部長。

參加毛澤東領導的秋收起義

1927年，國共合作的北伐進展到長江下游；4月12日，蔣介石開始清黨，屠殺共產黨員。此時何長工在國民革命軍第二方面軍總指揮部警衛團擔任連黨代表。是年9月9日，前委書記毛澤東

何長工隨毛澤東上井岡山

領導在湘贛邊界發動秋收起義，何長工欣然前往參加。但起義旋即失敗，各路敗軍在湘贛邊界的文家市會聚。

跟隨毛澤東上井岡山做山大王

在文家市的會議中，毛澤東提出「上井岡山結交綠林朋友，做山大王，以農村包圍城市」的策略，遭到師長余灑度等的激烈反對；所幸總指揮盧德銘極力支持，殘部約一千五百人得以向萍鄉、安源退卻。但因當地有敵方重兵駐守，只得繞道經蘆溪南下。在途中遭到朱培德部伏擊，盧德銘不幸犧牲，連毛澤東也瘸了條腿，殘部只剩不足一千人。

三灣改編，何長工製作第一面軍旗

敗兵繼續南下向羅霄山脈中段進發，一路上軍心散渙，許多兵士掉隊、逃跑，於9月29日抵達永新縣的一個叫三灣的小村

莊。毛澤東在三灣的幾棵大楓樹下將殘部進行了整編,將一個師縮編為一個團,並在部隊中建立黨組織,確定「黨支部在連上」的制度。同時將不願上山的兵士遣散,剩下只有約七百來人。

毛澤東繼續擔任中共前敵委員會書記,何長工任衛生隊黨代表。其他的領導幹部只有第九連黨代表羅榮桓一人到中共建國後還健在,並居於國家領導階層。何長工當時還親手製作了中國工農革命軍第一面軍旗,可見何長工是毛澤東的鐵桿子跟隨者。而當時的七百人中認得字的沒有幾個,像何長工那樣有學識、見過世面、放過洋、能言善道、善於外交、行政的人才就真是鳳毛麟角了。

上井岡、茅坪安家

當時井岡山上有兩股綠林隊伍—袁文才與王佐,這兩人是拜把兄弟,袁文才在井岡山山麓的茅坪,王佐在山上的茨坪,各擁有60隻槍的隊伍,屬於劫富濟貧,反抗地主豪紳壓迫農民的地方武裝。

毛澤東在三灣駐紮期間與袁文才取得聯繫,並親自前往荷花鄉大倉村會見,而且打動了袁文才。那七百來人,包括許多傷患始得於10月7日進駐茅坪。袁文才幫助殘部安頓下來,並設立醫院醫治傷患。這就開啟了中共的「農村包圍城市」的革命路線。初到井岡山後,毛澤東組織了一個二十多人的軍委會,何長工乃是其中的委員之一。

值得一提的乃是毛澤東在抵達茅坪的第一天,見到袁文才的隊伍裡居然還有一位年輕貌美的姑娘—賀子珍,頓時感到井岡山充滿「革命的溫馨」。不久就成為「革命夥伴」。賀子珍與其兄賀敏學都是袁文才夫婦的好友,其後何長工在建立井岡山根據

袁文才（左）、王佐（右）

地的革命過程中與袁文才合作共事數年，也成為賀氏兄妹的終身
摯友。

千里迢迢尋找朱德

現在一般人誤會，以為毛澤東上井岡山沒有帶幾個會打仗的
人，因為建國後封的十大元帥中只有一個搞政工出身的羅榮桓是
秋收運動起家的，而參加南昌暴動的有七個。事實上，秋收起義
的領導：盧德銘、余灑度、陳浩、黃子吉、張子清等都是黃埔軍
校畢業生，四個團長：鍾文璋、王興亞、蘇先駿、邱國軒不是失
蹤就是反叛而去。毛澤東到井岡山時，盧德銘已犧牲，余灑度、
陳浩和毛澤東意見不合，前者脫走，後者反叛。是以井岡山上無
大將，成了鞏固根據地的極大局限之一。

正巧當時南昌暴動的殘部由朱德率領尚在四處流竄，尋找
安身之處。於是毛澤東就派何長工到南方去尋找、聯繫朱德的
部隊。12月，何長工先到長沙向湖南中共省委匯報秋收起義的情
況，接著輾轉經過廣州到了粵北，最後在犁鋪頭得知朱德正化名
隱藏在軍閥范石生屬下。遂前往面見以前在法國的老相識朱德和

陳毅，告訴他們毛澤東在井岡山已建立了根據地，邀請他率部去
井岡山會師。

擺平山大王—王佐

何長工完成尋找聯繫朱德部隊的任務後，於1928年1月回到
井岡山。當時駐紮在井岡山上茨坪的王佐對與毛澤東的合作表示
懷疑。毛澤東遂派何長工上山擔任王佐部隊的黨代表。王佐最先
不大理他，並把他隔離。何長工很機靈，先和王佐的親人，特別
是王的母親搞好關係，大家對他產生好感。其後獻計，協助王佐
除了他的死對頭—反動民團總指揮尹道一。從此王佐將何長工引
為知己，參加了共產黨，發展井岡山群眾支援革命。

2月，毛澤東和前委決定將袁文才、王佐兩部合編，組成工
農革命軍第一軍第一師第二團，共500餘人，袁文才為團長，何
長工任團黨代表。後來袁文才、王佐二人在內部鬥爭被冤殺，何
長工終生為之遺憾！

朱毛井岡山會合與紅四軍的成立

朱德和陳毅得知井岡山的好音後，欣然於1928年4月24日，
率領南昌暴動殘部與湘南農民軍來到井岡山下的寧岡會師。朱毛
的合作鞏固了井岡山革命根據地，也奠定了中共武裝鬥爭的基
礎。何長工在其中做出了重大的貢獻，是朱毛會師的關鍵人物。
兩軍會師後，在第一次會議中決定將兩支部隊合編為「工農革命
軍第四軍」，朱德為軍長，毛澤東擔任黨代表，王爾琢為參謀
長，陳毅任教導大隊大隊長兼士兵委員會主任，後改任政治部主
任；下設三個師、九個團。何長工擔任第十師第二十八團黨代

表，屬下第一營營長是林彪。

紅軍初具規模，何長工在建軍中屢建奇功，曾任紅四軍軍委委員、三十二團黨代表兼中共寧岡中心縣委書記，農民自衛軍總指揮，中共湘贛邊界特委委員、臨時特委常委，居於中共井岡山根據地的重要領導地位。

迎接彭德懷上井岡山

1928年·7月，時任國民黨獨立五師一團團長的彭德懷，在平江起義，成立紅五軍，轉戰兩個月後，不幸在萬載大橋受挫，內部也產生問題。於是決定直向贛南推進與朱毛聯絡。11月底，彭德懷、滕代遠率部離開萬載，12月上旬進抵江西蓮花高州。在那裡碰到何長工帶領的紅四軍的接應部隊，他們是奉毛澤東和前委命令，前來策應紅五軍上井岡山的。兩個部隊在蓮花召開了慶祝會師大會。12月10日，彭德懷部抵達寧岡，受到毛澤東及紅四軍熱烈的歡迎。彭德懷來會增強了井岡山的武裝實力。

1929年1月，紅四軍主力離開井岡山後，彭德懷率部留守，但未久根據地喪失，何長工與王佐率赤衛軍等在井岡山堅持遊擊戰。其後，彭德懷率部返回井岡山，何長工任紅五軍五縱隊黨代表，參與開闢鄂東南根據地。

中央蘇區反圍剿

1930年，何長工前往上海參加蘇區紅軍代表大會。5月，升任紅八軍軍長，進入紅一方面軍前敵委員會，隨部隊進攻長沙。當時的國民黨湖南省主序何鍵下令殺害了何長工全家三十多人。

1932年3月，何長工任紅五軍團紅十三軍政委，負責對寧都

暴動部隊的改編工作。此後，率部東進，參加漳州戰役。1933年
10月，任紅軍大學校長兼政委。1934年1月，當選中華蘇維埃共
和國中央執行委員。同年2月，任粵贛軍區司令員兼政委，參加
第五次反圍剿戰爭。

與潘漢年一起與陳濟棠談判，促成讓路長征

　　1934年，中央蘇區在國民黨的第五次圍剿中節節失利，遂計
畫突圍轉移，建立新根據地。當時最初的策略是準備到湘西去與
紅二、紅六軍團會師。為了減輕紅軍突圍西進的阻力，中共中央
決定接受正在圍剿中央蘇區的國民黨南路軍總司令陳濟棠的建
議，同其進行停火談判。中共中央遂派何長工與潘漢年兩人前往
尋鄔筠門嶺陳濟棠部隊駐地，經過多日談判，於10月5日達成了
就地停戰、互通情報、解除封鎖、互相通商和必要時雙方可互相
借道等五項協定。

　　10月10日晚，中央紅軍（一方面軍）主力：第一、第三、第
五、第八和、第九共五個軍團，加上教導團和中央機關共八萬六千
人，開始實施戰略轉移，其後通過陳濟棠駐守的第一、第二道封鎖
線，沒有遭遇激烈的抵抗，得以順利向西突圍。當時毛澤東失勢
被貶，失了軍權，是以何長工在長征初期沒能擔任軍團級領導。

長征途中任紅九軍團政委，掩護中央紅軍主力

　　長征初期，何長工任中央教導師政委、軍委縱隊第二梯隊司
令員兼政委。遵義會議後，毛澤東奪回軍權，遂令何長工任紅九
軍團政委，在貴州曾與軍團長羅炳輝率部在側翼單獨行動，擔負
掩護和配合中央紅軍主力的任務。當時國民黨大軍數十萬欲圍殲

長征中四渡赤水

消滅紅軍，毛澤東四渡赤水、兩進遵義，在貴州輾轉四個多月，最後避開國民黨眾軍，渡過金沙江，脫離險境。

毛澤東在1966年會見英國蒙哥馬利元帥時，告訴他在貴州四渡赤水轉戰乃是他一生最得意的戰鬥之一。當時何長工與羅炳輝率部側翼單獨行動，非常艱難、危險，損失非常大，幾乎遭到像第八軍團在湘江之戰及其他留守遊擊隊覆滅的下場。但九軍團不辱使命，達成任務，掩護中央紅軍主力，功不可沒！

四方面軍會師與分裂

一方面軍轉戰貴州、雲南後，渡金沙江北上，過大渡河、翻過夾金山，於1935年6月12日，先頭部隊在懋功（今小金）達維遇到李先念率領的四方面軍先頭部隊。18日，毛澤東及黨中央抵達懋功與四方面軍會師。但會師之初的歡心喜悅很快就被權力鬥爭與進軍策略分歧的陰影消散。

當時四方面軍擁有八萬多軍容齊整的部隊；而一方面軍從江西出發時的八萬六千人，頭兩個月逃亡、失散就丟了兩萬多，過湘江又少了兩萬多，而且第八軍團全軍覆滅，到遵義時只剩了三萬；再輾轉戰鬥、奔命，到會師時僅剩不到兩萬人了。形勢使然，接下的兩三個月，雙方在權力重組和北上、南下進軍路線兩方面一直爭執不息。最後於8月5在毛兒蓋附近的沙窩舉行的政治局會議中決定把一方面軍和四方面軍混編為左、右兩路軍，迅速分別經阿壩、班佑通過草地，佔領甘南的夏河、洮河流域。

一方面軍的第5軍（原第5軍團）、第32軍（原第九軍團）和四方面軍的第9、第31、第33軍組成左路軍，由總司令朱德、總政委張國燾率領；一方面軍的第1軍（原第1軍團）、第3軍（原第3軍團）和四方面軍的第4、第30軍組成右路軍，由黨中央、中央軍委及前敵總指揮部率領。

右路軍由毛兒蓋北上度過草地，減員頗多，抵達班佑、巴西。左路軍經卓克基到達阿壩，正在向班佑進軍，在東進到葛曲河時

何長工（右）、毛澤東、朱德在延安

見到漲水無法架橋渡過，加之草地缺糧，張國燾不願再繼續東進班佑、巴西與右路軍會合北上，致電右路軍重提南下的主張。

雙方來回電文爭執六、七天後，毛澤東突然於9月10日淩晨率領中央機關和一方面軍的第1、第3兩軍約七、八千人脫離右路軍徐向前、陳昌浩帶領的部隊，從巴西、扎西北上，並對四方面軍進行警戒。當時情勢十分緊張，毛澤東帶領的部隊和徐向前、陳昌浩屬下的四方面軍在巴西的駐地很近，雙方形成對峙，隨時有開火的可能。所幸陳昌浩徵求徐向前的意見，徐答道：「哪有紅軍打紅軍的？」避免了一場自相殘殺的悲劇。

紅軍分裂中失足誤途

毛澤東率部脫離北上後，張國燾於9月13日在阿壩格爾登寺召開會議，通過決議，指責黨中央脫離北上是「右傾機會主義逃跑路線，破壞紅軍的指揮系統，破壞主力紅軍的團結」。堅持南下進軍，建立蘇區。10月5日，張國燾南下到達卓木碉（今馬爾康縣腳木足），在白賒喇嘛寺召開高級幹部會議，宣布另立「黨中央」，並開除毛澤東、周恩來、博古、洛甫的中央委員、黨籍及一切職務，下令通緝；楊尚昆、葉劍英免職查辦。張國燾正式宣布與毛澤東決裂。

根據徐向前晚年著的《歷史的回顧》中記述的這次會議的情況：「會場的氣氛既緊張又沉悶，誰都不想開頭一炮。張國燾於是先指定一方面軍的一個軍的幹部發言。這位同志長征途中，一直對中央領導有意見，列舉了一些具體事例，講的很激動。四方面軍的同志聞所未聞，不禁為之譁然。大家你一句，我一句，責備和埋怨中央的氣氛達到了高潮。」文中所說的「一方面軍的軍級幹部」就是何長工。

遵義會議以後，何長工任一方面軍第九軍團（一、四方面軍會師後改為第32軍）政委，他和羅炳輝對中央命令第九軍團單獨行動，造成大量犧牲，頗有怨言；這次毛澤東在巴西突然脫走，也沒給32軍和第5軍通個氣。何長工、羅炳輝和第五軍的董振棠都感到被毛澤東拋棄了，怨憤難平。遂在卓木碉會議上訴苦發言，同時還喊了：「打倒毛澤東！」。張國燾給了何長工一個「政治局候補委員」的職位，何長工在張國燾的「黨中央」幹得十分起勁。

一方面軍到了陝北

毛澤東帶領著七千多人北上，本打算先在甘肅南部打遊擊。卻在攻破臘子口，抵達甘南哈達鋪時，意外地從國民黨的報紙上得到消息：徐海東率領的25軍由鄂豫皖進軍到陝北與劉志丹匯合，擊敗張學良的圍剿，鞏固了陝甘寧根據地。於是全軍立即向陝北移動，於10月19日抵達吳起鎮，結束了一年多的長征。一年前從江西出發的8萬6千大軍只剩了6千餘人，但總算在陝北落了腳，有了新的根據地。

四方面軍南下失利後與第二方面軍一道北上

張國燾與朱德率領8萬餘眾南下，起初接連勝利，但最後於11月下旬在進入川西平原向邛崍進軍途中的百丈鎮與川軍激戰。在飛機、大炮轟擊下，紅軍損失萬餘人，只得於1936年3月撤退到西康境內，在甘孜、道孚、爐霍逗留了三個月。經過作戰、長途翻山越嶺，死亡、逃脫、疾病使原來的八萬餘部眾減少到只剩四萬，軍心不穩、士氣低落。

毛澤東率部脫走所在的川西巴西

　　原在湘西的賀龍、任弼時、關向應率領的第二、第六軍團
（後改為第二方面軍）共一萬七千餘人，也因受到國軍三十多個
團的大力圍剿，乃於1935年11月18日突圍向黔西進軍，後入滇，
在石鼓、巨甸兩處渡過金沙江，沿玉龍山西麓到達中甸。

　　紅二、紅六軍團分兩路向甘孜北上。當時張國燾派何長工率
紅32軍南下到理化（今理塘）迎接紅六軍團，於1936年7月一同
來到甘孜。其後紅32軍乃歸屬第二方面軍編制。

　　二、四兩方面軍在甘孜會師後，張國燾不得不宣布撤銷他的
「黨中央」，決定與第二方面軍一道北上前往陝甘寧根據地。張
國燾、朱德率1萬部眾於12月2日抵達陝北保安。何長工（當時已
不擔任32軍政委）和羅炳輝率32軍，隨第二方面軍也到達陝北，
逃過了西路軍在河西走廊覆滅被殘殺的悲劇。

西路軍全軍覆滅

其餘的四方面軍和原一方面軍由董振棠率領的第5軍，共兩萬二千人組成「西路軍」，由徐向前、陳昌浩率領向河西走廊進軍，欲打通與蘇聯的聯繫；結果於次年初被馬步芳部擊潰，全軍覆沒。大部兵士被殘殺，婦女被凌辱，僅李先念率四百人，千辛萬苦倖免，抵達新疆。

失貞失寵、到陝北後即被毛澤東打入冷宮、永不重用

何長工很幸運沒有參加西路軍，而隨賀龍的二方面軍到了陝北。毛澤東立即接見了他，沒有批判、處分他，與他親切地談話，告訴他要替他安排工作與職位。事實上毛當時認為何長工已「失貞」，對他完全失望，決定「永不重用」。給了他一個「冷處理」，把他送到紅軍大學去「受訓」。從此，何長工被排除脫離中共黨、政、軍的領導階層，下放成中級幹部擔任技術、教育等工作。其後在1955年大封功臣，授軍銜時，何長工連個名份都沒弄到。

文革中被毛澤東點名批判，不服上書

文化大革命期間，毛澤東在1966年10月中共中央工作會議上突然新恨舊仇上心頭，點名批判何長工，說他犯了「反黨、反社會主義」的錯誤。並且交代由李富春負責傳達這番講話。何長工對這個批判，不同於有些領導幹部一旦被毛澤東點名以後馬上痛哭流涕的檢討、自批；而是立即給毛澤東寫了一封信，通過朱

德遞交給毛澤東。信中寫道：「受到主席的批評，我既慚愧又遺憾。我從1919年在北京長辛店留法勤工儉學預備班和你相識，到秋收起義跟隨主席上井岡山，在主席長期教育、培養下成長起來，萬萬想不到主席培養了我幾十年，居然培養出一名反黨分子。不僅我個人感到遺憾，我想主席也會深深感到遺憾。請主席不要聽信旁人的讒言，將昨日的功臣變成今日的罪魁，將昨日的同志變成今日的敵人。」這封信軟中帶硬的指出：強加給他頭上的這頂所謂「反黨反社會主義」的帽子的荒謬。事後這件事也沒弄大，就不了了之過去了。

殫精竭慮，任勞任怨，發現大慶油田，功不可沒

何長工於1947年起任東北局（東北軍區）軍工部部長，在解放戰爭中為中共大軍的武裝配備提供了大力的支援。譬如在淮海會戰中共軍的炮彈都是何長工領導的東北軍工部監造的。

中共建政後，他曾任重工業部副部長、代部長，1952年任地質部副部長、中共黨（委）組書記，協同地質專家李四光部長創建中國地礦組織與培養人才。他擔任地質部黨委書記長達23年，直到1975年11月轉任軍政大學副校長。何長工對地質事業殫精竭慮、任勞任怨的精神，以及他對地質職工的熱忱與關心，被廣大地質職工銘記在心。

1959年，地質部在東北松遼平原發現了超大型的大慶油田，奠定了中國發展工業的基礎，國內提出「工業學大慶」的口號。大慶油田的發現，何長工功不可沒！

大慶油田

失貞失寵、卻得以善終

　　何長工於1987年12月29日在北京病逝，享年87歲。晚年他在地質部任黨書記時，有些年輕人問他：「何部長，你的功勞那麼大？為什麼官卻當得哪麼小？」他總是笑著說道：「我就是當年不慎和國燾兄一起跑了個百米。」他很清楚自己的「毛病」出在那裡。

　　自古以來，伴君如伴虎，不能有一點差錯。何長工從長辛店初遇毛澤東，其後追隨毛參加秋收起義、上井岡山、千里迢迢尋找朱德、井岡會師、擺平山大王—王佐、迎接彭德懷、井岡山堅持游擊戰、開闢鄂東南根據地、中央蘇區參加反圍剿、與陳濟棠談判、促成讓路長征、長征途中任紅九軍團政委，掩護中央紅軍

主力等等，為中共建軍做出重大貢獻。是毛澤東最早、最親信的寵臣之一。但在毛與張國燾的鬥爭中，何沒有堅決跟定毛，而去捧了張國燾的場。在毛看來，這是「失貞」，以至再也不重用他了。

　　但毛還算念及舊情，而且何早已無權、無勢，對他也的確沒有威脅性，是以沒有把他像對付「高舉毛澤東思想」的劉少奇、「橫刀立馬，唯我彭大將軍」的彭德懷、「親密戰友、黨的繼承人」的林彪和「建立陝甘寧根據地」的高崗一樣徹底毀掉，還留了點次要職位給他，倒也使何長工避開了最尖銳的權力鬥爭，得以安享晚年，壽終正寢！

被毛主席誅殺功臣祭旗的高崗

最近（2020年4月6日），中共開國元勳、前國家副主席高崗的遺孀李力群去世，享年100歲。習近平的母親和弟弟為她的葬禮送了花圈。高崗這個人，現在很少人再去談他，年輕人也大多不知有其人了。但在中共歷史上，他是一個很重要的角色：最早參與建立陝甘根據地，當各路紅軍千辛萬苦長征抵達陝甘寧後不久，劉志丹去世，高崗成了此根據地的代表人

高崗

物。其後抗日在延安、勝利後進軍東北、東北主政、抗美援朝、奉調進京，都立下赫赫功勳，為毛澤東所器重、寵信。但好景不常，因內鬥乏術，被毛澤東作為誅殺功臣的祭旗者，含冤自盡，至今不得平反。

貧苦少年、求學報國

高崗，原名高崇德，字碩卿，1905年10月誕生於陝西省橫山縣武鎮鄉高家溝村（當時屬米脂縣，今屬榆林市）的一個貧苦農家。那裡處於毛烏素沙漠南緣，屬於風沙高原和黃土丘陵區。這一帶曾出了個鼎鼎大名的歷史人物——李自成。高崗的家鄉就和李

高崗故里—陝西橫山縣

自成的出生地相距很近。他的父親高仲來以種地謀生為主，但在
農閒的時候則經常趕毛驢販賣鹽、酒和驢子，在當地也算是個見
過世面的人。橫山地瘠民窮，碰到荒年則食不果腹、衣不遮體。
高崗幼年時常率領著一群孩子去討飯。

　　生長在這樣一個風氣閉塞、人文學風欠缺的偏僻之地，高崗
的命運本該終生留此務農，但他的父親趕毛驢做生意，就比一般
鄉親多了些見識。當高崗十歲時（1915年）就被送到武家坡去讀
私塾；三年後又把他和他哥哥高崇義一起送到龍鎮小學去唸書。
當時他的老師趙相林認為高崗雖然頭腦比較聰明，但過於調皮，
將來不會太有出息。三十多年後，高崗當了「東北王」，趙相
林卻因開小煤窯賠了錢而陷於困境，遂到東北找高崗求助。高崗
當面沒有答應，但當他回到家鄉後，發現高崗託人送去四萬斤小
米。這個故事說明高崗是個很重情義的人。

　　高崗於1922年，17歲時離開龍鎮小學進入橫山縣立第一高級
小學（等於現在的初中）就學。在學校裡接觸到新思潮，閱讀

高崗（右）與劉志丹（立者）

了一些馬克思主義的書籍，於1925年受到共產黨的影響，參加了
「一高學潮」，為反對奴化教育展開罷課鬥爭。也就是在這次學
潮事件中認識了劉志丹。

加入共產黨、創建陝甘根據地

1925年秋，因為「一高學潮」，高崗轉到榆林中學就讀。這
是一所新思想濃厚的陝北名校，有一些共產黨員的教師，而劉志
丹當時是學生自治會的會長；謝子長也曾在那裡就讀。在這樣的
環境之下，高崗於1926年加入了中國共產黨。因為在學校裡參加
共產黨，發起學生運動，高崗於1926年秋被逼離開榆林中學，到
伊盟烏審旗開展革命運動。

1927年2月，高崗進入西安中山軍事學校。這所學校是共產黨為了培養軍事人才而創辦的。鄧小平當時在校內擔任政治部主任。是年4月，蔣介石開始清共，高崗於6月離開中山軍事學校，回到家鄉。雖然在軍校只待了不到半年時間，在那裡他得到許多政治和軍事的訓練，也參加了一些革命實踐活動。

高崗回家不久，就在組織的安排下，打入國民黨延安縣黨部，任黨部錄事，發展地下工作，準備發動兵變。1928年5月，劉志丹、唐澍，和謝子長領導發動渭華起義，到了8月，起義失敗，劉、謝回到陝北開展兵運工作。高崗協助劉、謝準備在吳起鎮三道川起義，但遭到襲擊而失敗。其後，劉、謝、高一直在陝北開展兵運工作。1931年春，劉志丹入獄，高崗隻身前往探監。5月，劉出獄後繼續開展兵運活動，屢敗屢戰。

10月，劉、謝、高在南梁組建了新的隊伍，正逢九一八事變發生，該部隊被稱為西北抗日同盟軍，後改稱中國工農紅軍陝甘遊擊隊。1932年4月，中共中央將陝甘遊擊隊改為中國工農紅軍二十六軍四十二師，納入正式的紅軍編製。當時高崗在劉志丹麾下任三支隊二大隊隊長兼政委。其後高崗率領的二大隊在攻打臨鎮的戰役中被擊潰，高崗帶殘部退到安條嶺，遭遇民團襲擊，他僅以身免，隻身逃脫。後回到隊伍，受到撤職的處分，被送到西安從事兵運工作。

其後陝北和陝甘的各路工農遊擊隊內部意見分歧、鬥爭不已，加之國民黨積極進剿，基本上被擊潰、打散，殘部只剩五百人。1933年8月，高崗作為中共陝西省委代表奉命前往照金陳家坡主持會議。這個會議對紅二十六軍在挫折中奮起重建起了決定性因素，高崗因之在恢復陝北、陝甘根據地的過程中做出重大貢獻。

其後陝北由謝子長領導四十二師戰鬥；而陝甘則由劉志丹、

高崗領導。1934年8月,謝子長在清澗河口戰鬥中胸部中彈,不幸於次年2月去世,陝北、陝甘根據地合併由劉志丹指揮,高崗接任西北軍事委員會副會長,成為僅次於劉志丹的西北根據地二號人物。幾乎同時,中國工農紅軍二十七軍在安定縣成立,西北根據地更加壯大。

中共黨中央長征來到陝甘寧

先是由徐海東、程子華領導的紅二十五軍由鄂豫皖蘇區突圍西竄,本欲進入川北與張國燾、徐向前所率的第四方面軍會合。但當時四方面軍為了策應一方面軍北上到川西會師,已離開川陝根據地,紅二十五軍遂北上於1935年9月中旬,來到陝北與紅二十六、二十七軍會合;合組了第十五軍團,由徐海東任軍團長、程子華任政委、劉志丹任副軍團長兼參謀長,而高崗則擔任政治部主任。

蔣介石對於西北根據地進行了三次圍剿。第二次圍剿剛結束,正逢二十五軍來到陝北,紅軍實力大增。張學良的部隊也剛開赴陝北,沒把紅軍當回事,結果在勞山、榆林橋兩個戰役吃了大虧。東北軍107、110兩個師被全殲,何立中師長被擊斃,高福源團長被俘虜。紅十五軍團鞏固了西北根據地。

就在這時候,毛澤東帶著殘部奔向陝北。原來中央紅軍(第一方面軍)從江西蘇區出來時的八萬六千大軍經過兩萬多里的長征,加上最後與張國燾鬥爭,毛澤東毅然帶領一、三軍(原一、三軍團)殘存的六、七千餘眾北上。在途中的哈達鋪得知紅十五軍團反圍剿取得勝利,陝北根據地穩固,於是立即兼程而來。也就在一方面軍來到陝北的途中,陝北根據地發生了嚴重的肅反,劉志丹、高崗、習仲勳等領導均被逮捕,有一些幹部已被殺害。

等毛澤東率領殘部六、七千人抵達陝北後立即下令釋放，刀下留人。在中共的歷史上聲稱這次肅反是執行王明的錯誤路線造成，也受到張國燾在鄂豫皖蘇區肅反的影響。但當時的主事人朱理治和戴季英事後都沒有受到處分。是以民間也流傳許多其他的說法，譬如德國顧問李德在其晚年的回憶錄中懷疑是毛澤東設的圈套，不過他沒能找出證據。

東征劉志丹犧牲、高崗成為西北根據地的代表人物

中央紅軍抵達陝北不久，就渡過黃河進行東征。1936年4月，劉志丹在中陽縣三交鎮的戰鬥中不幸犧牲。他的死去在陝北民間留下許多疑團。但從此高崗就成了西北根據地的代表人物。

西安事變和平解決後，中共黨中央於1937年1月遷到延安，兩月後高崗就由戍守三邊的定邊來到延安，成為陝甘寧邊區政府主席團委員，兼保安司令。

抗日時期坐鎮邊區、進入中共核心領導

抗戰開始，毛澤東為了「照顧山頭」，一再遷升高崗：1938年5月任中共陝甘寧邊區黨委書記；1939年1月在陝甘寧邊區參議會第一次會議上被選為參議長，後連任兩屆；1941年初任中共陝甘寧邊區中央局書記。同年5月，中共陝甘寧邊區中央局與中共西北工作委員會合併組成中共中央西北局後，高崗任西北局書記。最後在1945年4月到6月召開的中國共產黨第七次全國代表大會上，高崗當選為中共中央政治局委員，進入中共的核心領導階層。

在抗戰期間，高崗完成了兩件大事：（1）出色地執行陝甘寧邊區民眾大生產運動，大規模的開荒，使得邊區度過難關，軍

民得以溫飽，自給自足。（2）全力支持推動整風運動，使延安作為全國各解放區的典範。整風運動從1941年開始，直到1945年七大做出總結，其目的在於徹底打倒王明路線，使毛澤東得以定於一尊，最後在七大中提出「高舉毛澤東思想」。高崗沒有辜負毛對他的寵信。

征戰東北

抗戰勝利前夕，蘇聯出兵佔據東北，接著國民政府與蘇聯簽訂《中蘇友好同盟條約》，承認外蒙古獨立、旅順租借、大連及中長鐵路由中蘇共管30年，東北的情勢複雜化，但有利於中共去東北發展，幾路紅軍急速出關接收東北。中共中央立即成立東北局，以彭真為書記，陳雲、程子華、伍修權、林楓為委員；並派遣大批幹部前往東北。

毛澤東於1945年10月11日結束重慶會談回到延安，馬上親點高崗、張聞天、李富春去東北。高崗遂離開了他生活、奮鬥四十年的黃土地來到東北的黑土地，走上他事業的頂峰，但也伏下其後他的悲劇下場。

高崗於11月22日抵達瀋陽，立即趕往哈爾濱見到陳雲，組建中共北滿分局，陳雲任書記，高崗、張聞天為分局委員，高崗兼任北滿軍區司令，陳雲兼任軍區政委，展開了在北滿的發展及抵禦國民黨的進軍。1946年4月，蘇軍自哈爾濱撤退，共軍立即進入哈爾濱。中共中央東北局也就從本溪輾轉遷到了哈爾濱。5月底，中共中央決定北滿分局與東北局合併，以林彪為書記、東北民主聯軍總司令兼政委，彭真、羅榮桓、高崗、陳雲為副書記兼副政委；並以林、彭、羅、高、陳五人組成東北局常委，由高崗擔任秘書長。

當時中共在東北面臨的三大問題：（1）與國民黨大軍作戰；（2）安定解放區社會、清剿土匪、增加生產；（3）土地改革。高崗在這幾方面都表現卓越。據吳法憲晚年寫的回憶錄，在東北三年多的解放戰爭中，中共徵召了約150萬人從軍，可見其群眾工作深厚，非國民黨可比，土地改革使貧苦農民翻了身，中共在東北站住了腳。

　　經過從1946年到1947年春季艱苦的作戰，國共在東北實力的對比發生有利於中共的變化，共軍進入全面反攻的作戰階段。1948年9月，遼瀋會戰開始；10月5日，共軍攻克錦州；10月21日，國軍長春守軍投降；11月2日，共軍攻佔瀋陽，中共解放了全東北。當月，毛澤東下令林彪、羅榮桓將東北野戰軍提前結束休整，迅速入關，進軍平津，解放全中國。東北野戰軍入關後，高崗擔任東北軍區司令員兼政委，中共中央東北局書記、東北人民政府主席、成為中共在東北的第一號領導，黨、政、軍全權在握，也就是東北王了。

東北時期的高崗（中）與林彪（左）、陳雲（右）

主政東北、抗美援朝

高崗在東北主政後，最重要的兩件事乃是：（1）恢復經濟；（2）支援抗美援朝前線。東北工業基礎雄厚，雖然嚴重地受到戰爭破壞，但在高崗及東北局的領導下，人民有極大的熱忱投入建設，大多數工廠很快復工，經濟迅速恢復。在其後的平津、淮海、渡江、南下諸次的戰役中，彈藥、後勤補給都是源源不斷地由東北運往前線。

1949年10月1日，中華人民共和國成立，高崗與朱德、劉少奇、宋慶齡、李濟深、張瀾任副主席，在開國大典中站在天安門上，威風凜凜。

1950年夏，朝鮮戰爭爆發，美國參戰。朝鮮戰爭開始不久，毛澤東就覺得中國參戰在所不免。但當時國家剛趨於穩定，經濟尚待恢復，臺灣、西藏問題還沒有解決，面對美軍強大武力，作戰沒有把握，內部起了很大的爭論。其後美軍從仁川登陸，北韓軍全盤崩潰，美軍接近鴨綠江，威脅東北，毛澤東遂下令組建抗美援朝志願軍，由彭德懷任總司令，高崗全權負責後勤補給。

朝鮮戰爭打了三年一個月，最後雙方簽訂停戰協定，回到原來的38度線對峙至今。中共輪調派遣到朝鮮的軍隊超過三百萬，最多時有一百三十五萬同時在朝鮮境內作戰。戰爭中志願軍最重要的就是後勤補給，特別在參戰初期，因為沒有蘇聯空軍支援，在美軍不斷地轟炸下，運送糧彈非常艱難。高崗主持其事，不負使命，功不可沒！

1949年10月1日，高崗（最右）在天安門上參加開國大典

1950年10月，志願軍雄赳赳、氣昂昂跨過鴨綠江

五馬進京，一馬當先

　　1952年，朝鮮戰爭趨於穩定，中共中央決定開始大規模的全國建設，是以必須加強中央政府的權力與機構，削減地方勢力，於是執行「五馬進京」，即五大行政區首腦調入中央任職，包括西南局書記鄧小平、西北局書記習仲勳、東北局書記高崗、中南局書記鄧子恢、華東局書記饒漱石。其中以高崗最為位高權重，被任命為中央人民政府計畫委員會主席，統管全國經濟，一度與劉少奇、周恩來並駕齊驅，故時人稱為「五馬進京，一馬當先。」高崗躊躇滿志，卻也步向他的終局。

鬥爭乏術

　　先是高崗在東北開展「三反」運動非常積極，得到毛澤東的讚賞，氣焰高漲，與劉少奇在富農問題、工會問題和互助合作問題上發生了爭論。當時高崗得到毛澤東的支持，同時察覺到毛澤東對劉少奇、周恩來不滿。高崗進京後，在「新稅法」風波中與薄一波、劉少奇爭執，後來在財經會議上指桑罵槐，把攻擊矛頭指向劉少奇。其後安子文出了個「三月名單」問題，饒漱石也攪了進來，黨內的鬥爭激烈化。

　　高崗曾兩度訪問蘇聯，深得史達林的讚賞，據赫魯曉夫晚年寫的回憶錄稱，高崗曾提供一些中共高層領導的情況給蘇聯。可是史達林出賣了他，把這些資訊原原本本地轉交給了毛澤東。這也種下其後毛整肅高崗的因素之一。

　　還有一些傳言，特別是蘇聯鐵道專家科瓦廖夫在其《訪談錄》中聲稱，高崗在1949年7月與劉少奇一道訪問莫斯科。在與

史達林的會議中，高崗向史達林提議將東北劃為蘇聯的第17個共和國。這完全是空穴來風，一百多萬平方公里的東北，哪能一個高崗說要割讓就割讓了？多年後被當時在場的翻譯師哲否認。而且說高崗曾對蘇軍搶劫東北工業裝備事件，向毛澤東建議向史達林爭論。可見高崗為了維護中國的一些裝備都義憤填膺，怎麼會要把整個東北送給蘇聯？

但高崗當時得寵忘形，誤以為毛對他信任有過於劉少奇、周恩來，意圖染指「第二號」，於是到處煽風點火。在1953年底，先找了彭德懷、林彪，又到廣州見了陶鑄、葉劍英、譚政。同時他又找鄧小平、陳雲吹風。結果鄧、陳二人立刻向毛澤東報告。毛抓住這個機會開始整肅。立刻令陳雲到高崗去過的地方「打招呼」。12月24日，毛澤東在政治局會議裡拋出了「兩個司令部」的論斷，把高崗推向絕路。高崗大出意料之外，情緒開始一落千丈。

高饒送作堆

當時饒漱石也因與陳毅等人關係搞不好，爭執不下。毛澤東乾脆把高、饒「送作堆」，加了個「反黨聯盟」的帽子，批評高、饒進行「奪取黨和國家領導權力的陰謀活動」。

1955年1月25日和2月5日，劉少奇遵照毛澤東的指示，同周恩來、鄧小平一起找高崗談話。1月29日，劉少奇主持召開了中共七屆四中全會，高崗和饒漱石在會中做了檢討發言。參加會議的代表對高、饒的錯誤做了揭發和批判。高崗至此才知道大勢已去！

首度自殺未遂

緊接著，中共中央書記處分別召開高崗和饒漱石的問題座

談會。在15、16兩天的座談會上，高崗對與會者的揭發、批判做了辯駁，否認有分裂、反黨的意圖，但沒有被採納。2月17日，高崗在家裡寫了兩封遺書給毛澤東（由劉少奇轉）和周恩來，然後舉槍自殺，但被手下營救。中共中央得悉後決定將高崗實施管教，讓其停職反省。

十大罪行

中共中央書記處召開的高崗問題座談會，因為高崗的自殺未遂事件，在2月17日停開了半天，緊接著在18到25號，除了周日一天休息外又開了六天。在這連前帶後總共八天半的座談會裡，有43個人發言揭發批判高崗。最後由周恩來做總結，為高崗的「錯誤定性」，堂而皇之地列了「十大罪行」。其重點為：「分裂黨、奪取領導權；進行宗派活動；造謠挑撥，製造黨內不和；實行宗派性的幹部政策，破壞黨內團結；把自己領導的地區看作個人資本和獨立王國；破壞中央威信；蒙蔽中央；在中蘇關係上，撥弄是非，不利中蘇團結；進行奪取黨和國家權力的陰謀活動；私生活腐化，是資產階級思想腐蝕我們黨的表現的一個方面。」說來說去，其實就只兩點：奪取黨領導權和暗地「裡通外國」，還加了一個「愛玩女人」，把他鬥臭。這份《發言提綱》於3月3日經中共中央決定，作為向地委書記和解放軍軍黨委以上作口頭傳達的資料。

老戰友習仲勳雪中送炭

高崗從2月17號開始被隔離審查，也再沒有參加中央書記處召開的批判座談會，整天在家寫檢討過日。不久後看到周恩來的

《發言提綱》，心裡起了極大的波動，久久不能平息。

4月2日晚上，他的老戰友、屬下習仲勳、賈拓夫奉周恩來的指示，到他家裡來安慰、開導、勉勵他，使他心情平靜下來，並給周恩來寫了一封信，說道：「我一定會沉痛認罪，向黨中央和主席徹底交代，聽黨怎樣對黨有利就怎麼樣處理。我向黨和主席保證：過去犯過的可恥的叛黨自殺行為決（絕）不再犯，也決（絕）不會殺人，決（絕）不逃跑。在中央決定管教期間，我一定堅決服從，遵守一切管教措施。」

悲慘結局

但高崗寫過這封信及《我的反省》後，心情還是不太穩定，忽上忽下。到了七月，他從人民日報上看到中央政府通過了《憲法草案》，正在準備召開「中華人民共和國第一次全國人民代表大會，」，高崗還抱著希望，他想自己是國家副主席，總會被邀請參加這次會議，有所安插。未料到了八月中旬，全國代表的名單已陸續公佈，但他這個副主席連個代表的名份都沒撈到，才知道毛澤東已把他完全拋棄了。他萬念俱灰，再度蒙上自殺的念頭。8月17日，他換好了一套整齊的衣服，服了大量的安眠藥，連鞋子都沒脫，就倒在床上一命歸天，時年僅49歲，有沒有遺言？不得而知。留下時年35歲、正在懷孕的妻子李力群和四、五個年紀很小的孩子，其後世情冷暖，受盡折磨，令人聞之傷感！

餘音繞梁、至今未息

高崗死後，中國共產黨於1955年3月召開的全國代表會議通過了《關於高崗、饒漱石反黨聯盟的決定》，為高饒事件定性為

「高饒反黨聯盟，其目的是要分裂黨、奪取國家的最高權力，而為反革命的復辟開闢道路。」，高崗被開除黨籍。

其後在1959年批判彭德懷的「反黨集團」時又出了個「彭高聯盟」。1962年出版的《劉志丹》，本是為紀念劉志丹而寫的一本小說，因為「把劉志丹寫得比毛主席還高明」和「誇大西北根據地的地位和作用」，被批判是為高崗翻案。習仲勳和曾在西北工作過的一萬多名幹部被整肅，數萬個家庭受到牽連。

1966年，毛澤東發動文化大革命，將劉少奇打成「叛徒、內奸、工賊」。令人尋味的乃是當年高崗攻擊劉少奇的罪名及一些用辭都成了批判、打倒劉少奇的「炮彈」。1971年，九一三事件發生，林彪乘三叉機逃亡外國，在蒙古的溫都爾汗墜機身亡。在對林彪的揭發和批判中，高崗和林彪的關係被提了出來，林彪成了「高饒反黨聯盟的漏網分子」，也和高崗堆到一起了。

毛澤東逝世後不到一個月，江青等四人幫被打倒。1978年，鄧小平復出掌政，大力為開國以來的冤案平反。從1980年3月到1981年6月，鄧小平先後九次談過平反的問題。當談到高饒問題時，他提出：「反對高崗的鬥爭還要肯定，……，但不再定性為路線鬥爭，其他部分維持當年的基本結論。」鄧小平一言九鼎，使高饒事件成為中共史上的「鐵案」。在1981年6月27日的中共十一屆六中全會通過《關於建國以來黨的若干歷史問題的決議》，彭德懷、劉少奇、潘漢年等等均得以昭雪。但對於高饒問題的結論是：「1955年3月召開的黨的全國代表會議總結了反對野心家高崗、饒漱石陰謀分裂黨、篡奪黨和國家最高權力的重大鬥爭，增強了黨的團結。」

但多年來國內對高饒事件也有許多不同的看法。事實上回顧歷史，可以了解當時高崗的主張和毛澤東相似，而與劉少奇、周恩來有別。到了以後毛澤東發動文革，首先把劉少奇徹底打倒，

固然其中有權力鬥爭，但根本的路線分歧也由來已久。當然也有一種看法，認為高崗是承毛澤東授意去抵制劉少奇、周恩來。但高崗火候不夠，把毛的企圖搞砸了，引起公憤，毛也就順水推舟，把他犧牲，作為殺一儆百、烹走狗的祭旗者了。

魂歸故里、平反無期

多年來，陝北的老百姓很多為高崗抱冤，也懷念劉志丹。2009年8月29日，高崗的半身銅像在陝西省橫山縣武鎮鄉高家溝村高崗的故鄉落成。據有關報導介紹，參加者有百姓逾千人。高崗這個曾經跟隨劉志丹，參與

高崗銅像在故鄉揭幕

創建中共陝甘邊革命根據地的歷史人物終於魂歸故里。

近幾年，官方對高崗的態度有所改變，允許家人重修公墓並刻上高崗的姓名和生卒年月，批准出版《高崗傳》，不干涉民間主辦紀念高崗的會議，央視播放的紀錄片《習仲勳》亦數次提到高崗。2013年10月15日中共紀念習仲勳誕辰100周年，已淡出人們視線的李力群及其大兒子高燕生均受邀參加，座次安排在已故領導人劉少奇兒子劉源旁邊，與中共總書記同場，引起了關注。2015年10月25日上午，由黃土情聯誼會主辦的《紀念開國元勳高崗同志誕辰110周年（北京）座談會》在北京萬壽莊賓館大禮堂舉行座談會，由高崗之子高燕生致辭。前幾年，習近平接見了高崗的遺孀李力群，給予慰問。但由於種種顧忌，高崗至今猶未能得到官方平反，恢復「同志」身分。

至於被指為「與高崗聯盟反黨」的饒漱石，後被折磨了二十年，於1975年死在牢獄裡，據聞他至死都否認他和高崗「聯盟」和「反黨」。他雖然也沒得到平反，但在中共欽定的1986年8月人民出版社出版的《毛澤東著作選讀》第436條註釋中有這樣一段話：「饒漱石上海解放後，任中共中央華東局第一書記和上海市委第一書記，在這期間，他直接領導潘漢年等在反特方面的工作，由於潘漢年被錯定為『內奸分子』，饒漱石在主持反特工作中的一些活動被錯定為內奸活動，他因此而被認為犯有反革命罪並被判刑。」這也可以算是一種「特殊方式」的平反了。

可憐的高崗連這種「特殊方式」的平反也沒能撈到！

省思

高崗的悲慘下場告訴了我們什麼？那不是一個孤立事件，因為他是毛澤東誅殺功臣、烹走狗的祭旗者！從他被逼自殺開始，毛澤東一連串地整肅或誅殺了潘漢年、彭德懷、劉少奇、林彪等等功臣，最後走到「文化大革命」，整個中國人民經歷了一場浩劫。這到底是為什麼？其實道理很簡單，每個開創的帝王都是由許多能臣驍將輔佐、拼殺而得到天下。在打天下時，他們對這些文臣武將是愛之、用之、賞之；但等到得了天下，往往就變成猜忌之、摒棄之、誅殺之。

趙匡胤被他的部將黃袍加身，但當了皇帝不久就很坦白地對這些功臣說：「你們把我捧上這個皇帝的位置，教我沒有一個晚上能睡好覺，因為我知道你們每個人都想當皇帝！」於是就來了個還算文明的「杯酒釋兵權」。韓信替劉邦東征西討，滅了項羽，很快劉邦就把他抓起來了，韓信說道：「果若人言：『狡兔死，走狗烹，高鳥盡，良弓藏，敵國破，謀臣亡。』天下已定，

我固當烹！」趙匡胤和韓信這兩段話把千古以來開創帝王誅殺功臣的道理說得非常清楚！劉邦先是把韓信從楚王降到淮陰侯，後來把他夷了三族，接著把彭越剁成肉醬，還把這些肉醬送去給黥布，逼得黥布走投無路，被劉邦討伐誅殺了。

朱元璋最先弄了個胡惟庸案，加的罪名是「枉法誣賢」、「蠹害政治」，也就是「謀反和裡通外國」，很有意思，和毛主席加給高崗的罪名一模一樣。胡惟庸案牽連了大批元勳宿將，致死者三萬餘人。其後十多年一再興獄，最後連76歲的李善長全家七十多人都被誅殺，株連蔓延之廣，超過十萬人。當然，毛澤東最後搞了個「文化大革命」，誅殺功臣的場面比劉邦、朱元璋要大得多。

韓信死了一百多年後，司馬遷作《史記》，特別為韓信立了《淮陰侯傳》，文中也提到：「於漢家勳可以比周、召、太公之徒。」也算是一種「平反」吧。但胡惟庸被夷族後，朱元璋把他列入《昭示奸黨錄》。三、四百年後，清代乾隆年間修《明史》時，因清朝君主自順治、康熙起即大力推崇朱元璋，胡惟庸就被列入《奸臣傳》中，成了鐵案。

高崗當年在政治鬥爭中火候不夠，犯了些過錯，但其罪不至於死，不幸做了毛澤東誅殺功臣的祭旗者。據聞習仲勳在臨死時曾說：「我一生有個最大的遺憾，就是沒有為一人弄到平反！」這個人就指的是高崗。才去世的高崗遺孀李力群也一直為高崗的平反努力，只惜未能如願！

高崗含冤自殺已經66年了，雖然近年來民間對他的功績一再表示懷念，但在中共的黨史裡，高崗依然背負著「分裂黨、奪權，反革命」的罪名。高崗是否會像胡惟庸一樣被永不翻案？還是和韓信相似，功績依然被後世緬懷？這個千古功過只有留待後人評論、惋惜了！

▋ 潘漢年功高知情而蒙冤至死

《孫子兵法。用間篇》道：「明君賢將動而勝人，成功出眾者，－－－知敵之情者也。」說明了在政治、軍事鬥爭中，情報是非常重要的一環。中國現代國共鬥爭中，出了兩個情報奇才：共產黨的潘漢年和國民黨的戴笠。他們二人都各為其黨立下大功，但他們的下場都極其悲慘，令人聞之傷感！

潘漢年

中共建國後的第一大冤案案主

潘漢年於中共建國初年（1955）突然被祕密逮捕，後被定罪為「長期暗藏在中國共產黨和國家機關內部的內奸份子」。他在監獄、勞改農場渡過了二十四年飽受折磨的餘生。直到他死後三年（1982），中共中央才為潘漢年平反，發布《關於為潘漢年同志昭雪、恢復名譽的通知》，其中說：「潘漢年同志是我們黨的一位很老的黨員，在黨內歷任重要領導職務，對黨和人民的事業有過許多重大貢獻。1955年以後被錯定為『內奸』，受到錯誤的處理，蒙受冤屈二十多年。」潘漢年被稱為「中共建國後的第一大冤案案主」。他為什麼獲罪蒙冤？至今猶是眾說紛紜，真假難辨。

少年

潘漢年，江蘇宜興歸徑鄉人，於1906年出生，為書香子弟，能文善詩、頗富機智；17歲開始文藝工作，參加郭沫若、郁達夫等創辦的「創造社」。在第一次國共合作期間，隨郭沫若擔任政治宣傳及編輯工作，後與魯迅等建立「中國左翼作家聯盟」。

參加共產黨、從事地下工作、與十九路軍談判

他於1925年參加共產黨，最初主要在周恩來領導下與陳雲、陳賡等在上海從事地下工作，為保護當時危機重重的中共黨中央而捨身效力。後前往江西蘇區，1933年閩變發生，潘奉命前往福建與蔡廷鍇、蔣光鼐領導的十九路軍談判，達成《反日反蔣初步協議》。

與陳濟堂部談判、達成長征讓路

1934年，中共中央蘇區在蔣介石「第五次圍剿」之下，情勢危急。是年10月5日，中共中央派潘漢年與何長工兩人前往廣東與陳濟堂部進行談判，達成停戰協定。10月17日，紅軍主力得以由江西雩都（今于都）向西流竄（長征）。在長征途中的遵義會議中，毛澤東掌握了軍政大權，乃派潘漢年離隊前往上海擔任聯絡工作。

為民族統一戰線奔波

1935-36年間，潘漢年代表中共奔波於莫斯科、香港、上海、

南京、西安之間，與國民黨鄧文儀、張沖、陳立夫、張學良等密談，探討國共第二次合作、建立民族統一戰線以及紅軍與東北軍的合作。1936年12月，西安事變發生，潘由上海前往南京會見宋美齡、宋子文等，為事變的和平解決做了許多工作。事變和平解決後，潘多次隨周恩來與蔣介石、陳立夫、張沖等會談，達成國共第二次合作，聯合、統一對日抗戰。

抗戰期間，打入敵偽、日軍，與軍統、中統連系、鬥爭

抗戰期間，潘活動於香港、上海、南京等地，打入敵偽、日本軍政界，並與軍統、中統既聯系又鬥爭，為中共擴展華北、華東根據地而努力。1941年夏，潘事先獲知希特勒即將發動攻蘇，及日本將摒除「北進」而計畫「南進」，向太平洋發動戰事的情報，使得中共中央得以有效策劃以應時變，繼續擴大發展。

解放戰爭中統戰工作

1945年夏，抗日勝利後，在與國民黨爭奪接收日、偽投降中，潘漢年領導的情報系統提供了大量的情報，使得共軍搶佔許多城鎮。其後全面內戰爆發，潘卓越的工作將大批的「民主人士」祕密護送前往解放區，以統戰瓦解國民黨。當時毛澤東對潘的工作一再讚賞，親切地呼其為小開（注：綽號，意為小老闆）。

解放後任上海副市長

建國後，潘隨陳毅工作，擔任上海常務副市長，市黨組書

記，負責恢復生產、治安及管理工商，經常深入基層，開展群眾工作。當時上海有時發生勞資爭議，嚴重時工廠被迫停工。潘漢年往來於勞資之間，一邊做工人的思想工作，一邊對資方進行開導。不但穩定了上海工商業生產，而且使廣大商界人士對「發展生產、繁榮經濟、公私兼顧、勞資兩利」的方針有了深切瞭解。

突然深夜被祕密押解

1955年春，潘漢年前往北京參加中共第一次全國代表會議，4月3日夜在北京飯店突被祕密逮捕，送往秦城監獄羈押。據中共公布的現有資料，潘之獲罪是由於他於1943年3月在南京被敵偽特務頭李士群和胡均鶴「挾持」去見了汪精衛，但一直沒

李士群

有向上級報告。1955年3月在北京召開的中共全國代表會議中，「高崗、饒漱石反黨聯盟」的報告是主要的議程。毛澤東囑參加會議的人自行作檢討。潘漢年乃私下向陳毅呈交了一份報告，「坦白交代」了1943年他去見汪精衛的事。陳毅拿了這份報告去見毛，毛見到潘的報告後，當場大怒，立刻批示：「潘漢年此人從此不能信任，並應立刻逮捕審查！」4月3日夜，由公安部部長羅瑞卿親自率屬下去北京飯店押解，送往秦城。

李克農審查報告：進行的情報工作均遵照上級指示

接著由時任情報部長的李克農主持，作了三個月的詳細調查，寫了一份詳細的報告，結論是：「潘漢年一再打入敵偽組織，利用漢奸、叛徒進行情報工作，均由上級指示而行，並有文件報告存檔，而也一直未洩露中共組織機密。潘所屬的重要關係，當時還正在起著絕秘的作用，是毛主席、周總理所知道的。」那時周恩來、陳雲也明確反對加罪於潘漢年，這個案子停滯下來，潘只好在秦城待了近七年。

毛澤東指其投降國民黨，為CC派人物

卻是到了1962年，毛澤東在「七千人大會」上突然發言說：「有個潘漢年，此人當過上海副市長，過去祕密投降了國民黨，是一個CC派人物，現在關在監獄裏頭，但我們沒有殺他。像潘漢年這樣的人，只要殺一個，殺戒一開，類似的人都得殺。」毛的這份「點名」發言將潘案定了性，公安部遂重新作了報告，經毛批示：「潘漢年是暗藏黨內很久的內奸，罪行極為嚴重，論罪該殺，但是從內部查出，給予寬大處理。」

文革中判無期徒刑，含冤至死

1963年10月，最高人民法院作出終審判決，認定潘漢年的所謂「罪行」是：（1）1936年在國共談判中投降國民黨；（2）1940年前後投靠日本特務機關和祕密會見汪精衛；（3）在上海解放後掩護大批反革命分子並向臺灣供給情報，引起「二六轟

汪精衛　　　　　　　潘漢年與董慧

炸」。根據這三條罪名，認定潘是「長期暗藏在中國共產黨和國家機關內部的內奸分子」，判處有期徒刑15年，剝奪政治終身。但旋即給予假釋，與妻子董慧一起被下放到北京團河農場勞改。文革開始後，潘於1967年5月再度被押往秦城監獄，並重判無期徒刑、永遠開除黨籍，與董慧被下放到湖南茶陵的洣江茶場勞改，直至1977年去世。兩年後董慧也含冤隨之而去。

被整肅的關鍵是潘曾與汪精衛會見

　　毛澤東對潘漢年案的定性在當時就出人意料。他的罪名不是「與汪偽勾結」，也不是「高饒同黨」，而是「國民黨特務CC派人物」、「投入敵偽」。1982年，中共為潘漢年平反，全盤否定了這個謬論。但當年毛澤東為什麼一定要納潘入罪呢？國內有人說，因為潘漢年在莫斯科與王明「走的太近」，引起毛的猜疑。這個道理不太合邏輯。如果潘走王明的路線，毛早應在當時或延安整風時就把他整肅了，那會繼續重用他，等到二十年後，王明已無大作用時才動手呢？另外也有人說，潘是被康生和柯慶施所陷害。康、柯的確是小人、奸臣，但只是「爪牙」之屬，承

毛旨意辦事而已。

　　毛整肅潘的關鍵當然是潘與汪精衛會見的事，也有傳聞見面的時間不是1943年，而是在1942年，甚至還見過兩次。國內主流的說法是潘隱瞞了毛十二三年才向他報告，毛遂認為潘不可信。這種說法完全不合邏輯和事實，茲分項說明如下：

1. 王明《中共50年》中的記載

　　王明（陳紹禹）於1974年在莫斯科出版《中共50年》，該書對潘漢年會見汪精衛的事有如下一段報導：

　　　　「在1940年10月的一個夜裡，我在延安和毛澤東有如下一段談話：

　　　　他（註：毛澤東）說：『斯大林和季米特洛夫建議成立英美法蘇反對德意日的反法西斯統一戰線。事態的發展證明這是錯誤的。應當做的事不是去搞什麼英美法蘇聯盟，而應搞德意日蘇的聯盟。』

　　　　我（註：王明）問：『為什麼？』

　　　　他回答說：『……這你可能說我是主張親法西斯路線的，不是嗎？這我不怕。至於中國應當建立同日本人和汪精衛的統一戰線，以反對蔣介石，而不應當建立你所建議的抗日民族統一戰線，所以你也錯了。』

　　　　他就這樣似請求非請求地，終於在《新中華報》上發表了他這篇文章。……

　　　　至於對內政策，毛澤東事先不讓黨中央政治局知道，私自通過中共中央軍委電臺，命令新四軍政委饒漱石以他的名義派出代表與日軍代表和汪精衛談判共同反蔣的問

題，……蔣介石的情報機關當時利用毛澤東與日軍代表和汪精衛相勾結的事實為武器進行反共宣傳……。

1955年毛澤東藉口反對「高（崗）饒（漱石）聯盟」而逮捕了饒漱石並把他折磨至死，同時利用這次運動把潘漢年（前新四軍偵察科長）以及胡均鶴抓起來處決了（註：關押二、三十年）……。（而胡均鶴則是前日佔區和汪精衛的談判代表，胡均鶴當時背叛了共產黨的事業，但在上述談判過程中潘漢年成功地說服了他重新為我黨工作）。」

王明從1931年起居於中共領導階層多年，熟知中共內情，他晚年（1956-1974年）被毛澤東整肅，逃往蘇聯。這些報導雖可能有些細節與史實稍有出入，但大體是可信的。

2.級別相差太大，不對等

如沒有毛澤東授權教潘漢年代表他去傳話，汪精衛不可能與潘漢年會談。這是一個普通的常識，只要稍具政治、行政甚至商業經驗的讀者不難知道。

3.會見之後，國民黨的消息與反應

當潘漢年與汪精衛會面時，國民黨軍統戴笠手下打入汪偽政權的鮑文沛與潘打了個照面。鮑文沛事後立即呈報戴笠與蔣介石。他們非常重視這個事情，密切觀察中共的動向，同時在報紙登出這個消息，攻擊中共勾結日本，破壞抗戰。但中共中央立即否認潘與汪會見之事！

4.會見之後,中共內部的消息及措施

當潘漢年與汪精衛會談後,中共潛伏在汪偽政權的地下工作人員也獲得此消息,十分詫異。於是立即呈報中共上海地下黨負責人劉長勝,劉則立即呈報時任華中局代理書記、新四軍政委的饒漱石。饒漱石則立刻會同曾山(華中局組織部長,曾授權代表新四軍與日軍祕密談判)向中共中央做報告。饒漱石並指責潘漢年「與敵偽關係過於密切,來往已屬不正常。」中共組織嚴密,層層節制,連國民黨都知道了,難道中共內部不會「搞清楚」嗎?

5.毛澤東給饒漱石的回覆

耐人尋味的乃是,1945年春潘漢年回到延安,很快受到毛澤東親自召見,面授機宜。不久,毛澤東簽發劉少奇、康生署名給饒漱石的電報說:「……,至於敵偽及國民黨的特務機關說漢年到南京與日方談判並見過汪精衛等,完全是造謠誣衊。在利用李士群的過程中,漢年也絕對無懷疑之處,相反的還得到了許多成績。這類工作今後還要放手去做,此次漢年來延安,毛主席(已)向他解釋清楚。」

這些回應說明得很清楚,潘漢年是奉了毛澤東的指示,而去見汪精衛的,潘直接向中央報告,饒漱石等事先均不得知其事。毛澤東曉得饒從情報中知道了,立即「鄭重否認」,同時嚴令饒漱石「心照不宣,少囉嗦」。但十多年後,饒漱石還是不免被下獄以滅口。

6.過不了延安整風這一關

　　延安整風運動是中國共產黨歷史上最大規模的整肅運動之一，從1941年5月開始，直到1945年4月20日六屆七中全會通過《關於若干歷史問題的決議》為止。延安整風運動主要的目的是徹底打倒王明，使中國共產黨「定於一尊、高舉毛澤東思想。」運動中提出的口號是「懲前毖後，治病救人」，各級的幹部都經歷了嚴酷的調查、批評與自我批評。運動中所採用的學習、反省、考試、坦白、檢討、揭露、批鬥、隔離、審查、甄別、挑動群眾鬥群眾等方式成為中共後來歷次運動的樣板。特別在整風後期康生主持的「搶救運動」中，各機關、學校紛紛掀起「坦白」高潮。通過大會、小會、規勸會、鬥爭會、控訴會，造成聲勢，強迫黨員、幹部進行坦白。成千上萬知識份子被打成特務。

　　王明稱這個「整風運動」就是「文化大革命」的演習。如果當時潘漢年真正隱瞞了他沒有指示而會見汪精衛一事，他是絕對過不了整風運動這一關的！有趣的乃是潘不但安全過關，而且還由主持「搶救運動」的康生承毛澤東授意，去電給饒漱石替潘漢年打了個保單！

7.李克農的調查報告

　　1955年李克農做的審查報告說：「潘漢年一再打入敵偽組織，利用漢奸、叛徒進行情報工作，均由上級指示而行，並有檔報告存檔，而也一直未洩露中共組織機密。潘所屬的重要關係，當時還正在起著絕秘的作用，是毛主席、周總理所知道的。」可見毛澤東、周恩來是知情者，潘是奉命而行。

8.抗戰時期共軍發展的情況

下表展示了抗戰時期，八路軍、新四軍、華南遊擊隊及共
軍總和的兵力發展統計表。可見在1937-40年，中共的軍力都在
急速增長。但從汪偽政權在1940年成立以後，積極配合日軍進行
「清鄉」，致使1941-42年間，共軍實力呈現消減狀態。卻是從
潘漢年於1943年會見汪精衛談判後，中共軍力始得開始恢復擴
展，次年開始取得驚人的成長。雖然時局是最主要的因素，但潘
漢年對日方、敵偽進行的工作也是功不可沒的。

共軍逐年人數統計表

抗戰時期	八路軍	新四軍	華南遊擊隊	共軍總計
1937	80,000	12,000	0	92,000
1938	156,700	25,000	0	181,700
1939	270,000	50,000	0	320,000
1940	400,000	100,000	0	500,000
1941	305,000	135,000	0	440,000
1942	340,000	110,960	0	450,960
1943	339,000	125,892	4,500	469,392
1944	507,620	251,393	20,730	779,743
1945	1,028,890	268,581	20,820	1,318,294

9.胡均鶴、饒漱石的遭遇：

潘漢年會見汪精衛的兩個當事人、知情者：胡均鶴、饒漱

石，均在潘漢年被捕前不久被關押，其後定罪中都與潘漢年的工作有關。

胡均鶴早年參加共產黨，從事地下工作，後被國民黨中統逮捕，經顧順章誘導，投入中統，抗戰期間轉入敵偽李士群手下工作，由他安排並與潘漢年同去見汪精衛。抗戰勝利後胡均鶴投奔中共，且立了大功，卻在潘被捕前幾個月被收押，後監禁到1984年才平反、釋放。50年代時，汪精衛、李士群早已去世，胡成了當年潘會見汪精衛的唯一見證人。

饒漱石雖沒得到平反，但在中共欽定的1986年8月人民出版社出版的《毛澤東著作選讀》第436條註釋中發現這樣一段話：「但他直接領導潘漢年等在反特方面的工作，由於潘漢年被錯定為『內奸分子』，饒漱石在主持反特工作中的一些活動被錯定為內奸活動，他因此而被認為犯有反革命罪並被判刑。」這也可以算是一種「特殊方式」的平反了，而且否定了潘漢年見汪精衛的「罪行」。

10.1983年發佈潘漢年平反的報告

毛澤東去世後，打倒四人幫，鄧小平復出，改革開放，逐步平反了許多冤案。潘漢年的同鄉、親密戰友陳雲一直積極為潘的平反而努力，並得到鄧小平的協助，重新審查。終於在潘漢年去世三年後的1982年8月23日，中共中央發出《關於為潘漢年同志平反昭雪、恢復名譽的通知》：「1955年4月3日，潘漢年因「內奸」問題被逮捕關押受審查；後來又被定罪判刑，開除黨籍；1977年病故。《通知》宣布：撤銷黨內對潘漢年同志的原審查結論，並提請最高人民法院依法撤銷原判，為潘漢年同志平反昭雪，恢復黨籍；追認潘漢年同志的歷史功績，公開為他恢復名

譽。凡因「潘案」而受牽連被錯誤處理的同志,應由有關機關實事求是地進行復查,定性錯了的應予平反,並將他們的政治待遇、工作安排和生活困難等善後問題,切實處理好。」

連續劇——《潘漢年傳》

二十年前,中共為了紀念潘漢年,拍了一部很有水平的連續劇——《潘漢年傳》。其中描敘到汪、潘會見的情景,汪對潘說:「我與你們毛先生原來是朋友,後來被別人挑撥,產生了誤會。我要告訴你們,不要跟蔣介石搞到一起。他懂什麼?他只是個軍閥。」而潘則義正嚴詞地強調汪與敵偽應投向新四軍。這其中說明了幾點:會談中提到毛與汪的舊情、紅軍與敵偽的「合作」,及共同反蔣。

毛澤東與汪精衛的交情非比一般

當今國共雙方都諱忌談的一段歷史乃是:毛澤東與汪精衛的交情非比一般。汪是毛初出茅廬時的恩師、後臺。國共第一次合作時,毛澤東於1923年加入國民黨,結識了汪精衛。汪十分欣賞毛的才華,特別是兩人對詩詞愛好的相投,對毛多所關愛、提拔,使毛得以在國共合作中初露鋒芒。次年1月在廣州召開的第一次全國代表大會上被孫中山選為國民黨中央候補執行委員,2月到上海擔任上海執行部委員及組織部秘書。

1925年1月,毛在中共第四次全國代表大會落選中央局委員,但是年10月他到廣州後,汪將其宣傳部長的重要職位交給毛代理,後極力支援毛澤東任全國農民協會總幹事,並創辦農民運動講習所。由此可見,汪是毛政治生涯的引導人。毛澤東當時在

國民黨幹的很起勁，曾受到蔡和森的指責。柳亞子也曾警告他國共合作很危險，毛卻與柳極力爭辯。可見當時毛對汪感念之深。一直到1927年3月10-17日，毛澤東還在漢口參加了國民黨二屆三中全會。汪精衛於4月初由外國回到漢口，領導在漢口的國民黨（包括毛澤東）與在南京由蔣介石控制的國民黨抗爭（寧漢分裂）。緊接著，蔣介石就於4月12日在南京、上海等地開始「清黨」，大批誅殺共產黨員。

毛澤東有否給潘漢年指令去見汪精衛？

潘漢年於1939年4月離開延安前往上海做地下工作時，正值汪精衛自重慶出走河內，發表艷電，主張與日本人合作，並籌組偽政府之際。據國內流傳，毛澤東曾與潘單獨面談，提到他和汪的舊情，囑潘到上海、南京後，設法去和汪精衛取得聯繫，並轉達他的「口頭致意」。而基於當時中共發展的需要，與汪精衛、敵偽的聯繫是必要的。史達林於1939年8月23日與希特勒簽訂《德蘇互不侵犯條約》，1941年4月3日又與日本外務大臣松岡洋右簽訂《日蘇互不侵犯條約、日蘇中立條約》，這都是很好的例子。

潘到京滬後，很快就見到李士群、胡均鶴等。毛澤東在抗日期間，最重要的目標就是發展、壯大中共，與蔣介石抗衡。據徐向前的回憶錄《歷史的回顧》記載，七七事變後，毛澤東在洛川會議上發言：「我黨要提高警惕，堅持統一戰線中的獨立自主原則，發展壯大自己，在政治上、組織上保持我黨的獨立性，以免被蔣介石吃掉。」抗戰之初，中共在華北迅速地發展，但其後遭到日軍及國民黨兩方的壓制。

1939年，汪精衛籌組中方第三勢力（偽政權），毛澤東非常關注；1941、42年希特勒席捲蘇聯，蘇共搖搖欲墜，毛也必須考

慮改變策略、另找出路；到了1943年，軸心國敗跡已現，戰後接收問題提上議程，當時國民黨戴笠與敵偽大部分要員都取得聯繫，毛也囑潘漢年加緊工作以備與蔣介石在戰後爭奪地盤。另外人孰無情，不知毛這份「感念知遇之恩」又是如何教潘轉達「致意」的？

總之，於公於私，潘受毛指令去見汪是合理而切實際的。正如1955年李克農報告所說的：「均由上級指示而行，潘所屬的重要關係，當時還正在起著絕秘的作用，是毛主席、周總理所知道的。」王明也在其《中共50年》裡說的很清楚。

中共欽定的歷史必需否認毛澤東授意潘漢年見汪精衛

事實上中共在抗戰期間暗地與敵偽來往並不足為奇，也是時勢所需，一方面為了減少當時損失，更重要的乃是為了與國民黨爭地盤。特別到了抗戰後期，國共雙方為了戰後搶奪接受「淪陷區」，都做了許多與敵偽溝通的工作。重慶的軍統就一直與敵偽的周佛海密切聯繫，招降納叛。潘漢年的工作當然與軍統別無二致。

但這些都是不足為外人道哉，特別是過了多年後，時過境遷，堂堂的「偉大的領袖」如果被「傳說」是被惡名昭張的「漢奸」培養，曾與「漢奸」勾結合作，那豈不是有失「英明」了嗎？1955年，潘重提舊事，他那份交陳毅轉給毛澤東的報告也許說了一些毛澤東見不得人的事，才使得毛大為震怒，趕緊下令逮捕潘漢年、饒漱石、胡均鶴以滅其口！

時至今日，中共還一再與臺灣的國民黨爭論「誰領導了抗日」？中共正統、欽定的史學界也一貫宣傳其「中流砥柱、獨挑大樑、堅決領導抗日」，而國民黨則是「消極抗戰、暗地妥

協。」以至關於「毛澤東授意潘漢年見汪精衛」這件事，一直採取「堅決否認」或「心照不宣」的表述方式，弄出個「潘漢年被『挾持』去見了汪精衛，但一直隱瞞，過了十二年才向上級報告」，這也就成了中共的「欽定」歷史了。中共「欽定」的歷史和真實的歷史往往是有相當差距的。只得留待後人明鑑之矣！

知情而蒙冤

武則天曾重用來俊臣（註：請君入甕出自此君）監視群臣、剷除異己。最後武則天決定去掉來俊臣。臨刑前，來俊臣頗為泰然地說道：「我知道的內情太多了！」《孫子兵法。用間篇》道：「間事未發，而先聞者，聞與所告者死！」潘漢年莫非為「先聞者」而慘遭牢獄、蒙冤而死？

第四章：
世界史上的幾個重大事件

　　本章陳述了羅馬帝國、航海大發現、絲綢之路、俄國、大英帝國以及印度的發展過程及其對人類歷史的影響。其中羅馬延綿兩千兩百年，奠定了西方文明的基礎；航海大發現與絲綢之路溝通了整個世界，促進了文化的交流；俄國與大英帝國都曾極盛長久，對人類文明產生深厚的影響；而印度歷史悠久，文化發達，人口眾多，社會問題重重，可謂輝煌與暗淡同在的國家。

西方文明奠基、成型的羅馬

　　羅馬可以說是人類歷史上最長，也是影響最廣、最大的一個政權、朝代、帝國。從西元前753年羅馬建城，到西元1453年東羅馬滅亡，它總共存在、經歷了兩千兩百多年。羅馬的疆域橫跨歐亞非三洲，它是西方文明奠基、成型者，也對東方文明產生深遠的影響。要用一篇文章來敘述兩千兩百年，影響東、西文明至巨的羅馬，會令人有匪夷所思之感！本文僅簡略地談談羅馬的起源、興起、輝煌、衰退和滅亡，以及它對世界的貢獻與影響。

起源

　　歐洲大陸最早的文明是希臘文明。希臘文明是經過西元前2000年的克里特島文明為中轉，承續古埃及、兩河流域文明而產生。西元前1600年，希臘南部形成邁錫尼文明；西元前1200年進入荷馬時代（黑暗時代）；西元前800年，希臘城邦開始形成民主政治的雅典和軍事專制的斯巴達。羅馬文明則是承續希臘文明而產生。

傳說

　　傳說羅馬人的始祖是特洛伊王子伊尼亞。當木馬屠城，特洛伊陷落時（Trojan War: 1260-1118 BC、Homer's Iliad），伊尼亞

僥倖逃出，經過長途跋涉，千辛萬苦，來到義大利，在那裡紮下根，並和當地國王的女兒結婚，他們的兒子在拉丁區建立了亞爾巴隆加城，統治一個小城幫國；許多代後，內部發生權力鬥爭，國王被他的弟弟阿默留斯篡位，並放逐外方。

羅馬建城

阿默留斯逼迫他的姪女公主做祭司，不能結婚。但不久，公主居然生了一對雙胞胎男孩。阿默留斯命令一個奴隸將兩個嬰兒丟到河裡。奴隸怕神靈，將嬰兒放在籃子裡，擺在河邊。後被河水沖走，掛在台伯河畔的一棵樹上，來了一個母狼，用自己的奶來餵兩個嬰兒。一個牧人見到，以為是神靈保佑，把兩個嬰兒帶回家撫養，取名羅慕盧斯（Romulus）和雷穆斯

母狼用自己的奶來喂羅慕盧斯和雷穆斯

（Remus）。後來兄弟兩人報仇，殺了阿默留斯，在台伯河畔的七個山丘建城，故名「七丘之城」。但兩兄弟發生爭執，羅慕盧斯殺了雷穆斯，將這個城定名為羅慕盧斯，也就是羅馬。當時是西元前753年。

羅馬不是一天造成的

前面講述的都是傳說，事實上誰也搞不清楚羅馬開始有居民的確切時間。但知道是一群從希臘過來的移民。希臘文明走過漫

長的道路，有過輝煌的歷史，各城邦互相爭戰，社會也逐漸腐化，有的人就離開希臘，到地中海其他地方尋找新天地，也把希臘的先進文化傳播四方。這很像當年北美的移民在美國建立殖民地。義大利與希臘一衣帶水，航海方便，羅馬地理位置優越，在利於通航的台伯河岸，距海岸只有16英里，成為一個貿易中心。土地是肥沃的火山岩土壤，利於農業發展。另外羅馬坐落在河岸的小山上，山勢陡峭，在

羅馬競技場

台伯河與古堡

軍事上易守難攻。這許多得天獨厚的地理條件，加之希臘文化的衝擊、影響，大約在西元前十到九世紀，羅馬的山上就出現了居民，到西元前八到七世紀已融合成一個民族，建立了城邦（西元前753年），擁有三個氏族部落，在歷史上被稱為「王政時期」。

興起──王政時期（西元前753-510年）

　　王政時期共有七個國王，乃是部落聯盟，實行軍事民主；由國王召集「庫里亞大會」，所有成年男子皆可參加，有權處理公社重要問題。由三百個氏族組成元老院，審批或否決庫里亞大會決議；國王由選舉產生，為軍事首長，並擁有最高祭司的權力。按財產多少把公民分成五等，確定義務與權利；後期王權逐漸加強，把附近新的部落加入原來的血緣部落。

戰爭與起義

　　羅馬王政時期開始，在羅慕盧斯統治時，羅馬搶奪撒賓婦女，引起戰爭。到了西元前509年，人民起義推翻塔克文家族王政，建立共和制，王政時期結束，進入共和時期。

興起──共和時期（西元前510年-2年）

　　共和時期開始，羅馬建立與改善政治制度，從貴族中選舉產生「執政官」取代國王；但逐漸造成平民與貴族之間的矛盾、爭執不斷兩百餘年。西元前287年，通過霍騰西烏斯法案，平民與貴族在法律上才有平等地位。另外在疆域方面，也逐步向四周擴展，經過兩百多年的征戰，於西元前272年征服波河以南的全部義大利。

向外擴展

　　西元前272年，羅馬統一義大利半島後，開始向地中海各地擴展；與位於西地中海、北非的迦太基爭戰一百餘年。迦太基名將漢尼拔曾侵入義大利；西元前149年，羅馬滅亡迦太基，設行省。

　　西元前215年，羅馬開始對馬其頓、希臘及東地中海地區爭戰。西元前148年，併吞馬其頓、希臘，設行省；西元前129年，併吞帕加馬（位於今土耳其），設亞細亞行省。至此，羅馬已成為橫跨歐、亞、非三洲的大帝國。

奴隸起義與内部鬥爭

　　因為内部階級矛盾，共和時期發生過許多奴隸起義：帕加馬奴隸起義、西西里奴隸起義、斯巴達克斯等等奴隸起義。

改革與獨裁

　　先為格拉古、馬略、蘇拉三巨頭爭權，後產生克拉蘇、龐培、凱撒所謂前三雄（三頭）同盟，最後凱撒勝利，獨攬大權。凱撒被刺後形成屋大維、安東尼、雷必達的後三雄（三頭）同盟，最後屋大維勝利，成為羅馬執政官。

凱撒

　　凱撒出身名門貴族，與民主派領袖關係密切，在平民中有聲望，成為前三雄同盟的一員。西元前59年，當選為執政官；執政官期滿後出任高盧總督，征服高盧反叛，將高盧併入羅馬。西元前49年，他率軍進入羅馬驅逐龐培，追逐到埃及，龐培身亡。西元前45年，凱撒被元老院任命為「終身獨裁官」；進行政治改革，選平民進入元老院；進行經濟

凱撒

改革，實行直接稅；分配土地給退伍老兵和貧苦農民。西元前44年，他被刺於元老院議事廳。凱撒對羅馬的政治、經濟、疆土均做出重大貢獻，也使羅馬走向「皇帝獨裁」的時代。

共和結束、進入帝國時代

屋大維是凱撒的甥孫。西元前36年，屋大維解除雷必達的兵權。西元前37年，安東尼與埃及女王克利奧帕特拉相戀、廝守。於是屋大維開始整肅安東尼。西元前31年，屋大維在希臘海戰大敗安東尼；西元前30年，安東尼與克利奧帕特拉自殺；西元前27年，屋大維凱旋歸國，被元老院尊為「奧古斯都」，成為終身執政的「元首」。西元前2年：屋大維被元老院、騎士、平民宣布為「祖國之父」，軍權、政權、立法權、宗教權集於一身，等於皇帝；羅馬進入帝國時期。

輝煌——帝國時期
（西元前2年開始）

屋大維統治期間，積極推行中央集權、整頓軍隊、改善財政制度、注重公共設施建設—劇場、競技場、道路、水道、港口、浴池等；恢復羅馬舊宗教及傳統風俗，整頓社會道德。屋大維過世後，羅馬元首位採行了世襲制。但其後也由掌握軍權、發動戰爭等手段

屋大維

奪取，歷經裘莉亞·克勞狄王朝（西元14-68年）、弗拉維王朝（西元69-96年）到了安敦尼王朝（西元95-192年）。這時期羅馬達到全盛時期，被稱為「黃金時代」。其繁盛主要是圖拉真、哈德良兩位元首締造；在疆土方面，幾乎當時的整個文明的西方都被納入羅馬的版圖。

羅馬水渠

羅馬極盛時的疆域圖

衰退──三世紀危機與戴克里先改革

　　到了第三世紀，羅馬的元首更替頻繁，地方軍閥分裂、中央權力薄弱；統治者驕奢淫逸；而公民好逸惡勞、社會道德敗壞，人民、奴隸起義不斷；加之北方蠻族入侵，造成農業萎縮、手工業衰落、商業蕭條、城市沒落。284年，禁衛軍首領戴克里先被擁立為「元首」，他即位後廢除「元首制」，加強中央集權，打擊基督教，正式確立「君主專制」。同時進行政治、軍事、財政改革，以蠻治蠻，舒緩了帝國的社會危機。

東、西分治

　　戴克里先見到羅馬版圖龐大，而東、西距離遙遠、文化差異巨大，難以由中央一元領導、治理，遂將帝國分為四個區域，由他與其助手分別統治；戴克里先晚年自行退位，回到故里─克羅埃西亞Split種大白菜。323年，君士坦丁登上皇位，廢除四帝共治，羅馬重歸統一。遷都到拜占庭，改拜占庭為君士坦丁堡；337年，君士坦丁逝世后，羅馬統治集團發生長期的王位爭奪戰，379年，迪奧多西奪取王位；395年，迪奧多西臨終前將帝國分為東、西兩部分，羅馬帝國正式分裂。

基督教－西方中樞思想的建立

　　基督教產生於西元一世紀中葉，最早在羅馬統治的猶太下層群眾，很快傳遍整個羅馬。因有反對壓迫的戰鬥精神，受到羅馬統治者鎮壓，多次被打擊和迫害。其後教義逐漸轉變，宣傳基

督教和帝國利益一致。西元313年，君士坦丁宣布基督教的合法性；西元392年，迪奧多西宣布基督教為國教。

教皇

教皇一詞譯自「Pontifex」（祭司），原指羅馬帝國皇帝兼任的多神教「Pontifex Maximus」（最高祭司），現為天主教國家梵蒂岡城國元首的政治及外交稱號。西元382年，羅馬皇帝廢止勝利女神的祭祀，獨尊耶和華一神，並將教皇一職交羅馬教會第39任主教。西元445年，東羅馬皇帝與東正教會承認其教會的最高地位。同時，時任羅馬主教利奧一世因勸退阿提拉，而在羅馬市民中樹立威信，成為第一位被譽為「偉人」的教皇。西羅馬滅亡後，奉行神權至上的羅馬教會與政教合一的東部教會漸行漸遠。西元八世紀丕平獻土，教皇國以此為基礎成立，自此成為世俗國家的領袖，直到20世紀簽訂拉特蘭條約成為象徵國家。

匈奴、蠻族入侵與西羅馬滅亡

日爾曼人（Germanic peoples），與塞爾特人（Celts）、斯拉夫人（Slavs）被羅馬人並稱為歐洲的三大蠻族。西元三世紀，日爾曼族的東哥德臣服於匈奴，西哥德人大批遷入羅馬，受羅馬雇傭掌握軍隊，羅馬軍逐漸「蠻族化」；西元410年，西哥德王阿拉里克率軍攻克羅馬，西羅馬帝國大部分的領土也在此後被入侵的日耳曼族瓜分殆盡，西羅馬名存實亡。原居中國北方草原的匈奴在西元一世紀被漢朝擊敗、分裂，南匈奴歸化、融入漢族；北匈奴向西遷移。西元五世紀，匈奴首領阿提拉（Attila the Hun）

橫掃歐洲，被稱為「上帝之鞭」，兩次入侵巴爾幹半島，包圍君士坦丁堡；遠征高盧（今法國），最後在沙隆之戰戰敗，被阻止向西進軍。西元452年，阿提拉攻向義大利，勢如破竹，羅馬城岌岌可危。但他在義大利北部

上帝之鞭－匈奴阿提拉

的波河停止了攻勢，並接見了教皇利奧一世，答應議和、撤兵。次年阿提拉暴斃，匈奴帝國分裂、崩潰。西元476年9月4日，6歲（一說13歲）的西羅馬皇帝羅慕路斯·奧古斯都被禁衛軍領袖日耳曼人奧多亞塞威迫退位，西羅馬帝國滅亡，古代歐洲終結，進入了中古時代。

歐洲黑暗時期

　　西羅馬帝國滅亡後，直到文藝復興（14-16世紀）之前，被稱為「中世紀」，也是「黑暗時代」。這段時期缺乏一個強有力的政權來統治，社會動盪，人民生活在戰亂和瘟疫的痛苦中，科技和生產力發展緩慢，教權壓抑新思想，整體文化發展遲緩。西歐出現許多「蠻族」—日耳曼族的國家，其中以法蘭克王國最大、長久。後分裂為法國、德國、義大利；另外英國也由日耳曼族建立政權。日耳曼民族的傳統與羅馬—基督教文化分分合合，相互作用，推動中世紀文明發展，最後奠定了近代西歐文明的基礎，引領了全世界，走向人類文明的新紀元！

拜占庭——東羅馬與東正教

東羅馬延綿了十一個世紀（395-1453年），以原拜占庭為都城，改名君士坦丁堡，統治地中海東部。東羅馬和西羅馬在文化、語言和政治上都存在很大分歧。雙方在宗教信仰的問題上也鮮有共識，東正教受希臘文化及波斯文化影響很大。羅馬教廷堅持基督兩性論—神性與人性並存，拜占庭東正教堅持一性論—神性；羅馬教廷盛行偶（圖）像崇拜；拜占庭禁止崇拜偶像。西元1054年，羅馬教會與君士坦丁堡教會徹底分裂；其後形成今日基督教的三大派別—天主教（羅馬）、東正教（希臘）、基督教（新教）。

查士丁尼復辟之夢想

查士丁尼是一個頗有作為的君主，在位時建樹頗多。首先在529年頒布《查丁尼亞法典》；並嚴格管理手工業和商業。532年，聖索非亞大教堂（其原名Hagia Sophia是神聖的真理的意思）開始動工。這座教堂後來成為拜占廷宗教生活和東正教的中心。533年，查士丁尼宣布東正教為國教，嚴格控制教會。同年派大將貝利撒滅北非汪達爾王國，佔領迦太基；535年，進攻在義大利的東哥德王國。直到554年，完全征服義大利，並攻佔西班牙東南沿海的西哥德王國，幾乎恢復羅馬帝國昔日的興盛。這段時期被稱為拜占庭帝國的「第一黃金時代」。可惜查士丁尼死後，其征服的領土逐漸喪失，帝國走向衰退。

千年抵禦東方入侵歐洲

　　拜占庭帝國因為地處歐亞之交，是以從一開始的第四世紀末、第五世紀初就受到匈奴、波斯、斯拉夫人和保加利亞人的侵擾和威脅。443-447年之間，匈奴首領阿提拉兩次進攻君士坦丁堡，拜占庭困守，最後賠款求和。611年起，開始抵禦波斯、柔然（Avars）的入侵。678年起，抵禦新興的阿拉伯帝國、雙方對峙近四百年。拜占庭帝國設立軍區制，實行軍屯，以抵禦東方來的敵人，造成軍事貴族。

　　九到十一世紀的馬其頓王朝時期，拜占庭帝國政治、經濟穩定，達到極盛，史稱「第二黃金時期」；開始發動對外征服戰爭。961-975年，消滅阿拉伯海軍，收復巴勒斯坦、小亞細亞；1018年，兼併保加利亞王國。西元1055年，塞爾柱帝國（中國北方突厥部烏古斯人西遷）建立，開始進攻東羅馬。西元1071年，塞爾柱帝國攻佔大部分小亞細亞；同年，諾曼人攻佔義大利南部，奪取東羅馬在西方的最後據點。

　　十一世紀末，為了對付東方來的入侵，東羅馬向西方求助，引來大禍。1204年，十字軍東征，攻佔君士坦丁堡，直到1261年，在邁克爾八世領導下，東羅馬才收復君士坦丁堡。此段時間為蒙古第三次西征（旭烈兀），滅敘利亞、攻土耳其小亞細亞，但沒有進攻東羅馬。

東羅馬最後的歲月及滅亡

　　十四世紀上半期，奧圖曼帝國（中國北方突厥族西遷）迅速崛起，統治土耳其，開始進攻東羅馬。西元1373年，東羅馬皇帝

歷史上連續建都最長久（15個世紀）的城市——伊斯坦布爾

向奧圖曼帝國稱臣納貢。西元1393-1402年，奧圖曼圍攻君士坦丁堡九年，最終撤退。

西元1453年，奧圖曼帝國皇帝默罕默德二世在圍攻兩年之後，終於攻陷君士坦丁堡；並將其做為自己的首都，改名伊斯坦布爾，東羅馬滅亡。東正教文化中心遷到莫斯科；許多文化人逃往義大利。從西元前753年到西元1453年，總共2206年的羅馬走完了它的歷史過程！

貢獻與影響

羅馬承先啟後，奠定西方文明的基礎，影響世界歷史的走向；確定西方思想中樞—基督教。它在行政方面，中央集權與地方分治兼具；建立西方法律系統，至今許多國家仍以羅馬法律為其立法基礎。大帝國統一促進世界貿易往來、協同開闢絲綢之路。

羅馬注重基礎建設：公路、水道，條條大路通羅馬。在城市建設與市民服務方面，建立公立醫院、大劇場，競技場、供水、

東羅馬後期領域圖
來源：Ichthyovenator CC BY-SA 4.0　https://reurl.cc/KjdVEm

排水系統。建築發展有；羅馬式的磚石造宮殿、大廈、房屋建築。自然科學、哲學、文學、史學發展斐然；創造拉丁文：其後發展出英語、法語、義大利語、西班牙文、葡萄牙文。

　　東羅馬抵禦東方國家（匈奴、波斯、阿拉伯、阿瓦爾、塞爾柱土耳其、奧圖曼）的入侵，屏障歐洲、基督教一千多年；西羅馬亡後，歐洲走向黑暗時期；東羅馬亡後，迎來文藝復興。

▎航海大發現的時代與英雄

Monument of the Discoveries，葡萄牙里斯本

航海大發現時代起，西方開始由歐洲航海探索、走向、擴展到全世界，也可以稱為人類的大融合、整合時代，對人類的文明影響至巨。本篇讓我們來談談這個時代的背景、發展經過，以及期間的幾個重要的英雄人物。

十五世紀起了驚天動地的變化

人類文明的濫觴在歐亞非之交的兩河與尼羅河流域。而直到西元十五世紀，文明的發展主要在歐亞非大陸及其周邊的島嶼。雖然其他地區在遠古、舊石器、新石器時代已有人類足跡、棲

息。但基本上，直到十五世紀與歐亞非是隔離，互不往來的。但到了十五世紀起了驚天動地的變化，很有意思的乃是開啟這個時代的並非歐洲強國，也非中國，卻是一個蕞爾小國—葡萄牙。

亨利王子航海探險的初衷

葡萄牙航海探險的初衷主要是政治動機，要尋找傳說中在撒哈拉沙漠以南、尼羅河上游的一個信仰基督教的國家—約翰神父之國，聯合他們對抗多世紀以來盤踞在里比利半島南部及北非的伊斯蘭教摩爾人，最後把摩爾人的勢力剷除。這和漢武帝派遣張騫出使西域，聯繫大月氏、烏孫等國，以夾擊匈奴的目的頗為相似。

亨利王子四十多年的航海事業

亨利王子（Prince Henry the Navigator; 1394-1460年），是葡萄牙親王、從小對航海非常有興趣。當時葡萄牙因地處歐洲西南的邊緣，國土很小，無法與強國競爭，於是就只有向海外發展。1415年，亨利王子21歲，就勸導他父親若昂一世（John I）遠征非洲北部的休達港（Ceuta）。雖只佔了個空城，而未獲得任何財產、人力，但此次航海成為其後航海大發現的濫觴。1419年，亨利王子親率兩艘船沿非州西海岸南下，發現了Maderia群島。1420年又發現Porto Santo；1434年由Gil Eannes繞過了波查約多爾角；1436年到達了Rio de Ouro。1437年，亨利王子又率艦遠征北非Tangier，但不幸慘敗。1441年亨利王子和Antam Goncalves、Nuno Tristam分乘兩艘船南下，在里約奧羅登岸強抓黑奴；1443年，Goncalves與Tristam到達Arguin，滿載黑奴而歸，獲利頗豐。

1445年，又發現幾內亞的塞內加爾河口；其後進抵Roxo，發現維德角群島，獲得大量黃金、象牙。1454年，羅馬教皇發佈規定，由葡萄牙壟斷西非及大西洋近海航行；1460年，葡萄牙航海已到達Sierra Leone，就在這年，亨利王子去世。

亨利王子的貢獻

亨利王子四十多年從事西非及大西洋近海探險，培養了大批的航海、天文、地理、數學、製圖人才；取得許多技術新知及航海經驗；激起歐洲人打破阿拉伯人壟斷、阻塞西方前往東方的意念；加之受馬可波羅《東方見聞錄》的影響，尋找海上前往印度、中國之路遂成為歐洲遠洋探險的嚆矢。亨利王子開啟了航海大發現的時代！

航海家亨利王子Henry the Navigator

為什麼是亨利王子而不是鄭和開啓了航海大發現

亨利王子與鄭和（1371-1433）生長在同一時代。鄭和七次下西洋（1405-1433），他率領的船隊大於亨利西非探險船隊百倍，他的航程也是亨利的幾十倍，他有明成祖舉全國之力支持遠航，當時中國富強鼎盛。但為什麼亨利的西非探險開啟了近代航海大發現，而鄭和七下西洋之後，中國的航海卻消聲匿跡了？這是一個很沉痛的問題！

（1）西方從14世紀開始
進入文化復興，以
義大利為中心，掀
起文藝復興運動，
打破中世紀黑暗時
期宗教的枷鎖，再
生希臘、羅馬文化
而起，形成絕非開
倒車的復古運動：
思想上再生，藝術
上認識人與世界之
美，科學上理智型

鄭和

的解放，宗教自由，使整個文化提升了朝氣與智慧，
樹立以全面自由開放為本的社會、政治改革。

（2）中國文化發展走向停滯、僵化，閉關自守、缺乏冒險
精神、跟不上西方的進步。

（3）政府政策與人民利益的矛盾，政府執行海禁，民間為
謀生轉而為海盜。

（4）缺乏對國際航海、海權有遠見的國家領導。

（5）鄭和是個偉大的航海家，但他並不是一個探險家，他
的主要任務是「宣揚國威」，缺乏商業動機，當時他
七次航海，來回都經過臺灣海峽，覺得臺灣「無奇貨
可取」，遂沒有登岸造訪，更談不上探險尋找「新大
陸」了。

（6）可惜的是，鄭和後繼無人，中國沒有像葡萄牙一樣，
把原本以「政治動機」開啟的航海，逐漸轉化為富國
利民、開創新時代的雄偉大業！

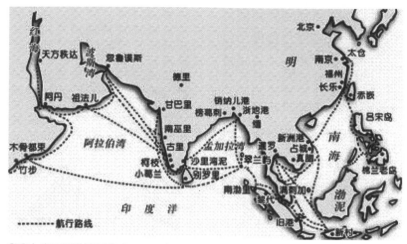

鄭和七次下西洋航海圖（1405-33）

迪亞士的兩次航行

　　迪亞士於1487-88年率船隊沿非洲西岸南航，發現好望角，並繞過非洲南端，進入印度洋，卻因船員抗議，未能繼續東航到印度。1500年，迪亞士作為佩德羅・阿爾瓦雷斯・卡布拉爾艦隊中的一員，率領四艘船參加了繼達伽馬之後的第二次印度遠征，在起初的大西洋航行中，因風暴導致偏航，意外發現巴西。5月24日，迪亞士帶領的四艘船在好

巴爾托洛梅烏・迪亞士（葡萄牙人）

望角海域遭遇了風暴，迪亞士葬身於他一生最榮耀所在的「好望角」。

迪亞士的貢獻

迪亞士帶領船隊航行發現好望角，並繞過非洲大陸最南端，進入印度洋，歐洲人第一次打通了大西洋和印度洋之間的海上通道，標誌著歐洲可以繞過伊斯蘭世界直接與印度和亞洲其他地區展開貿易。為葡萄牙及歐洲人開闢通往印度的新航線奠定了堅實的基礎。

哥倫布的貢獻

哥倫布並不是第一個到達美洲的歐洲探險家（第一個到達美洲的歐洲探險家是維京人（Viking）萊夫·埃里克松——Eric the Red），但哥倫布的航海帶導了第一次歐洲與美洲持續的接觸，並且開闢了後來延續幾個世紀的歐洲探險和殖民海外領地的大時代。這些對現代西方世界的歷史發展有著無可估量的影響。

克里斯托弗·哥倫布（義大利人）

新大陸命名為「亞美利加洲」

哥倫布於1506年去世，一直到他臨死，他還是相信他已到了東方。1507年，德國地理學者Martin Waldseemuller出版《Cosmographic Introduction》中稱新大陸為「亞美利加洲」（Amerigo or America），

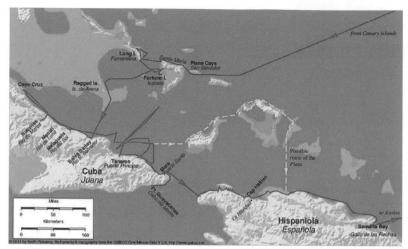

哥倫布首次航行圖（1492-93）
來源：Keith Pickering CC BY-SA 3.0　https://reurl.cc/q8nMbg

因為義大利人Amerigo來新大陸探險數次，在其給友人的信件中，最先提出哥倫布發現的是個「新大陸」，而非印度附近的島嶼。

葡萄牙、西班牙瓜分世界海權

　　1494年，葡萄牙與西班牙簽訂「托的西拉斯條約」，規定以大西洋中的維德角群島之西370里格（三海里）為分界，西班牙向西，葡萄牙向東，各自發展航海探險。葡萄牙逐步向東發展去印度、中國的航海探險及商務貿易。西班牙則積極發展中南美洲的探險，尋找黃金、白銀，進行對加勒比海群島、墨西哥、祕魯、中美、南美等原住民的殖民。

達‧伽馬航行抵達印度

達‧伽馬（Vasco da
Gama、1469-1524年）出生
於葡萄牙。他在青年時代參
加過葡萄牙與西班牙的戰
爭，後到葡宮廷任職。1497
年7月受葡萄牙國王派遣，
率船從里斯本出發，尋找通
向印度的海上航路，船經加
那利群島，繞好望角，經莫
三比克等地，於1498年5月
到達印度西南部卡利卡特。
同年秋離開印度，於1499年
9月9日回到里斯本，帶回大
量的商品，激起了葡萄牙人
前往遠東貿易的狂潮。

達‧伽馬—Vasco da Gama（葡萄牙人）

達‧伽馬在1502~1503年和1524年又兩次到印度，後一次被
任命為印度總督。達‧伽馬通航印度，促進了歐亞貿易的發展。
在1869年蘇伊士運河通航前，歐洲對印度洋沿岸各國和中國的貿
易，主要通過這條航路。這條航路的通航也是葡萄牙和歐洲其他
國家在亞洲從事殖民活動的開端。

當達‧伽馬完成了第二次遠航印度的使命後，得到了葡萄牙
國王的額外賞賜，1519年受封為伯爵。1524年，他被任命為印度
副王（viceroy）。同年4月以葡屬印度總督身分第三次赴印度，9
月到達果阿，不久染疾。12月在卡利卡特逝世，享年53歲。

達‧伽馬的貢獻

達‧伽馬是歷史上第一位從歐洲航海到印度（1497-99年）的人，開啟了歐洲與亞洲的海上航線，該航路繞過地中海沿岸及阿拉伯半島，為日後葡萄牙，以及後續的荷蘭、英國、法國等列強對外殖民擴張鋪平道路。打破阿拉伯壟斷的的海上貿易，使葡萄牙成為海上霸權，創造了巨大的財富。

麥哲倫的貢獻

麥哲倫是葡萄牙探險家，為西班牙政府效力探險。1519年－1521年率領船隊首次環航地球，死於與菲律賓當地部族的衝突中。雖然他沒有親自環球，但他船上餘下的水手卻在他死後繼續向西航行，回到歐洲。證實地球是圓的。人類首次橫渡太平洋，在地理學和航海史上產生了一場革命。證明地球表面大部分地區不是陸地，而是海洋，世界

費南多‧德‧麥哲倫（葡萄牙人）

各地的海洋不是相互隔離的，而是一個統一的完整水域。這樣為後人的航海事業起了開路先鋒的作用。

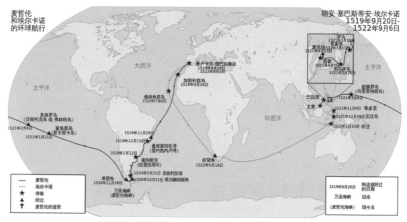

麥哲倫環繞地球航線圖（1519-22）

來源：Sémhur, derivative work: Towerman CC BY-SA 3.0　https://reurl.cc/m9Reo1

航海大發現時代的後起之秀

　　葡萄牙在東方霸權的衰落肇因於荷蘭、法國和英國的航海探索的展開。在西非、中東與遠東地區，英國與荷蘭逐漸蠶食掉了葡萄牙的一部分殖民地。孟買在後來被贈送給了英國。只有澳門、東帝汶、果阿、安哥拉、莫三比克與巴西還在葡萄牙的實際控制之下。荷蘭人曾經奪取了巴西將近一半的土地，但最終還是被葡萄牙人奪回了。

　　法、荷、英三國派出的第一支探險船隊在英國資助下開啟了英法共同探索北美洲的時代。大部分西班牙人都忽視了遼闊的美洲大陸北部，認為那裡遍佈游牧民族，且未建立龐大國家，較之中美更難以控制。卡博托、雅克・卡蒂亞和其他航海者希望在北方找到通往富庶東方的水道，但他們都沒有成功。水道並沒有找到，然而這些探索卻展示了其他的收益：17世紀初，來自中歐與北歐的殖民者登上了北美洲東岸，建立起了最早的一批北美殖民地。

英國的航海探索

1577年到1580年，英國的法蘭西斯・德雷克爵士完成了人類歷史上的第二次環球航行。接著展開了對北美和全世界的航海探索。

亨利・哈德遜的北美探險

亨利・哈德遜（Henry Hudson, 1565-1611年）是一位以探索西北航道而聞名的英國探險家與航海家。哈德遜一生大多時間不得志，一開始是船艙男侍，後來成為船員，逐步升成船長。當時許多人認為可能從北美洲的最北部經過北極海航行到歐洲。這是一條捷徑，被稱之為「西北航道」。

1607年，哈德遜受聘於英國的莫斯科公司，開始探索西北航道，但在兩年中的兩度航行中都未能得到任何實質的結果，最後被莫斯科公司解職。1609年，他又受聘於荷蘭東印度公司，再度探索西北航道。雖然這次探索仍未能打通西北航道，但成功地探勘了美國東北部及加拿大的部分地區。他見到了紐約曼哈頓島，宣稱是荷蘭的殖民地，後被命名為新阿姆斯特丹。如今的哈德遜灣、哈德遜郡、哈德遜海峽及哈德遜河即是以亨利・哈德遜來命名的。不過回國后就被英國拘押，因為英國政府想得到他的航

Henry Hudson（英國人）

海資料。

　　1610年，哈德遜得到英國的支援，再度航行探索西北航道。他先到冰島，再繞過格陵蘭南岸，經過哈德遜海峽，進入哈德遜灣，在詹姆斯灣（James Bay）度過了1610-1611年的冬天。1611年初夏，浮冰解凍，哈德遜打算繼續向西探險，結果遭到船員的叛變，最後被流放在冰天雪地的海邊，從此下落不明。

庫克船長發現東澳洲、紐西蘭和夏威夷

　　詹姆斯・庫克（James Cook, 1728-1779年），人稱庫克船長（Captain Cook），是英國皇家海軍軍官、航海家、探險家和製圖師。庫克在1755年加入皇家海軍後，他參與過七年戰爭，後來又在魁北克圍城戰役期間協助繪製聖勞倫斯河河口大部分地區的地圖，戰後在1760年代為紐芬蘭島製作多張精細的地圖。庫克繪製地圖的才能獲得海軍部和皇家學會的青睞。

　　1766年，庫克獲委任為奮進號船長，首度出海往太平洋探索，他曾經三度出海前往太平洋地區，在數千公里的航程途中深入不少地球上未為西方所知的地帶。透過運用測經儀，他為紐西蘭與夏威夷之間的太平洋島嶼繪製大量地圖，地圖的精確度和規模皆為前人所不及。在探索旅途中，庫克也為不少新發現的島嶼和事物命名。

　　在歷次的航海旅程中，他展現出集合航海技術、測量和繪圖技術、逆境自強能力和危機領導能力等各方面的才華。帶領船員成為首批登陸澳洲東岸和夏威夷群島的歐洲人，也創下首次有歐洲船隻環繞紐西蘭航行的紀錄。最後他在南半球環繞地球，希望能找到傳說中的「南方大陸」，他的航程已非常接近南極洲，但失之交臂，最後他只得說：「我想並沒有南方大陸，就是有，也

是個沒有用的地方！」南極洲一直到他死後一百多年，才被人證實。

1779年2月14日，庫克和他的船員在第三次探索太平洋期間，與夏威夷島上的島民發生打鬥，遇害身亡。

法國的航海探索

勒內・羅貝爾・卡弗利耶・德・拉薩勒（1643年－1687年）是一位著名的法國探險家，他對北美大陸進行了深入的探索。他曾橫渡五大湖與密西西比河，並對魁北克與密西西比河河口之間的地區進行了探索。第一位完成環球航行的法國人是路易・安托萬・德・布幹維爾（1729年－1811年），他探索了馬維娜斯群島、大溪地、薩摩亞群島、所羅門群島與新赫布里底群島。另一位著名的法國航海家是讓・弗朗索瓦・德・拉彼魯茲（1741年－1788年）。拉彼魯茲繼承了布幹維爾與庫克探索太平洋的未竟之業。他探索了菲律賓群島與澳門，並發現了以他姓氏為名的拉彼魯茲海峽。1788年，他來到了所羅門聖克魯斯群島的瓦尼科羅島，之後便杳無蹤跡。1826年，人們才在當地發現了他船隻的遺跡。

荷蘭的航海探索

第一位完成環球航行的荷蘭人是海盜奧利維爾・范諾爾特（1558年－1627年）。1596年，威廉・巴倫支（1550年－1597年）發現了斯瓦爾巴群島。此外，後人為紀念巴倫支，還將新地島與斯瓦爾巴群島之間的陸緣海命名為巴倫支海。1606年，荷蘭探險家威廉・揚松在今日澳大利亞昆士蘭州約克角半島西岸的彭尼法瑟河登陸，大約在韋帕附近。他也是歷史上第一個到達澳大

利亞的歐洲人。1616年，荷蘭航海家威廉・斯豪滕與雅各・勒梅爾在橫渡太平洋的航行中發現了合恩角。荷蘭探險家阿貝爾・塔斯曼（1603年－1659年）於1642年發現了塔斯馬尼亞島、紐西蘭、湯加群島和斐濟群島。另一位著名的荷蘭探險家雅各・羅格溫（1659年－1729年）則發現了復活節島以及薩摩亞群島的一部分島嶼。

俄國的航海探索

當西歐諸國都參與航海大發現的時潮時，俄國則積極向東探索並征服西伯利亞，只花了六十多年就進展到西伯利亞的東端。1724年，彼得大帝命令丹麥籍的俄國人維他斯・白令（Vitus Bering）前往西伯利亞東海岸探險。白令率隊於1725年出發，經過兩年的陸路跋涉，最終於1727年跨越了近八千公里，到達了鄂霍茨克海海岸。在那裡建造了一艘海船──「聖加夫利拉」號。他們於1728年沿勘察加半島的海岸線向北航行，一路克服狂風巨浪向著想像中的亞洲大陸最東端前進，結果皇天不負有心人，在1729年8月的一天，白令的探險隊再也看不到亞洲的海岸線向東方延伸了！所到之處只有汪洋大海和厚厚濃霧，沒有陸地的絲毫痕跡。可惜因為濃霧，他們沒能看到35公里遠的阿拉斯加北部，就折返向西，於1730年回到聖彼德堡。十年後，白令再度率隊來到東西伯利亞，從勘察加半島向東北航行，終於在1741年7月看到了北美西端，他們沿著伊留申群島和阿拉斯加西南海岸航行，探測了北美與亞洲交界的大陸和島嶼狀況。但在回航中遇到風暴，登上一個小島，白令當時已六十歲，年老不支，於12月死在島上。倖存的一些船員造了一艘小船，得以回到勘察加半島。後來俄國把白令遇難的荒島命名為白令島。

尋找南極洲

古希臘人曾提出世界應是一個球體，同時他們認為既然北半球有那麼多的陸地，基於平衡，南半球也應該有一塊很大的陸地。這個假設一直影響到近代。尋找「南方大洲」成為航海大發現時期的最後目標。隨著澳洲及紐西蘭的發現，人們將探險推向更南方。其中貢獻最大的應為庫克船長（Captain Cook）。他從1772年12月到1775年3月，

James Cook（英國人）

用了三個南半球夏天的時間，作環繞南極洲的航行，曾有兩次進入南極圈（南緯66度30分），最南到了南緯71度10分的海域，創下了當時人類南航的記錄。但他只見到許多冰山，沒有見到陸地。他的結論是：「我已經完成了這次高緯度的環南大洋的航行。在我所到的地方，是沒有大陸存在的。也許在南極的附近有一塊大陸，或者有一片很大的土地，我不否認，而且我們可能曾經看到了它的一部分。如果將來有誰證明了這一點，我將不會嫉妒他發現新大陸的榮譽。但我願意大膽地說，世界將不會從這塊土地上得到什麼好處。」

繼庫克船長而去南極冰域的大多是捕海象和海豹的亡命徒，他們都是聽到庫克繞南極的航行報告而去的。這些人的目的在於賺錢發財，大多是偷偷摸摸甚至是非法行事。但據猜測，這些人可能早已看到了南極大陸，只是沒有公諸於眾。後來英國

人William Smith和Edward Bransfield宣布，他們在1820年1月30日見到了南極大陸半島，這是人類「發現」南極大陸的最早記錄。但是直到1895年1月24日，挪威人Carsten Borchgrevink和Leornard Kristensen等才踏上南極大陸。這種種說明南極的探險是漫長而艱難的。

總結

　　航海大發現，與文藝復興相輔相成，使歐洲人走向全世界；促進了世界的文化交流與文明發展；產生了西方殖民風潮；刺激了資本主義的澎湃發展；奠定了帝國主義的基礎。但殖民風潮摧毀了許多各地的本土文化；進行了殘忍的廝殺、欺騙、壓制；引起許多殖民者與被殖民者的戰鬥；列強紛爭、戰亂無止無休。是以航海大發現是人類文明進步的一大里程碑，但也對整個世界帶來不少禍害！

▌ 東西方交流的大道──絲綢之路

「絲綢之路」是東、西方交流的大道。從遠古、中世紀，到近代，絲綢之路一直為東西方貿易與文化發展做出重大貢獻。如今中國進行「一帶一路」的宏偉計畫。「一帶」是指「絲綢之路經濟帶」；「一路」則指「21世紀海上絲綢之路」的簡稱。可見「絲綢之路」在未來還將繼續促進人類貿易、文明的發展。

名稱的來源

「絲綢之路（Silk Road）」之名是一位德國旅行家、地理和地質學家、科學家─費迪南‧馮‧李希霍芬男爵（Ferdinand von Richthofen, 1833-1905年）於1877年完成、出版的一本書──《中國─親身旅行和據此所作研究的成果》中首次提出。從此就被全世界廣泛地使用！這個名字取得非常好，得體、醒目、響亮。但往往帶給人們四大誤解：（1）絲綢之路主要是運送絲綢；（2）主要是把中國先進的產物送往西方；（3）張騫鑿空西域，開啟了「絲綢之路」；（4）主要是經過河西走廊。

狹義的絲綢之路

狹義的絲綢之路通常是指歐亞北部的商路，與南方的茶馬古道（南絲綢之路）形成對比。西漢時張騫以長安為起點，經關中

狹義的絲綢之路

平原、河西走廊、塔里木盆地，到錫爾河與烏滸河之間的中亞河中地區的伊朗，並聯接地中海各國的陸上通道。這條道路也被稱為「陸路絲綢之路」，以區別日後其他許多條冠以「絲綢之路」名稱的交通路線。其基本走向定於兩漢時期，包括南道、中道、北道三條路線。

廣義的絲綢之路

但實際上，「絲綢之路」並非是一條「路」，而是一個穿越山川、沙漠，且沒有邊界的通道網路，廣義的絲綢之路指古代西方與東方交流途徑的統稱；是從上古開始陸續形成的，遍及歐亞大陸甚至包括北非和東非在內的長途商業貿易和文化交流線路。除了上述的路線之外還包括：張騫鑿空西域前已有的四川、雲南經緬甸到印度、中亞的茶馬古道，或稱「南絲綢之路」；約於前5世紀形成的中亞北部草原絲綢之路；中古初年形成，在宋代發揮巨大作用的海上絲綢之路；在宋初取代西北絲綢之路成為路上交流通道的南方絲綢之路。

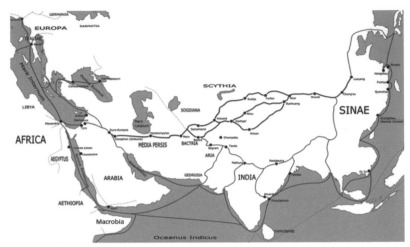

廣義的絲綢之路

絲綢之路的商品交易

　　絲綢與同樣原產中國的瓷器一樣，成為當時一個東亞強盛文
明的象徵。絲綢、瓷器是絲路上重要的奢侈消費品。西傳至歐洲
的絲綢和瓷器價格奇高，令相當多的人認為中國乃至東亞是一個
物產豐盈的富裕地區。各國元首及貴族曾一度以穿著中國絲綢，
家中使用中國瓷器為富有榮耀的象徵。商隊從中國主要運出絲
綢、瓷器、鐵器、金器、銀器、鏡子和其他豪華製品。運往中國
的是稀有動物和鳥類、植物、皮貨、藥材、香料、珠寶首飾，以
及葡萄、核桃、胡蘿蔔、胡椒、胡豆、菠菜（又稱為波斯菜）、
黃瓜（漢時稱胡瓜），及西域特產的葡萄酒。

中國的四大發明經絲綢之路傳到西方

　　中國對世界做出重大貢獻的四大發明：指南針、造紙術、火

藥、印刷術都是經由絲綢之路傳到西方。

　　早在戰國時出現了用於指示方向的司南，北宋時製成了羅盤針，也就是指南針。十二世紀末到十三世紀初，指南針由海路傳入阿拉伯，然後由阿拉伯傳入歐洲。

　　造紙是西漢時發明的，東漢蔡倫改進了造紙術。唐玄宗天寶十年，西元751年，高仙芝率領的大唐軍隊與大食（阿拉伯帝國）軍隊遭遇，發生了一場激戰，唐軍戰敗，許多戰俘被帶到中亞，戰俘中有各種能工巧匠，包括造紙工匠，就此把造紙術傳到了阿拉伯世界，進而傳到西方。

　　火藥在隋朝時出現，唐末用於軍事上。十三世紀初，成吉思汗在西征中應用火炮，將火藥介紹到中亞及西方。

　　雕版印刷在隋唐時出現，北宋畢升發明了活字印刷。中國的雕版印刷技術經中亞傳到波斯，大約在14世紀由波斯傳到埃及。波斯實際上成了中國印刷技術西傳的中轉站，14世紀末歐洲才出現用木版雕印的紙牌、我國的活字印刷技術由新疆經波斯、埃及傳入歐洲。1450年前後，德國美因茲的谷騰堡受中國活字印刷的影響，用合金製成了拼音文字的活字，用來印刷書籍。

　　四大發明經由絲綢之路傳到西方，促進歐洲走出中世紀的黑暗時期，產生了文藝復興和航海大發現，引起歐洲及全世界驚天動地的進步！

絲綢之路提供宗教思想的傳播

　　佛教於西元前87年傳入西域于闐（和田），西元前10年左右自于闐向西或北方向傳播到葉城、莎車、塔什庫爾干、喀什、阿克蘇、庫車、焉耆等西域之「絲綢之路」北路各地；和向東北方向傳播到且末、若羌、米蘭、樓蘭等西域之「絲綢之路」南路諸

地。佛教最早在東漢時期就傳入中國，但到南北朝才奠基成型。其中以出生西域龜茲，後沿絲路到河西走廊北涼居留18年，再來到後秦都城長安的鳩摩羅什貢獻最大。

拜火教、摩尼教和景教也隨著絲綢之路來到中國，有了很多信徒；並沿著絲綢之路的分支，傳播到朝鮮半島、日本與其他亞洲國家。拜火教（一名為祆教）於西元前6—前1世紀沿絲路向東方傳播，被認為是最早傳入西域的宗教。拜火教曾是波斯的國教，在伊斯蘭哈里發興起後被迫東移，當時西域各國都信仰拜火教。隋唐時期也有許多祆祠以備「胡商祈福」，但該教於九世紀中葉回紇人西遷塔里木盆地後則基本消失。景教則是敘利亞基督教的一個分支，唐太宗貞觀九年（635年）准許教徒在長安興建廟寺一所，初稱「波斯寺」，後更名為「羅馬寺」、「大秦寺」。景教在中原順利發展了兩百年，與祆教及摩尼教並稱唐代「三夷教」。唐武宗滅佛禁教之後，景教走向衰落，但一直延續到16世紀末葉天主教進入中國時仍未絕跡。

伊斯蘭教沿絲路進入西域及中國

伊斯蘭教最早在唐代傳入中國。10世紀初，伊斯蘭教由中亞沿絲路首先傳入新疆喀什地區，經過幾個世紀的傳播，到16世紀時已取代佛教成為天山南部地區的主要宗教。「回民」原指成吉思汗在西征中消滅的花剌子模，後來這一名稱就泛指來自中亞的伊斯蘭教徒。13世紀初期，一批信奉伊斯蘭教的波斯人和阿拉伯人，被蒙古人招募為士兵與工匠，沿絲綢之路遷到寧夏六盤山和平原一帶屯戌，成為中國最早的回族移民。

絲綢之路是東西雙向貿易、交流的大道

由上述可見，絲綢之路是東西雙向貿易、交流、宗教傳播、政治整合的大道，（1）絲綢之路並非只是運送絲綢；（2）並非只是中國先進的產物送往西方；（3）張騫鑿空西域前，「絲綢之路」時興時斷已數千年；（4）經過河西走廊之途是「絲綢之路」之一。

對絲綢之路做出重大貢獻的人

在歷史上，對絲綢之路做出最重大貢獻的人為漢武帝劉徹、張騫、班超、成吉思汗和馬可波羅。

漢武帝

漢武帝劉徹最先派張騫出使西域，聯絡大月氏、大夏、大宛、烏孫等國以夾擊匈奴，啟動了「絲綢之路」。後來他又試著通南越、夜郎、滇等西南夷茶馬古道（南絲路）去緬甸、印度，但沒有成功。他拜霍去病為驃騎大將軍，追擊匈奴，過隴西、焉支山、祁連山、居延海，打通河西走廊，並建置武威、酒泉、張掖、敦煌河西四郡；又遣細君公主和親烏孫；令貳師將軍李廣利出玉門關、陽關，攻陷輪台（今新疆輪台），遠征大宛（今哈薩克南部、烏茲別克東部、塔吉克斯坦與吉爾吉斯坦部分），暢通「絲綢之路」。

張騫鑿空西域

張騫（前164－前114年）是中國漢代傑出的外交家、旅行家、探險家，絲綢之路的開拓者。他於西漢建元二年（前139年），奉漢武帝之命，由堂邑氏奴甘父做嚮導，率領一百多人出使西域，打通了漢朝通往西域的南北道路——絲綢之路，漢武帝以軍功封其為博望侯。史學家司馬遷稱讚張騫出使西域為「鑿空」，意思是「開通大道」。張騫被譽為「第一個睜開眼睛看世界的中國人」、「東方的哥倫布」。他將中原文明傳播至西域，又從西域諸國引進了汗血馬、葡萄、苜蓿、石榴、胡麻等物種到中原，促進了東西方文明的交流。

張騫鑿空西域

西域都護府

西漢神爵二年（西元前60年），漢宣帝在烏壘城（今新疆輪台縣境內）建立西域都護府，統管大宛以東、烏孫以南的三十多個國家；正式在西域設官、駐軍、推行政令，開始行使國家主權，主要職責在於守境安土，協調西域各國間的矛盾和糾紛，制止外來勢力的侵擾，維護西域地方的社會秩序，及確保絲綢之路

的暢通。《漢書‧鄭吉傳》稱：「漢之號令班西域矣！」西域從此成為我國領土的一部分。

班超

班超是東漢大文豪班彪之子，其兄班固著《漢書》。班超隨其兄到洛陽，在官署任書記，以抄書糊口，不勝其苦，遂投筆從戎，從軍隨奉車都尉竇固出擊匈奴。漢明帝永平十六年（73年），竇固在征服伊吾（今新疆哈密）時令班超偕同郭恂隨從36人前往西域，先到鄯善，出奇計降伏鄯善，再降伏于闐、莎車、

班超

疏勒，破龜茲；西域諸國都望風來歸，遣使入朝。

漢明帝任班超為西域都護，在疏勒坐鎮西域；朝廷為了表彰班超的功勳，下詔封他為定遠侯，食邑千戶，後人稱之為「班定遠」。永元九年（97年），班超派甘英出使大秦（羅馬帝國），甘英至安息（今伊朗）的西海（波斯灣）而還，將絲路延伸到與羅馬接壤的中亞。班超在西域奮鬥、坐鎮三十一年，於漢和帝永元十四年（102年）八月歸國，次月在雒陽逝世，享年七十一歲。

成吉思汗的三次西征

成吉思汗於十三世紀初崛起漠北，統一蒙古諸部落，南下攻打金朝，向西滅西遼。他率領大軍於1218-23年西征，滅花剌子

模，班師東歸，而其支部由哲別和速不台率領過裡海、越高加索山進兵俄羅斯，大敗俄羅斯聯軍，抵黑海北岸而還，是謂「第一次西征」。

1235-42年，元太宗窩闊台令拔都為統帥、速不台為先鋒，率十五萬大軍再度西征，進軍俄羅斯，滅基輔大公國，降伏莫斯科，封其為「莫斯科大公」（Grand Prince）。繼之分兵兩路，北路由拜達爾率領，大破波蘭與神聖羅馬帝國聯軍；另一路由拔都親率，破匈牙利，直抵威尼斯。班師東歸中滅保加利亞等國，於窩瓦河畔薩萊建立「欽察汗國」。史稱「第二次西征」或「拔都西征」。

1252-60年，元憲宗蒙哥派其弟旭烈兀征討波斯木剌夷（Mulahida），大破之，遂南下進入兩河流域，攻陷阿拉伯阿拔斯王朝首都巴格達，再陷大馬士革。但在向耶路撒冷、埃及進軍中在以色列Jezreel山谷中被Mamluks人包圍、擊敗（Battle of Ain Jalut）。班師東歸中，選定大布里斯（Tibriz）為首都，建「伊爾汗國」。史稱「第三次西征」或「旭烈兀西征」。

成吉思汗西征對絲綢之路的影響

成吉思汗及其子孫的三次西征主要的過道正是絲綢之路。

三次西征中進行了大量的屠殺及嚴重的文化、經濟破壞；但也大力地促進東西方文化的交流、科技的傳播、種族的融合、政治的整合與經濟發展。譬如將中國的火炮等技術傳到中東、西方；協助莫斯科大公國發展；帶回許多工匠，引進西方的科技、宗教；將回教與回人由中東帶到中國，等等。成吉思汗的西征是人類史上最大的交流、整合與融合之一，而大多發生在絲綢之路道上。

塔里木盆地

玉門關

馬可‧波羅

馬可‧波羅（Marco Polo, 1254-1324年），威尼斯旅行家、商人。17歲時，跟隨父親和叔叔沿絲綢之路前往中國，於1275年到達元朝的首都大都，與元世祖忽必烈建立了友誼。他在中國遊歷了17年，曾訪問當時許多城市，及西南和東南地區。回到威尼斯

之後，馬可・波羅在一次威尼斯和熱那亞之間的海戰中被俘，在監獄里口述旅行經歷，由魯斯蒂謙（Rustichello da Pisa）寫出《馬可・波羅遊記》（Il Milione）。

十四世紀正逢蒙古大帝國已衰頹，四分五裂，絲綢之路戰亂紛呈，後帖木兒帝國興起，橫掃中亞，所過之處城鎮為墟、農村焦土、白骨累累，絲綢之路上的東西交流為之阻塞。繼帖木兒之後，奧圖曼國興起，阻隔絲綢之路，而阿拉伯人壟斷印度洋航海的香料之路。西方人渴望瞭解東方狀況、打通中西商業、文化交流，《馬可・波羅遊記》應時而出，轟動一時，對其後重建絲綢之路，促成西方的航海大發現產生了巨大的影響！

香料之路（Spice Routes、Maritime Silk Roads）

東西方貿易始自古埃及時代，經過海運和陸運，貿易貨物中以香料為最重要之一，獲利最大。西元九世紀起，威尼斯商人在君士坦丁堡購買東南亞諸島所產丁香、肉桂、豆蔻、胡椒等香料，轉銷歐洲，獲得了厚利。十五世紀歐洲人發現海上新航路後，葡萄牙人、荷蘭人先後侵入東方印度、南太平洋等香料產地，通過不等價交換和直接掠奪，將大批香料運入歐洲市場，獲取驚人的利潤。這條將香料從東南亞諸島運往歐洲市場的海上航路是古代溝通亞、非、歐三洲之間貿易往來的主要海上通道。被稱為「香料之路」，又稱「海上絲綢之路」。

絲綢之路與航海大發現的關聯與接軌

絲綢之路在歷史上時興時斷：十三世紀初，蒙古三次西征，絲路戰火紛飛，其後欽察、伊爾、窩闊台、察合台四大汗國建

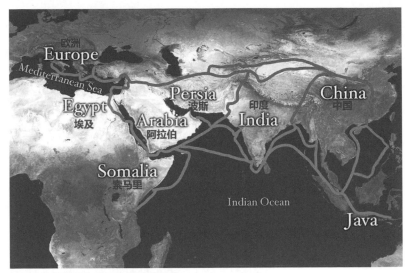

絲綢之路與航海大發現的關聯與接軌
來源：Wikiality123 CC BY-SA 3.0 　https://reurl.cc/D6KNQm

立，中亞社會穩定，絲路暢通。其後蒙古大帝國衰頹，而阿拉伯人壟斷印度洋航海的香料之路，使得東西的交流為之阻塞。激起西方尋找東西方貿易、交流新路線的風潮，產生了航海大發現。提升了東西方，以至全世界的交流、貿易以及殖民、侵略。

一帶一路宏偉計畫

　　2013年9月和10月，中國國家主席習近平提出「一帶一路」的國際合作倡議。「一帶一路」（The Belt and Road，縮寫B&R）是「絲綢之路經濟帶」和「21世紀海上絲綢之路」的簡稱。這個計畫旨在借用古代絲綢之路的歷史經驗，高舉和平發展的旗幟，積極發展與沿線國家的經濟合作夥伴關係，共同打造政治互信、經濟融合、文化包容的利益共同體、命運共同體和責任共同體。

「一帶一路」承續古絲路促進東西貿易、經濟建設、文化交流、合作共榮的路徑。肯定地是一個正確、宏偉的計畫；到如今也取得相當的成果；但也遭到一些困難及損失。如何務實地落實「一帶一路」這個宏偉計畫，避免政治掛帥、好大喜功、樹大招風，務實民生互惠，使得「一帶一路」再創昔日絲綢之路的豐功偉績。這是本世紀中國走向現代化、為世界作出卓越貢獻的重大課題。

結論

　　「絲綢之路」是人類歷史上的一大豐碑，促進了東、西方文化的交流！它走過漫長的歲月，但在未來依然將發揮功能，繼續提升人類文明的發展。

▋ 俄國人走過來的路

　　俄國是世界上佔地最大的國家，二十世紀社會主義國家的開創與領導者，二次世界大戰遭到最大殘害的國家，其後美蘇冷戰四、五十年的霸權之一，對近代歷史非常重要。

起源

　　俄國人原是由北歐南下的瓦倫吉安人（Varangians、Norman）與原住的斯拉夫人融合，被稱之為「羅斯」（Rus、Russian）的民族。西元862年，原瓦倫吉安的一個酋長——羅瑞克（Rurik）在Novgorod組成王朝，號稱為「公」（Prince），並向四處發展。

基輔大公國

　　羅瑞克去世後，其後人於882年遷都到基輔（Kiev），從此被稱為基輔大公國（Киевское княжество）。基輔位於農業、畜牧興盛的烏克蘭平原，交通發達，商旅雲集，基輔大公國不

莫斯科聖巴希爾東正教大教堂

斷發展，統治範圍擴展到西至多瑙河套，東至窩瓦三角洲，北至Novgorod，南至黑海北岸的廣大斯拉夫各部落。

988年，基輔大公頒定來自君士坦丁堡的東正教（希臘正教）為基輔大公國國教，促進了俄國的文化發展，但也與西歐羅馬教廷隔絕，成為歐洲中獨立的一環。基輔大公國延續了370年，直到1240年蒙古西征中，基輔被成吉思汗之孫拔都攻陷，並予屠城。拔都建立欽察汗國，俄羅斯人大部在其管制之下。

莫斯科大公國

莫斯科位於莫斯科河畔，原為森林覆蓋區，早期居民以漁獵為生。一直到1147年，才以如今克寧姆林宮為中心建立城堡，以後逐漸向外擴大。1261年，亞歷山大・涅夫斯基（Alexander Nevsky）

克寧姆林宮與莫斯科河

受蒙古欽察汗國冊封為「莫斯科大公」（Grand Prince），開始在蒙古人附翼下逐漸發展，當1453年西羅馬帝國滅後，東正教（Orthodox Church）的中心從君士坦丁堡（今伊斯坦布爾）遷到莫斯科，使得此地宗教、政治、法律、藝術、文字和世界觀的發展日益蓬勃；領土也在伊凡一世（Ivan I）、伊凡三世（Ivan III）和瓦西里三世（Васили III Иванович）經略之下不斷擴大。1480年，莫斯科公國終止與欽察汗國的從屬關係。

俄羅斯帝國

1547年，伊凡四世正式改用沙皇（Tsar）稱號。伊凡四世積極擴充領土，並開始向西伯利亞發展。到了1689年，彼得大帝（Peter I、Peter the Great）親政，正式稱皇帝，俄國成為「俄羅斯帝國」；進行西化，在政治、經濟、軍事、宗教、教育、社會諸多方面進行了大力的改革，使俄國由中古進入現代化。18世紀晚期，凱薩琳大帝（Catherine II、Catherine the Great）實行「開明專制」，繼彼得大帝後全力擴張領土，佔領了大部的西伯利亞及中亞地區，並進行兩次俄土戰爭，取得克里米亞及黑海北岸，進入地中海。

1812年，亞歷山大一世（Alexander I）擊潰拿破崙的侵俄大軍，一躍而為歐洲的霸主。其後尼古拉一世（Nicholas I）進行南侵，在1853-56年間的克里米亞戰爭中被英、法、土、薩丁尼亞聯軍擊敗，減緩了俄國向地中海的擴張。俄國轉而向東強佔了中國西北及東北大片土地，並將控制有限的阿拉斯加轉賣給美國，取得重金以開發從中國掠奪的遠東地區，並圖謀中國東北。1904年為了爭奪中國東北的權益，與日本交戰，失敗後暫緩了俄國在遠東的發展。

聖彼德堡夏宮

聖彼德堡火炮博物館

蘇聯時期

尼古拉二世（Nicholas II）當政後，俄國內部農奴、經濟問題重重，加之對日戰爭失敗，激發社會動盪。1917年，俄國在一次世界大戰中節節失利，引發了二月及十月革命，最後列寧領導的共產黨取得政權。繼列寧之後的史達林進行了殘酷的整肅、恐怖高壓，雖在二戰中擊潰德國的侵略，但軍士、人民死難三千萬，經濟破損慘重。二戰後與美國領導的西方國家冷戰多年，實

沙皇尼古拉二世遇難紀念教堂

則內部民生凋敝，已成「空心老倌」之勢。

殘酷的蘇德二戰

我去莫斯科遊覽時參觀了勝利紀念廣場（Victory Memorial）。這個廣場占地遼闊、佈局莊嚴，有許多高聳、精致的雕塑、紀念碑。最使我震撼而感歎的乃是其中的1941-45戰爭博物館（衛國戰爭中央博物館）。無可否認，這是一個陳列豐富、檔次極高的博物館。其中高度謳歌蘇聯抵抗納粹侵略，反法西斯的「正義之戰」。但從另一個角度來看，史達林在1934-38年排除異己、整肅殘殺，將士、百姓死難者高達兩千萬，蘇聯守土之士為之一空；1939年起他配合希特勒四處掠奪、施虐，使得

西伯利亞大鐵道海參崴起站

各國怨聲載道。1941年個人心理失常，誤判納粹意圖，結果導致戰爭初期潰敗，大片國土淪亡，數百萬將士犧牲、被俘，數千萬人民流離失所；納粹的先頭坦克部隊已攻到距克寧姆林宮僅14英里的西姆基。其後蘇軍只得用焦土、人海、巷戰、冰雪以為戰，動則數百萬兵士搏殺，數百萬被困圍城百姓慘遭餓凍而死。這個人類歷史上最大規模的廝殺基本上是希特勒、史達林兩個狂夫、獨裁者以百姓為芻狗，殘民以逞；可憐千千萬萬的將士、人民犧牲殆盡。戰爭是殘酷、荒謬的！

今日

　　蘇聯於1990年代解體，原控制的中亞各民族紛紛獨立，俄羅斯政體走向多黨制，但數十年來經濟未能有長足的發展。俄國自

古以來對外貿易遠遜於西歐諸國以及中國，蘇聯時期大力發展軍工，但民生工業落後，這種遺風至今猶在。而當今貧富不均問題嚴重，一般人民生活並不富裕，社會問題很多。

俄國人講求紀律，堅韌不拔，但也十分霸道，歷史以來四處侵凌鄰國，中國人吃夠他們的苦頭。當今俄國依然保持舊習，我看將來還是中國的憂患。

尾聲

莫斯科建築美麗莊嚴，地鐵四通八達；是一個具有豐富文化、藝術、歷史、戰爭的城市。但在這裡也留下人類歷史上規模最龐大、慘烈的烽火，以及最血腥、殘酷的獨裁統治。莫斯科給予我兩項重要的省思：人類文化的輝煌，以及專制獨裁的恐怖！而當今俄國貧富不均問題嚴重，一般人民生活並不富裕，社會問題重重。

█ 歷史輝煌的英格蘭

　　英國有輝煌的歷史、豐富的文化，從17世紀起到20世紀初，英國殖民地遍及全球，稱「日不落國」。英國是世界上第一個建立君主立憲制的國家，工業革命在此開始，資本主義在英國蓬勃發展，也助長了帝國主義的殖民侵略。空想社會主義最早產生於英國，而馬克思和恩格斯的《共產黨宣言》也是在倫敦正式成形與出版。可見英國雄霸世界三百餘年，對世界文明的發展作出重大的貢獻及深遠的影響。本篇簡述英國文化的發展及筆者數度訪問中的觀感。

英國歷史

　　英倫三島在上個冰河期與歐洲大陸相連。直到8千年前，冰河溶解造成英吉利海峽（English Channel）。早期的居民居穴漁獵，留下巨石及木制的Henges及墓穴（Barrows）。但如今我們對這石器時代的文化所知有限。

　　青銅器早期，原居歐洲大陸的Beakers來此，三千年前進入農耕社會。西元前第6到第4世紀，原居南歐的塞爾特人（Celts）遷移到此，帶來鐵器。西元前2世紀，高盧（Gaul）部落遷此。

　　西元前54年，羅馬凱撒（Julius Caesar）渡海入侵英格蘭，到西元前43年羅馬征服英格蘭，後侵入威爾士（Wales），但一直未能征服蘇格蘭（Scotland）。羅馬統治英倫4百多年，直到西元

410年撤離。

接著盎格魯（Angles）、撒克遜（Saxons）及朱特（Jutes）人入侵英倫，建立了許多割據王國。597年，英格蘭奉基督教為國教。西元8世紀末維京人（Vikings）侵略、搶劫英倫，後在英格蘭東部定居。

1066年挪威（Norse）後裔諾曼第公爵（Duke of Normandy）征服者威廉（William the Conqueror）渡海在Hastings擊敗Harold王領導的盎格魯—撒克遜王國，以倫敦為都城，建立了諾曼（Norman）英倫王國。此後一直到今日，英國的皇家都是征服者威廉的後裔。

1169年，英格蘭進佔愛爾蘭。1215年，英國簽定大憲章（Magna Carta），奠定了憲政的基礎。1535年，威爾士併入英國。1588年，女皇伊莉莎白一世在位時，英國海軍擊敗西班牙無敵艦隊（Armada），從此英國成為世界海上霸權。1603年，蘇格蘭王James VI兼任英國王，但直到1707年蘇格蘭才正式併入英國。

從17世紀起，英國殖民地遍及全球，稱「日不落國」。資本主義在英國蓬勃發展，促成工業革命，也助長了帝國主義的殖民侵略。英國的國勢於維多利亞女皇在位時（1837-1901）達到頂峰。20世紀歐洲經歷了兩次世界大戰，滿目瘡痍、經濟衰退、殖民地紛紛獨立、歐盟組合而又分離，英國已成昨日黃花；但其政治制度、自由思想和科技實力猶不可忽視。

倫敦

倫敦是世界上最重要、最具輝煌歷史的大城市之一。這次舊地重遊，見到許多古建築依然如故；卻是增添了不少現代化的高樓大廈和旅遊景點。我們出了Heathrow機場，搭乘Piccadilly線地

鐵（London Underground），半小時就到了市區。在旅社安頓好後就外出遊覽，首先就乘地鐵去泰晤士（Thames）河的西敏寺大橋（Westminster Bridge），在那裡登船（River Cruise）順流而下。事實上泰晤士兩岸是倫敦古建築與現代建築最多、最宏偉的區域。我們從西敏寺啟航，見到對岸的倫敦水族館與縣政府大廈。其旁有一個新建的倫敦之眼（London Eye），乃是一個直徑為135米的垂直大轉盤，盤上有32個供人眺望的玻璃座艙，每個座艙可容25個人。轉盤半小時轉一圈，使乘客可以四面八方、高低上下的眺望整個倫敦。這個玩意雖然是個噱頭，但也吸引了不少觀光客。

再走不遠，見到一個錐形的石碑，稱為Cleopatra's Needle。這石碑比倫敦還老的多，是3500年前在埃及的Heliopolis豎立，並刻字紀念法魯王（Pharaohs）。19世紀初，英國人稱霸世界，也就把這埃及寶物弄來了。對岸是South Bank Centre，是倫敦的文藝中心。舉世聞名的倫敦交響樂團就在此演出。再下行，兩旁均為好幾百年的旅館、寫字樓及商場。

我們見到北岸市區內高聳的聖保羅大教堂（St. Paul's Cathedral）。在William the Conqueror到英格蘭不久，就在現址建造聖保羅教堂，歷經幾次火災，從1087年直到1317年，共花了230年才完工。但1666年一場大火，將聖保羅教堂付之一炬，同時燒毀了倫敦四分之三的建築，燒死1萬2千市民。新的聖保羅大教堂於1675年開始建造，費時35年，於1710年完工。我們登岸後專程去那裡參觀，這個教堂的確莊嚴雄偉，圓頂高111米，以前是倫敦最高的建築，也是倫敦的重要標誌。神奇的乃是在二戰中德國連續對倫敦大轟炸（The Blitz）八個月，聖保羅大教堂四周房舍均化為瓦礫，只有大教堂絲毫無損。現今在教堂的後院建有一個紀念碑，感謝神靈保佑。這到底是神靈保佑，還是德國飛行員有意不向聖保羅大教堂投彈？這就無法考證了。

聖保羅大教堂（St. Paul's Cathedral）

　　不遠我們就見到一個高達61米的紀念1666年倫敦大火的紀念碑。

　　泰晤士河中停放了一艘巡洋艦——HMS Belfast。這艘軍艦於1938年完工下水，經歷二次世界大戰，後在韓國服役直到1971年退休，改為海軍博物館。接著我們就看到了Tower of London、Tower Bridge和北岸城區高達180米的現代建築——The Swiss Re Tower，以及其東高聳（310米、95層）的大廈——The Shard。這裡結合了倫敦最古和最現代化的建築；Tower of London可謂倫敦最老的建築之一，原為羅馬時期所建的城堡，其後Saxons也占此防禦。William the Conqueror於1066年剛到英格蘭時作為暫時性的城堡，後於1078-1097在內部營造了皇宮——The White Tower，十一個世紀以來不斷擴建、維護，曾作為皇宮、監獄、刑場及防禦堡壘。Tower Bridge是維多利亞（Victoria）女皇時期興建，1897

Tower Bridge

年完工，至今保養得非常好，色彩和諧、莊嚴雅緻。The Swiss
Re Tower是倫敦的金融中心，原有的大樓在1992年被恐怖分子炸
毀。現在的新樓於1998到2003年興建，2004年啟用，是一個炮
彈形的玻璃建築。The Shard為一錐形玻璃大廈，於2012年7月完
工，是如今倫敦、英國及歐洲最高的建築，其中有商場、飯館、
寫字樓、公寓旅館等等。

　　我們的遊船最後到格林威治（Greenwich）。格林威治最著名的
就是格林威治時間與地球經度（Longitude）的零點。這是1884年國
際會議通過的。格林威治有個很大的公園——Green Park，其中有一
座皇宮——The Queen's House。這個皇宮建於1637年，但只有Charles I
的皇后Henrietta，特別在其寡居期間在此居住，以後就空在那裡，
現作為博物館——The Maritime Museum。格林威治的碼頭為Canary
Wharf，附近建有一個高40米的Canary Wharf Tower，內有酒吧、

西敏寺—Westminster Abby

餐館、商場、旅館等。在碼頭旁擺設了一艘古老艦艇——Cutty
Sark，這艘帆船建於1869年，當年主要用作從中國運送茶葉到英
國，當然回程也可能從印度運鴉片去中國。全長（LOA）為85
米，船身（LOH）長64米，容量為1700噸，有三個高聳的桅杆，
看起來很壯觀。在19世紀這樣大的帆船也應該是罕見的。

　　回程中我們登岸去House of Parliament（Palace of Westminster），
這個建築可謂氣派泱泱，恢宏壯麗。始建於第十一世紀，1547
年開始成為英國的議會所在。The Palace of Westminster是英國上
議院（The House of Lords）和下議院（The House of Commons）
開會之所，也可算是英國的政治中心。另外其中最老的建築
——Westminster Hall，寬宏、高大，為舉行儀式的場所，亦為迎
接貴賓的大廳。近六個世紀以來英國的主要司法廳也設於此。

　　House of Parliament旁邊的西敏寺（Westminster Abby）是英國

The Palace of Westminster（House of Parliament）西敏宮

最老而最重要的教堂。其主體是英國歌德式（English Gothic）建
築，佈局莊嚴諧和，內外的浮雕精緻美麗。為英皇、后加冕，皇
家婚禮及名流歸葬之所。自從十三世紀亨利三世（Henry III）直
到1760年的George II，大多數的皇帝、皇后均葬於此，其中包括
Elizabeth I和Mary I兩位女皇，另外牛頓、達爾文、狄更斯等名人
也長眠於此。西敏寺成為英國的精神象徵。

Buckingham Palace

　　白金漢宮（Buckingham Palace）是英國的皇家宮殿和國王
（女王）辦公的地方，位於倫敦市內，這兒也是不列顛人民一處
重要的集會場所。1761年，喬治三世開始作為皇家寢宮，此後宮
殿一直擴建。1837年，維多利亞女王即位後，白金漢宮正式成為

Buckingham Palace白金漢宮

皇宮，也一直是英國皇室的府邸，現仍是伊莉莎白女王的住地。
現在的白金漢宮對外開放參觀，成為英國皇室文化的一大景觀。
我們去那裡參觀，見到旅客絡繹不絕。

Windsor Castle

　　我們團組離開倫敦一小時後抵達泰晤士河畔的Windsor小鎮，
當1066年William the Conqueror來到倫敦，在如今倫敦Tower of London
建都，為了防禦Norman的攻擊，遂在倫敦四周設置堡壘。在西
面就選上了Windsor的山崗，在這裡築了個木造堡壘。其後經多
代改建成石造城堡及皇宮，一直延續至今。現為女皇週末休閒、
居住的行宮。我們在那裡參觀了城堡、附近的公園、四周的小
鎮，同時正巧看到儀仗隊換班，個個精神飽滿、服裝鮮紅、吹號

Windsor Castle

打鼓,步伐整齊。只是那裡距Heathrow機場很近,每幾分鐘就有一架飛機低空呼嘯而過。我猜女皇在此也不得清靜。但如在中國或有些國家,早就教機場搬家了。

Bath

Bath是一個四面環山的城市。顧名思義,這裡有溫泉,主要是地熱加上四面山上的地下水源源不斷。早在西元前850年就被當地人發現,開始在此築城。其後成為塞爾特人(Celts)的繁華據點,在四周山上設了五座堡壘。羅馬統治期間把這裡作為重鎮,並大力興建溫泉浴的公共澡堂。羅馬統治之後Saxon人統治時仍然將Bath作為重鎮,並且建築雄偉的寺院,將此地變為宗教中心。只是羅馬人留下的溫泉澡堂漸漸被廢棄、遺忘而消失。雖

然Bath在中世紀一直是個繁華的城市,但直到18世紀,人們才又希望利用溫泉建造澡堂。當時出土了許多羅馬澡堂的遺蹟,遂開始重建,逐漸將Bath恢復成一個世界知名的溫泉勝地。如今Bath為一人口約九萬的中型城市,但城內保留了許多古建築物、大教堂,還有一所大學。這些古建築及羅馬式的溫泉浴吸引了世界各地而來的觀光客。據近年的統計,每年有約400萬遊客來此,而其中有100萬都在此停留多日。

我們在市內的步行街、廣場溜達,又參觀了溫泉澡堂,只見遊客洶湧。到城邊的公園眺望群山環抱、古樓滿眼、Avon河水潺潺、小舟蕩漾,Bath是個美麗的城市,無怪乎有那麼多的旅客鍾情於此。

古堡與教堂

此行除了看過Windsor Castle和倫敦的Tower of London之外,一路無論是大城還是小鎮幾乎到處都見到城堡,譬如Cardiff、York、Chester、Warwick、Carmarthen、Pembroke等。各處的城堡基本上都保存得很好。形式各有千秋,其中以York的市區城牆保持最佳,而Warwick城堡建築最雄偉。至於教堂就更是無處不在,大多是幾百、上千年的古建築。其中以有1300年歷史的York Minster最為宏偉。

牛津大學

牛津(Oxford)鎮位於倫敦之西北,開車一個半小時之距。Thames和Cherwell兩河交匯於此,地位適中、風景幽美。傳說在第7世紀時Fritheswith公主到此建立了一個修道院,其後許多學

者來此，到12世紀時這裡已成為一個學術中心。1249-1280年，University、Merton、Balliol三個學院先後建立，奠定了牛津大學的基礎。九個世紀以來，牛津大學不斷擴展，現有40多個學院，與劍橋（Cambridge）並稱英國歷史最久、學術地位最高的學府，特別在文史、經濟、政治等學科名聲遠播四海。

我們在牛津徜徉半日。這裡都是古色古香、雕刻精細的石磚、穹頂、尖頂的宏偉建築，還有高聳的教堂、城堡、劇院、圖書館、博物館、藝術館、畫廊等等。馬路多還是幾百年前的石鋪大道，縱橫交錯。學校旁有廣闊的草地，與擁擠的建築群相映，益增謐靜、幽雅。

校旁的高街（High Street）和默頓街（Merton），商店、咖啡館、畫廊、教堂滿布；特爾街（Turl Street）、寬街（Broad Street）盡是菜市場、花店、服裝店、書店及劇場（Sheldon劇院）。最醒

雷德克里夫廣場的牛津大學圖書館

目的建築是在雷德克里夫廣場（Radcliffe Square）的牛津大學圖書館的主要閱覽室，乃是一座壯麗的拱頂建築。

　　牛津之旅，使我深深感到這個學府在天時、地利與人和方面均屬首屈一指，無怪乎享譽全球！

莎士比亞故居

　　我們到Stratford-upon-Avon去參觀莎士比亞（William Shakespeare）的故居。這個小鎮距牛津約25英里，那條經過巨石陣（Stonehenge）旁的Avon河蜿蜒地流過這個鎮的東南邊。這裡依坡靠水，又築了一些人工水渠，頗具鄉村田園風味。

　　下了車就見到高街（High Street）。莎士比亞就在這條街上出生，度過他的童年、青少年，在此與同鎮的Anne Hathaway結

莎士比亞故居

婚。其後他去倫敦20多年，晚年又回到此鎮居住了三年，51歲時去世，歸葬於此。他是一個了不起的劇作家、文學家、詩人，他的作品如《羅密歐與茱麗葉》、《哈姆雷特》、《仲夏夜之夢》等等傳遍全球。其文風至今猶具有深厚的影響。

我們參觀了莎士比亞的故居，一個兩層的木樓，庭院很大，種植了許多鮮花。可見當時莎士比亞的生活條件相當不錯。展廳裡展示了一些莎士比亞的遺物、事蹟；也放映錄影片敘述他的生平。

走到街的盡頭，是一個很大的教堂——Holy Trinity Church，其庭院內林蔭蔽天、芳草鮮花，環境幽雅。花兩塊英鎊，進了教堂，才知道莎士比亞就安眠於教堂之內的聖台前。但沒有墓碑，僅放了一個牌子寫著他臨去世前的遺言：「好朋友，看在上帝的臉上，請勿來掘這裡的骸骨。祝福保護這些墓石的人們，詛咒搬移我骨的人」。來教堂墓室參觀的人絡繹不絕，可見莎士比亞對英國和全世界影響深遠，也帶給這個小鎮欣欣向榮！

哈佛故居

在Stratford-upon-Avon鎮上還有一個古跡在學術、文化界享負盛名。這就是哈佛故居（Harvard House），乃是哈佛大學主要捐款創始人約翰・哈佛（John Harvard）的外祖父的故居。我們步行到高街（High Street），見到這棟三層的木樓，古色古香，保養得很好。約翰・哈佛的外祖父Thomas Rogers和莎士比亞的父親John Shakespeare是住在同一條街的鄰居、好友。他的女兒Katherine與住在倫敦Southwark區的Robert Harvard結婚。其後這對哈佛夫婦就定居在倫敦Southwark區，1607年在那生下約翰・哈佛。1625年倫敦瘟疫蔓延，約翰的許多親人亡故，僅他的母親Katherine、他的弟弟Thomas和他倖免。他母親接收了一些遺產，

足以把約翰送進劍橋大學（Cambridge University）就讀，他於1632年獲得文學學士、1635年取得文學碩士。

畢業後，約翰·哈佛在1636年與Ann Sadler結婚，次年移民到美國麻塞諸塞州（Massachusetts），擔任牧師兼成人教師。但不幸過了一年就因肺結核去世，死時僅31歲。他雖非從商巨賈，但從父、母、兄、弟繼承了許多遺產。當時麻塞諸塞灣殖民區（Massachusetts Bay Colony）正在籌資創建第一所高等學院。約翰在他臨去世前將他一半的財產——750英鎊（約值現在的三百萬美金）及自己私藏的230本書籍捐贈給籌建的學院。他去世後，學院的負責領導們為了感念他促成建校的貢獻，遂定名該院為哈佛學院。想來約翰在臨終之際絕不會意料到他這份捐款奠定了這所揚名四海名校的基礎，也在近四百年中培養了數不盡的政治、文學、藝術、科學等各方面的人才。

邱吉爾安眠之處

邱吉爾（Winston Churchill）的墓在牛津（Oxford）的近郊——Bladon，距牛津僅6.5英里。 我們在去牛津的路上到那裡去參觀。邱吉爾生在離此不到一英里遠的Blenheim Palace。他們家族大部分的人都葬於此，邱吉爾在1965年去世後也歸葬這裡。他的墓園在一個教堂（St Martin's Church）的院子裡。那裡還葬了他的父母、妻子與其他家人。他的墓很簡單，連個墓碑都沒有，只是在石棺頂上刻了些字。

邱吉爾是二戰中臨危受命、力挽狂瀾的英雄、了不起的政治家；他文采不凡、著作等身，在他完成巨作——《第二次世界大戰回憶錄》（Memoirs of the Second World War）的1953年得到諾貝爾文學獎。邱吉爾沒有葬在顯赫的西敏寺（Westminster Abbey），

而歸根於他出生的故里。邱吉爾簡易的墳墓及他生前的遺言，使人深深體驗到其灑脫、通達、恢宏！

英格蘭的瑰寶——巨石陣

位於倫敦之西、索爾茲伯里（Salisbury）平原上的Wiltshire縣的巨石陣（Stonehenge）是英國及歐洲最著名的史前古跡之一，也是英國人引以為榮的瑰寶。巨石陣及其附近留下了一萬年前的中石器先民，五六千年前的早新石器古人，4500-5000年前修溝堤、建Stonehenge和Woodhenge的後新石器群眾，4400年前的Beakers，2400-2600年前的塞爾特人等等的遺跡。

在巨石陣西北方不遠之處，找到距今9000-10500年前的中石器時期（Mesolithic）古人豎立松木椿圖騰的遺跡。約六千年前的早新石器時代（Early Neolithic）大不列顛南部開始有了農耕，也有了陶器。但根據出土的資料，當時巨石陣附近的居民的食物主要是以鹿、豬、牛、羊為主的肉類，加上一些野果、漿果、核桃、根莖類等，並沒有發現穀類。考古學家們研究可能由於土質的限制，當時雖已進入後新石器時期（Late Neolithic），但這裡的居民還只有簡單的耕種，主要還是以漁獵、採集、畜牧為生，也遷徙無常。他們已會製造陶器；逐漸有具規模的部落組織，也產生了宗教概念。

Robin Hood's Ball

在巨石陣西北四公里處發現5600年前的Robin Hood's Ball，是兩道同心圓的溝渠與矮牆。據推測這個溝、牆是用於祭祀和防禦。

墓穴、祭祀、防禦

巨石陣附近有許多圓形的墓穴（Barrows），有隆起的（Bowl，Bell），平坦碟狀（Saucer、Pond）以及中凸輪盤式（Disc），大多埋葬了骨灰；也發現5500年前的長形墓穴（Long Barrows）；還發掘了5400年前的Stonehenge Cursus及Lesser Cursus。Stonehenge Cursus是地面上一圈東西長2.7公里、南北寬至少100米，略呈狹長方形的深溝與矮牆，這圈深溝也是用於祭祀和防禦。Lesser Cursus是一個長400米的U型的暗溝，其中埋了許多鹿角。

杜靈頓環牆

在距巨石陣三公里東北方、Avon河畔發掘了一個直徑470米的圓形深溝和土牆——杜靈頓環牆（Durrington Walls），溝有13米寬、6米深，週邊的牆頗高，有如我國古代的護城河、牆。其內部有兩個圓形的圓圈，北面的較小，而南面的直徑大到23米；其中有許多豎立木樁的痕跡以及陶器、燧石工具和大量吃剩的獸骨。在Durrington Walls內也有許多茅房與正對夏至日出、冬至日落的大道。據推測茅屋可能有幾百個，而這裡季節性暫時聚集、居住的人也許有好幾千人，可能是新石器時代不列顛最大的聚落。其建造的時間與豎立巨石陣吻合，推測建造巨石陣的群眾應該都住在這裡。

Woodhenge

離杜靈頓環牆南面不遠處發掘出一個與巨石陣同時期的溝渠和土牆。這圈溝渠的直徑有50米，和巨石陣一樣，唯一的進口

是正對夏至日出、冬至日落的方向。其內部有六圈呈同心圓狀排列的，大小不一的坑洞。推測原來都豎立著橡樹木樁，因之得名Woodhenge；與杜靈頓環牆內相似，在這裡也挖掘出陶器、燧石工具以及大量獸骨。

巨石陣現場

巨石陣現場的地面上圍繞著一圈直徑110米的深溝（Ditch），溝的兩旁為矮牆（Bank）。這個深溝是5000年前挖築的，用於圈閉這個舉行宗教儀式的聖區（Sacred space）。這裡地表的白堊岩抗風化性強，是以能保持地貌長久不變。在這個深溝裡發現有許多埋葬的古人骨灰，也找到一些他們遺下的食物與燧石工具。

巨石主要有兩種：外圈和馬蹄形內圈的Trilothons（三塊石、兩豎直塊上置一橫塊的組合）是從北面30公里外Wiltshire縣

巨石陣俯瞰

巨石陣正對大道的前景，可見地上的深溝、墓穴、屠宰石

的Marlborough Downs（丘陵）採來的羊背石（Sarsen、砂岩）。
這種石塊比較大，最大的超過35噸。另兩圈較小的石塊是青石
（Bluestone、包括粗玄武岩、流紋岩與火山灰等），最重的也有3
噸。這些青石是從西面240公里外的威爾士（Wales）西南的Preseli
山採集；古代傳說，這種青石有治癒疾病的魔力。另外還有一塊
作為祭壇（Altar）的青石是來自威爾士東南的Brecon Beacons。

這個巨石陣非常複雜，作工細膩、真可謂「名堂不少」！巨
石陣由四層同心的圓環形石陣組成，其中外面兩層是整圓環形、
裡面兩層是半圓馬蹄形。

定夏至、冬至時令

在外圈的東北方有一個大道的進口。進口前的大道上立了一
塊大羊背石，稱為柱腳石（Heel Stone），是用來做標桿的。每

當夏至（Summer Solstice、晝最長之日、約6月21日），太陽沿大道的方向從東北升起，陽光就會穿過外圈中間青羊石、及原有馬蹄形前緣的Trilothons縫隙之中，而柱腳石的影子就會指向縫隙。而每當冬至（Winter Solstice、晝最短之日、約12月21日），太陽沿大道的反方向從西南落山，陽光也會穿過巨石外圈中間、馬蹄形前緣兩個Trilothons的縫隙之中，而柱腳石的影子就指向180度反方向的東北大道。可見當時此地居民已掌握天文知識，並用以確定種植、尋找野果、核桃，以及畜牧、漁獵的季節時令。

活人犧牲祭神

大道進口的圈內有一個如今橫躺的羊背石，被稱為屠宰石（Slaughter Stone）。根據石縫中的殘跡，推測曾有血跡，可能是當時殺活人犧牲祭神所致。這種以活人犧牲祭祀在中國商代、美洲瑪雅文化以及許多古文化中都出現過，表示人們對祖宗及神的崇敬，也可能是遠古人吃人的遺風。

巨石陣到底為什麼而建

從本文以上的敘述，可推斷巨石陣的建築是作為宗教、祭祖、祭神、祭太陽、計時令、祈求病癒及喪葬等等。但還有許多疑問沒能得到史學界一致公認的解釋；更有數不清的細節人們還沒弄清楚。近世記以來，考古學家們不懈努力的研究打開了巨石陣重重的神秘面紗。相信隨著科技、資訊的進步，我們在本世紀將對巨石陣及當時此地的人群與社會有更深入的認識。

Windermere Lake

Windermere Lake是英國最大的天然湖泊，長18公里、最寬達1.5公里，面積近15平方公里。這個湖是1萬年前由冰河造成，水最深為67米。我們團組登船在湖上徜徉約一小時，湖水連天、碧藍，遠處群山蒼林、稀落房舍、鮮花盛開。此景頗似美國的Lake Tahoe，令人陶醉。

尾聲

英國雄霸世界數百載，歷史輝煌、文化豐盛。尋訪英國，遊其山水、觀其文物、尋其古跡、探其民風，始知其雄霸由來有自也！

▎輝煌與暗淡同在的印度

　　印度是世界四大文明古國之一，幾千年來融匯了多種文化、宗教、人種與習俗，是當今緊追中國人口的大國，也是世界貧富不均問題最突出的國家之一。我曾到印度訪問，走訪了五個城市，觀賞了許多文物、風光，瞭解到印度文化的複雜、多元，古往今來的許多演變，以及當今主要的社會問題，茲簡述如下：

印度古往今來

　　早在西元前2500年，印度河流域就產生了哈拉帕文明（Harappan Civilization），建立城邦，創造文字及發展了雛形的宗教。西元前14世紀，雅利安（Aryan）人侵入，婆羅門教及其種姓等級制度（Caste System）得以成形。西元前6世紀開始，佛教、耆那教興起，其後波斯、亞歷山大相繼攻入印度。

　　西元前323年，孔雀王朝（Maurya Empire）統一北印度，其阿育王（Asoka）推廣佛教。孔雀王朝於西元前185年滅亡，印度重歸紛亂。西元四世紀，笈多（Gupta）王朝興起，首次統一整個印度，延續兩百多年。古老的婆羅門教吸收佛教開悟精義逐漸演化而成印度教，並重居主導地位。西元8世紀，阿拉伯人不斷侵入，帶進了回教，與印度教成為印度的兩大宗教，佛教、耆那教日漸式微。其後信仰回教的Chola王國於850年興起於印度南部，西元十世紀末曾佔領斯里蘭卡（Sri Lanka）、部分馬來西亞

及蘇門答臘，並與北非、南歐及東南亞進行海上貿易。

　　成吉思汗西征期間曾於１２２１年入侵印度，後帖木耳（Tamerlane）也於1398年攻陷德里，接著回教Sultanates不斷侵佔印度北部。直到1526年，成吉思汗（母系）及帖木耳（父系）的後裔Babur攻陷德里，建立了莫臥兒帝國。其孫Akbar控制了大部分印度。

　　葡萄牙人於1498年來到印度，進行海上貿易，其後他們在印度設了幾十個據點。但1611年，英國人來了。他們先成立東印度公司做生意，後有見於當時莫臥兒帝國的衰退，遂逐漸形成武裝及政治控制全印度。1857年，印度百姓發起暴動，英人強力鎮壓，殺戮頗多；延續三百多年的莫臥兒帝國終被英國殖民取代。1911年，英國為鞏固其統治，修建新德里城。其後甘地領導印度人民對英國進行非暴力抵抗，最終於1947年獲得獨立。

首都新德里

　　德里（Delhi）是個古老的城，曾七次建都，最早可能在西元前十四世紀。新德里是1911年英國殖民時期開拓的新區。現德里人口為一千四百萬，為僅次於孟買、加爾各答的印度第三大城。

　　我們抵達德里的旅館已近黃昏，晚餐後我到附近街上遛躂，商店破舊、小販零亂、垃圾滿地。過一騎樓，地上睡了不少人，有老有小，還有幾隻狗與人同睡。首先給我的印象乃是印度貧富不均，社會問題嚴重。

　　次晨我們首先去參觀Laxmi Narayan Temple。這是一所建於1938年的印度教（Hinduism）寺廟，其中供奉印度教的三大主神及一些其他眾神，建築美觀，內部裝飾華麗細緻，將印度教的精華表現無遺。印度教源于古印度韋陀（Vedas）及婆羅門教，

成形於西元第八世紀，它是綜合幾種宗教，主要是婆羅門教和佛教而產生。信仰梵，具有造業、因果報和輪迴的觀點，並吸收了佛教開悟的精義。印度教信仰多神，但在多神中以梵天（Brahma）、毗濕拏（Vishnu）、濕婆（Shiva）三神為主神。梵天是主管創造世界之神，毗濕拏是主管保護世界之神，濕婆是破壞神，打擊邪惡，也懲罰不肖；而三個主神又有三位一體的概念。印度的宗教氣氛十分濃厚，今日73%的人民是印度教徒，近20%為回教徒，2%是佛教徒，2%的基督教徒，2%的耆那教（Jainism）徒，2%的錫克教（Sikhism）徒及其他諸教徒。

接著我們去舊德里區（Old Delhi），那裏街道非常狹窄、零亂，街上擠滿人及小販。我們先參觀Jama Masjid，這是印度最大的回教清真寺（Mosque），為莫臥兒（Mughal）帝國Shah Jahan王於1656年始建，可容納兩萬人作禮拜。其地基用紅色砂岩搭起一個占地頗大的高臺，正廳有個白色大圓柱及兩個高塔，莊嚴華麗。現印度有約兩億五千萬人是回教徒，Jama Masjid乃是其信仰中心。在Jama Masjid對面的Red Fort是Shah Jahan王於1636年開始建造的皇城。莫臥兒帝國延續了兩百多年，直到1857年被英國人趕下臺。這個皇城也是全用紅色砂岩砌成，占地遼闊、氣勢雄偉。

隨後我們去參觀甘地紀念公園（Raj Ghat，Samadhi of Mahatma Gandhi），原為1948年甘地被刺後的火葬場。甘地以非暴力手段為爭取印度獨立民主奮鬥終生，不幸在印度獨立僅半年後因巴基斯坦分隔問題被印度教極端份子刺殺，留下舉世永久的惋惜。

回到新城區，我們去參觀India Gate，又稱All India War Memorial，是為紀念參加第一次世界大戰而犧牲的一萬九千名印度戰士而建，有點像巴黎的凱旋門，卻是規模更為壯大。那裏擠滿了各地來的旅客及市民。India Gate前為一條大道，兩旁綠蔭滿

地，正對著總統府，附近有國務院等政府大樓及運動場。這一帶環境優美、佈局齊整，與德里其他許多區域的雜亂、擁擠之態有天淵之別。

藝術瑰寶──Taj Mahal

離開新德里，我們上路去Agra，正逢下班堵車高峰期。新德里出城的高速公路雖為分道式（Divided），但路上車子很多，夾雜著摩托車、三輪車、牛車、馬車、駱駝車，有時還有大象及牛群，擁擠難行，光出城就走了兩小時。約260公里的路，且走且停地花了七個鐘頭，夜裏十點總算到了Agra。

Agra是莫臥兒帝國的Akbar王首建，他在此鞏固發展，統一印度，從16到17世紀的一百年中，此地為帝國的首都，也是當時的政治、經濟中心。

次晨我們去參觀印度最有名的古跡──Taj Mahal，這是當年Shah Jahan王為思念其亡妻Mumtaz Mahal而建。他發動了兩萬奴工，從1631年到1653年，建造了22年才完工。費時之久、動員之眾與古埃及的金字塔相似。是一個綜合建築、藝術、科技的歷史瑰寶，現被列為新世界七大奇景（Seven Wonders of the World）之一，每年吸引了約450萬從世界各地而來的觀光客。

我們到了進口的大門，只見人潮洶湧，排隊進場，安全檢查嚴格。走進一道用紅色砂岩築成的高牆，穿過一個高聳的拱門，就見到了純白醒目的圓頂與四柱高塔組成的寢陵。其兩旁各有一個紅磚的大清真寺，其正前為一長方形水池，兩旁為花園，建築對稱、和諧、莊嚴。寢陵坐北向南，背靠Yamuna河。我們隨眾多遊客列隊進入正廳，內部大理石雕刻精細，作工不凡。廳內為Mumtaz Mahal與Shah Jahan的兩個墓。

Mumtaz Mahal是Shah Jahan的第三個妻子，為他生了14個孩子，不幸36歲時去世。Shah Jahan傷痛欲絕，遂建築Taj Mahal以為思念。原打算等他自己死後在隔河之北建造一座與Taj Mahal同型同規模，而用黑色大理石建造的寢陵安葬自己。並用一座金橋跨過Yamuna河連接二陵，有似牛郎織女過銀河相會，同時也希望帶給子孫好運。但不幸事與人違，其後他的一個兒子殺了兩個兄弟，並囚禁了Shah Jahan。Shah Jahan的最後八年被關在距Taj Mahal幾公里外，Yamuna河畔的城堡－Agra Fort。當時莫臥兒帝國的國勢已大不如前，他的兒子當然不會替他建個黑色的豪華寢陵。Shah Jahan在古堡中，每日遙望亡妻之墳，鬱鬱而終。這個愛情故事頗似我國奢侈荒唐的唐明皇，晚年遭難失權，在燭光搖影中懷念楊貴妃，淒涼孤獨、纏綿思情地渡過餘生。

動員兩萬奴工，建造22年的Taj Mahal

Agra Fort

出了Taj Mahal，我們去參觀Agra Fort。這個皇家城堡是Akbar王開始建造，經過三代擴建才完成。全用紅色砂岩砌成，規模宏大，藝術水準高超，較我在歐洲見到的許多城堡有過之而無不及。

在Agra Fort對河北岸為The Tomb of Itimad-ud-Daulah, 為Jahangir王的Nur Jahan皇后紀念其父親Mirza Ghiyas Beg而建的寢陵，精緻美麗。Mirza Ghiyas Beg原為波斯人，歸附莫臥兒帝國，曾任首相。他另外還有一個有名的孫女兒，也就是現在躺在Taj Mahal裏的Mumtaz Mahal皇后。以上這三個建築表露了莫臥兒帝國極盛時期的經濟、文化及工藝水準。

規模宏大，藝術水準高超的Agra Fort

短暫而輝煌的皇城——Fatehpur Sikri

我們一早離開Agra，向西前往Jaipur，走了約37公里先到了Fatehpur Sikri皇城。這是Akbar王時期的建築。據傳Akbar原有三百多個妻妾，卻沒有兒子。他來到這裏拜訪女巫Sufi Saint Sheikh Saleem Chisti，Chisti預言他將會有三個兒子，其後果然應驗，Akbar心喜欲狂，乃決定將都城由Agra遷此。從1571年開始，皇城陸續建了九年才完工。但後來發現這一帶因沒有河川，缺乏水源，只得在建都14年後廢棄，遷往他處。

這個短暫的都城十分華麗，大部分用紅色砂岩建造，包括皇宮、清真寺、Buland Darwaza凱旋門，另有白大理石築成的Sheikh Saleem Chisti之墓。庭院占地廣闊，佈置幽雅。宮殿雕刻融匯了回教、印度教、基督教等的風格，有極高的藝術水準。

在皇城上遠望四周殘垣破壁，可見當年該城池規模宏大、輝煌。相映著山坡下的破落小村，顯示出印度傳統的統治階級與百姓的生活有天壤之別。各景點附近有許多兜售紀念品的小販，不論成年人、婦女、孩子，總是群湧而上，纏人不放，教人難以招架。他們鍥而不捨的精神令我體會到印度人口眾多，競爭激烈，求生非易。

從Agra到Jaipur約280公里，卻走了七個小時。路過小鎮、村落，只見人畜雜居，十二生肖中一大半－牛、馬、羊、猴、雞、狗、豬都在街上跑動。老鼠是聖獸（Holy Animal），牛也是聖獸。見到有專人帶領一大群水牛沿街而行，到河裏去遊玩。街上沒見到垃圾桶，垃圾堆在路旁，引來不少狗、豬及羊群。少見廁所，倒是屢見男士在街邊小便。由於旅途費時，令我們團員勞累不堪。另外大家不適應印度食物中的各種香料，加之衛生條件很

差，幾乎所有的團員都感到不舒服，我也上吐下瀉一日。

新舊兼備的Jaipur

　　Jaipur是個相當大的城，為Rajasthan地區信仰印度教的王室
Sawai Jai Singh II於1727年始建，其後陸續擴建皇宮、天文臺。其皇
宮有用金黃砂岩建築，也有漆上黃色的建築及觀時令的天文臺。

　　位於Jaipur東北郊外十公里處的Aravalli山上建有一座十分雄
偉的古堡。稱為Amber Fort。該古堡始建於西元第十一世紀。當
時這裏是一個印度教的城邦。到了回教徒侵入印度，並建立了莫
臥兒帝國，這裏的王族與莫臥兒王族聯盟合作，Raja Jai Singh在
此大為擴建，成為其行宮。Amber Fort規模宏大，四周山脊有十

雄偉的古堡──Amber Fort

幾公里的長城，其山下有一個大湖（Maota Lake）。我們一早到那裏，排了一兩小時的隊，騎大象走上古堡。參觀皇宮及廟宇，十分華麗，顯示了印度教的文化與藝術。遠望山後的高山上還有另一古堡雄踞山巔。而俯瞰湖邊碼頭、庭院，工程浩大。歸途中見到附近另一湖中建有一座白色的水上行宮，美輪美奐。這樣輝煌龐大的皇宮古堡在中國及歐洲都是罕見的，真不知當年耗費了多少金錢與奴工？

僑鄉Cochin

Cochin位於印度半島西南部的阿拉伯海邊。我們於夜間從新德里飛到這裏，見到街道較新德里、Agar、Jaipur等幾個城市清潔有序。這裏是「僑鄉」，大部分居民均有家人出海謀生，帶動了本地的經濟與文化，教育水準也較內陸地區高。Cochin是Kerale省的省會，Kerale在歷史上大多時間為獨立的自主城邦。1498年，葡萄牙人達‧伽馬（Ponte Vasco da Gama）首次繞過好望角來到Kerale，開啟了歐亞海上貿易，Cochin成為香料出口的重鎮。葡人曾在印度建立了幾十個商務據點，連達‧伽馬最後也死在Cochin，葬此十多年後才遷回里斯本（Lisbon）。

我們在城內參觀了16世紀初葡萄牙人來此建的天主教堂。因海上貿易，這裏融匯了各種文化與宗教。我們在海邊見到古老的中國沉網捕魚，在城裏參觀了一條「猶太街」及猶太教堂。據說幾世紀前此處有約五千猶太人居住、做生意。現僅剩下十幾個老人。這裏因受歐洲影響，信基督教、天主教的人比較多。街上到處是賣工藝品的商店，以雕刻、衣服為主。此地天氣炎熱、陽光烈曬，盛產Cardamom、Turmeric等香料（Spices）、咖啡、茶、椰子及芒果，一片南國風光。

美麗與醜陋的孟買

由Cochin飛行兩小時，我們到了孟買（Mumbai、Bombay）。出了機場，只見車輛擁擠。相對於新德里，孟買是個現代化的城市，由七個島嶼組成。主要是與歐洲人海上貿易，特別在蘇伊士運河於1869年開通以後迅速發展。街道很有規範，富歐洲色彩，市容繁華，頗似中國的上海。現人口約一千六百萬，為印度人口最多的城市。

造價十億美金的印度首富豪宅

經過距機場不遠的高速公路時，導遊指著兩旁告訴我們這是孟買的的貧民窟之一，只見房舍破爛、擁擠，衛生條件很糟。大家雖不能就近去訪問，卻都爭著向窗外拍照。不久到了繁華鬧區，導遊又指著一棟27層，奇形怪狀的高樓，對我們說這是印度首富一家五口的豪宅，其造價為十億美金。我們的旅館靠近海邊，這一帶的海濱大道景色很好，不遠處就是有名的Gateway of India及歐巴馬（Obama）訪問印度時住的旅館－Taj Mahal。這個旅館於前幾年曾遭回教恐怖份子爆破，死傷慘重，震驚全球。

我們到Malabar Hill公園瞭望海灣，並經過祆教（Parsis）徒的居民區。這些教徒來自波斯，在此落戶許多世紀，以貿易為生，自成社區，還保持與西藏相似的「天葬」。他們經常舉行葬禮，迎禿鷹來吃屍體，只是不讓外人參觀。

Gateway of India與Taj Mahal旅館

　　我們搭船一個多小時去海灣中的象島（Elephanta）參觀那
裏的石窟巨雕。此地最早在西元前二世紀就有祭神的石雕，其
後各朝代均一再開鑿。現有的大部分雕像及石窟是西元十六世
紀建造，為一有三個大殿，用大圓石柱支撐的巨大石窟。主要
為紀念印度教的濕婆神（Shiva）。岩石為堅硬的黑色宣武岩
（Basalt），許多雕像高達二十多英尺，展現濕婆神的神話故
事。其中正殿為濕婆神的三面頭像，雕刻精細、神態怡然，與中
國雲崗石窟相似，而其宣武岩作工卻更為艱難、精美。象島石窟
的石像是這次旅行中，我們見到的最上乘的幾處雕塑之一。

　　我們搭車經過一條新建的跨海灣長橋，工程浩大，造型壯
麗。在其上遠望市區，高樓林立，市容美觀，與世界各大城市相
較，絕不遜色。導遊告訴我們現印度養了九百萬軍隊，是世界上
最大的武裝集團。在乘船去象島的途中，我十分詫異地見到海岸

旁的一艘新型的航空母艦，顯示了印度的工業及國力。

我們在市區內經過維多利亞火車站（Victoria Terminus），是一個莊嚴的建築，也是當今印度，甚至世界上最繁忙的交通中樞。英國殖民時期在印度大建鐵路，到十九世紀末已有四萬公里的鐵路網，而當時中國的鐵道建設尚在起步階段。

孟買是印度的金融及商務中心，有許多工商業鉅子及財經英才。Bollywood開創於默片時期的1913年，現為世界最大的電影製作中心。另外孟買也是印度的電子工業中心，有幾條街全是電腦公司。印度的電腦業人才齊集，在外包服務界（Outsource）居世界首屈一指的地位。近年來印度經濟發展很快，與中國同為世界發展國家之首。

但從另一個角度來看，孟買有超過一半的人住在貧民窟裏。距我們旅館不遠的海邊就有個貧民窟，我於夜間及清晨兩度步行到裏面去觀察，見到房舍簡陋，有的僅是幾塊鐵板或帆布，擁擠、雜亂，垃圾遍地，猴、雞、豬、牛沿巷奔走，衛生條件奇差。清晨婦女們拎著桶子，排隊領取一天的用水。最糟的乃是街邊睡滿了人，殘障的幼童、瘦弱的母親，這些較有名的電影－Slumdog Millionaire中看到的更為真切，而令我望之心酸！我在清晨路過街邊，見到睡在那的孩童已早起，遂禁不住地將自備的午餐送了給他們。但更令我驚奇的乃是他們看來都「安貧樂道」，事實上在印度歷史上也從未發生過像中國的「農民革命」這類事情。這主要是印度教古老的種姓等級制度及輪迴概念，人民能承受貧富不均，安於現實，僅期於來世的昇華。雖然造成社會的穩定，卻堵塞了人民奮發向上的積極性。

印度現有12億人口，每天有7萬2千嬰兒出世，預計在二十年內人口總數將超過中國。印度的文盲超過30%，國家沒有用足夠的經費推廣教育。

擁擠、雜亂，垃圾遍地，僅用幾塊帆布搭起的貧民窟

街邊睡滿了人

尾聲

　　在漫長的歸途中，我回思此行見到印度古往以來的文化、宗教及社會演變中留下的許多城堡、寺廟、雕塑，這些堪與世界各文明古國比美。孟買是個美麗的現代化都市，當今印度經濟急速發展，欣欣向榮。但另一方面，街道雜亂、交通擁擠、欠缺衛生，帶給我們旅途許多困擾。親見各處的貧民窟、陋巷、破落農村，瞭解到人口過剩、貧富不均、教育缺乏是印度社會的首要問題，及未來面對難解的死結。印度留給我的總體印象乃是「美好、惡劣、和醜陋」（The Good、The Bad、and The Ugly）兼具，輝煌與暗淡同在的國家。

國家圖書館出版品預行編目

千古風流人物 / 卜一著. -- 臺北市：致出版，
　2020.12
　　面；　公分
　　ISBN 978-986-99262-7-0(平裝)

　1. 人物志　2. 世界史

781　　　　　　　　　　　109016245

千古風流人物

作　　者／卜　一
出版策劃／致出版
製作銷售／秀威資訊科技股份有限公司
　　　　　114 台北市內湖區瑞光路76巷69號2樓
　　　　　電話：+886-2-2796-3638
　　　　　傳真：+886-2-2796-1377
網路訂購／秀威書店：https://store.showwe.tw
　　　　　博客來網路書店：http://www.books.com.tw
　　　　　三民網路書店：http://www.m.sanmin.com.tw
　　　　　讀冊生活：http://www.taaze.tw

出版日期／2020年12月　　定價／380元

致 出 版　　　　　　　　　　　向出版者致敬